中华优秀传统文化研究丛书

中华传统文化的科学价值探索

——以阴阳五行和天干地支为例

Exploration of the Scientific Value in Chinese Traditional Culture

王　彦◎著

暨南大學出版社
JINAN UNIVERSITY PRESS

中国·广州

图书在版编目（CIP）数据

中华传统文化的科学价值探索：以阴阳五行和天干地支为例/王彦著．—广州：暨南大学出版社，2022.4（2023.7 重印）
（中华优秀传统文化研究丛书）
ISBN 978 - 7 - 5668 - 3298 - 6

Ⅰ.①中… Ⅱ.①王… Ⅲ.①阴阳五行说—研究 ②干支—研究 Ⅳ.①B227 ②P194.3

中国版本图书馆 CIP 数据核字（2022）第 017397 号

中华传统文化的科学价值探索：以阴阳五行和天干地支为例
ZHONGHUA CHUANTONG WENHUA DE KEXUE JIAZHI TANSUO：YI YINYANG WUXING HE TIANGAN DIZHI WEILI
著　者：王　彦

出 版 人：张晋升
丛书策划：阳　翼　曾鑫华
责任编辑：曾鑫华　高　婷
责任校对：黄　球　彭琳惠　冯月盈
责任印制：周一丹　郑玉婷

出版发行：暨南大学出版社（511443）
电　　话：总编室（8620）37332601
营销部（8620）37332680　37332681　37332682　37332683
传　　真：（8620）37332660（办公室）　37332684（营销部）
网　　址：http：//www.jnupress.com
排　　版：广州市新晨文化发展有限公司
印　　刷：佛山市浩文彩色印刷有限公司
开　　本：787mm×960mm　1/16
印　　张：20.25
字　　数：298 千
版　　次：2022 年 4 月第 1 版
印　　次：2023 年 7 月第 2 次
定　　价：69.80 元

——『文化自信』与中国传统文化的科学价值

党的十八大以来，习近平总书记多次提及“文化自信”。他指出：文化自信是一个民族、一个国家以及一个政党对自身文化价值的充分肯定和积极践行。坚定文化自信，是事关国运兴衰、事关文化安全、事关民族精神独立性的大问题。中华优秀传统文化是中华民族的精神命脉。要努力从中华民族世世代代形成和积累的优秀传统文化中汲取营养和智慧，延续文化基因，萃取思想精华，展现精神魅力。

作为一个受过自然科学思维训练而又耕耘于传统文化领域的研究人员，笔者很自然地产生这样一个想法：我们的传统文化固然在文学、历史、哲学、社会等方面有重要意义，那么，是否也在自然科学方面有价值呢？

传统文化与自然科学之间存在着难以跨越的天堑，要探索传统文化是否有科学价值，需要将传统文化进行量化。笔者通过长期艰辛的探索，终于找到了跨越传统文化与自然科学之间天堑的桥梁：天干地支。干支文化属于中华传统文化中的重要内容。笔者通过全面整理前人诸说以及在此基础上的长期理论思考，终于发现，《汉书·律历志》中对天干、地支“生长盛衰亡”这种文科之描述可以通过数学公式 $1-\cos(1.2\times\theta)$、$1-\cos\theta$ 转变为理科之天干、地支曲线。这样，在岁、月、日、时四个时间尺度上都存在的干支可以量化成八条曲线。这些曲线是否与自然现象有关呢？2016—2017 年，基于公开的热带气旋数据，笔者发现在岁时间尺度上的天干、地支曲线二者的差值与台风的出现频次呈现显著相关；2018—2019 年，基于公开的太阳黑子数据，笔者又发现了太阳黑子与岁时间尺度上的天干、地支曲线呈现六十岁交替显著相关规律。这两项研究都证明了干支与自然现象相关。因为蔡邕等人认为天干属阳，地支属阴，所以这两个发现实际上是说，阴阳、干支与自然现象相关；或者说，阴阳、干支是有科学价值的文化。这些发现深深震撼了笔者，让笔者确信中华传统文化是伟大的文化，是内含科学价值的文化，是足以让我们所有中国人自信的文化。

本书的主要内容分为理论探索和实证探索两个方面。

在理论探索方面，介绍了古代不同时期不同学说及其可能具有的科学意味。第一章是先秦时期的阴阳五行；第二、三章是阴阳五行学说在后世尤其是秦汉时期的演变；第四章是从道经中挖掘出来的“阳和阴五行”学说；第五、六章介绍了天干、地支的渊源、含义和用法。

在实证探索方面，第七章证明了干支之差与热带气旋的变化显著相关；第八章证明了干支与太阳黑子的变化交替显著相关；第九章介绍了中国古代是如何利用干支来研究气象的；第十章展示了如何利用“阳和阴五行”体系通过干支来推算气象。以上四章都是关于“天”的研究。第十一章探索了五行与五形、五色、人体形态的关系，这一章是关于“人”的研究。由于时间关系，本书没有收录关于“地”的研究。由于笔者能力有限，书中多多少少会存在一些问题，希望广大读者不吝赐教（邮箱：wangyan911@163.com）。

本书得到了九江学院校长陈小林教授、认知科学与跨学科研究中心主任罗来武教授的大力支持与帮助，特此感谢。感谢九江学院文学院李向华教授、理学院简芳洪博士中肯的建议与支持，他们和笔者都是认知科学与跨学科研究中心的成员。感谢教育学院各位领导、心理教研室主任黄为俊博士以及各位同仁对本书的指导、建议与支持。感谢农工党李晓华博士以及各位同仁的关注与支持。感谢李新真及各位“粉丝”对本书出版的关注与支持。感谢暨南大学出版社阳翼副社长，曾鑫华、高婷编辑，以及各位相关人员，为本书出版做出的贡献。最后感谢笔者的家人在背后一直默默地付出，让笔者可以心无旁骛地研究。

本书为江西省哲学社会科学重点研究基地九江学院认知科学与跨学科研究中心成果，受到江西省社会科学规划智库一般项目（认知神经科学视域下对《黄帝内经》“阴阳二十五人”人格理论的重新审视，编号17ZK46）的资助，特此感谢。

王 彦

2021 年 8 月 7 日

于九江庐山脚下八里湖畔

目录

下　编

上编

“阴阳五行”学说是中华传统文化的核心内容，覆盖面广，贯穿力强，衍生出了形形色色的说法，在中国古代社会中影响巨大。阴阳五行是否具有科学价值？它是否还有其他版本的说法？天干地支是怎么来的，有什么作用，它与阴阳五行是什么关系？古代各种说法是否合理？这些都将在上编得到分析。

第一章 先秦时期的阴阳五行

一般认为，战国中期以前，阴阳、五行思想已经存在，并且各自相对独立发展。阴阳最初的字义表示太阳的可见与否，五行则指木头等五种粗大的物质。战国中期以后，诸子百家争鸣，阴阳思想与五行思想进入合流演进时期。到战国末期，阴阳与五行合并为阴阳五行之说。①

阴阳、五行思想的源头是怎么样的？至今没有人能够给出确切的回答。不过，在一些古代典籍的神话、传说中，提及了阴阳、五行。这些神话、传说固然多有荒诞之处，然而背后可能隐藏着史实的影子，因此有一定的参考价值。

---

① 彭华．阴阳五行研究［D］．上海：华东师范大学，2004.

第一节　神话传说中的阴阳五行

在浩如烟海的中国古代文献资料里面，有着不少关于远古时期的神话、传说，这些都是代代相传的集体记忆。虽然随着时间流逝难免出现各种扭曲和遗漏，但它的内容与远古的社会生活和观点看法有着密切关系，是研究人类社会早期思想不可或缺的参考资料。

在中国古代神话、传说里，伏羲、黄帝是两位热门的人物，阴阳五行的产生被认为与二者有着密切联系。

一、　阴阳

1.《管子》

《管子》是先秦时期各种思想言论的汇编，其中的《轻重戊》篇提及早在伏羲时代就已经有阴阳之说：

虑戏（伏羲）作，造六峜以迎阴阳。

2.《十六经》

1973 年，湖南长沙马王堆出土了帛书《十六经》。其中的《观》篇以黄帝的视角，见证了阴阳的产生过程：

黄帝曰：……无晦无明，未有阴阳。阴阳未定，吾未有以名。今始判为两，分为阴阳。

3.《淮南子》

《淮南子》由西汉皇族刘安及其门客收集史料集体编写而成，因刘安为淮南王而得名。其中的《说林训》篇提及阴阳是由黄帝生成的：

黄帝生阴阳，上骈生耳目，桑林生臂手，此女娲所以七十化也。

二、 五行

1.《管子》

《五行》篇提及黄帝确定了五声规范，建造了五钟：

昔者黄帝以其缓急作五声，以政五钟。令（通“命”，名也）其五钟：一曰青钟，大音；二曰赤钟，重心；三曰黄钟，洒光；四曰景钟，昧其明；五曰黑钟，隐其常。

2.《史记》

《史记》由西汉司马迁撰写，记载了上至上古传说中的黄帝时代，下至汉武帝太初四年，共3 000多年的历史。其中，《历书》篇提及黄帝建立了五行：

太史公曰：神农以前尚矣。盖黄帝考定星历，建立五行，起消息，正闰余，于是有天地神祇物类之官，是谓五官。

《五帝本纪》篇提及黄帝治理五气：

轩辕（即黄帝）乃修德振兵，治五气……

所谓“五气”，《集解》引王肃曰：“五行之气。”《索隐》云：“谓春甲乙木气，夏丙丁火气之属，是五气也。”

3.《白虎通》

《白虎通》由东汉班固等人根据经学辩论的结果撰集而成，因辩论地点在白虎观而得名。《号》篇提及伏羲确立或规范了五行：

伏羲仰观象于天，俯察法于地。因夫妇，正五行……

4.《黄帝内经》

《黄帝内经》由多人在较长一个时期内写成，最终在西汉成型。《素问·五运行大论》提及黄帝建立五常：

黄帝坐明堂，始正天纲，临观八极，考建五常。

“五常”一般被认为是五气。王冰注曰：“明堂，布政宫也。八极，八方目极之所也。考，谓考校。建，谓建立也。五常，谓五气，行天地之中者也。端居正气，以候天和。”

三、总结

这些神话、传说提示阴阳五行思想产生的时间可能非常早远。不过，这些神话、传说非常简单和粗糙，难以挖掘出有科学意味的思想。

第二节　前诸子时代的阴阳五行

在前诸子时代，人们已经将阴阳五行与自然现象加以联系，认为前者的变化是后者变动的原因。这种思想在当今看来，是富有科学意味的。这种思想观点可以理解为一种具有科学意味的猜测：存在两个自变量（阴阳）或五个自变量（五行），而自然现象即因变量，它的变化是这些自变量的变化所导致的。

一、阴阳

1.《国语》

《国语》提及阳气与土地肥力有关：

宣王即位，不籍千亩。虢文公谏曰：“……阳瘅愤盈，土气震发，农祥晨正，日月底于天庙，土乃脉发。先时九日，太史告稷曰：‘自今至于初吉，阳气俱蒸，土膏其动。弗震弗渝，脉其满眚，谷乃不殖。’”

此处，虢文公说："……随着大地气脉里的阳气不断积聚，土壤里的气也逐渐活跃。当房星早上出现在正南天，日月都出现于室宿的位置时，这时大地气脉里的阳气已然足够，土壤肥沃，已可耕耘。在立春的前九天，太史告知主管农事的"稷"说，从今日起到初吉，大地气脉里的阳气将不停蒸腾，土地润泽萌动；如果不翻动宣泄，土壤里的气将遏塞成灾，作物便不能生长。"

从上可看出，当时的人们已经认为，土壤的肥沃程度与适合耕种的时机，与"阳"或"阳气"的变动情况有关。这里的科学意味在于，"阳"或"阳气"被视为自变量，土地肥力被视为因变量，前者的变化会对后者的变化产生决定性作用。

《国语》还提出阴阳与地震有关：

幽王二年，西周三川皆震。伯阳父曰："周将亡矣！夫天地之气，不失其序；若过其序，民乱之也。阳伏而不能出，阴迫而不能烝，于是有地震。今三川实震，是阳失其所而镇阴也。阳失而在阴，川源必塞；源塞，国必亡。夫水土演而民用也。水土无所演，民乏财用，不亡何待？昔伊、洛竭而夏亡，河竭而商亡。今周德若二代之季矣，其川源又塞，塞必竭。夫国必依山川，山崩川竭，亡之征也。川竭，山必崩。若国亡不过十年，数之纪也。夫天之所弃，不过其纪。"是岁也，三川竭，岐山崩。十一年（公元前 771 年），幽王乃灭，周乃东迁。

此处，伯阳父说："周朝将要灭亡了。天地之气，不能错失自己的次序。如果错乱了应有的位置，民众就会大乱。阳气滞留在大地之内不能出来，那么阴气则受到阳气的压制而不能蒸腾，（阴气积累多了）就会发生地震。现在三条河流都发生了地震，就是阳气不在自己的位置而压制了阴气。阳气失位而处于阴气的位置，河流的源头一定会阻塞，而水源被堵塞，国家必定灭亡。"

可知，伯阳父认为，气有"天气"与"地气"、"阳气"与"阴气"，他以阴阳二气的变化来解释地震这种自然现象，认为地震就是阴阳二气在空间上

的不当变动（“失序”）造成的。这里的科学意味在于，阴阳二气被视为两个自变量，地震灾害被视为因变量，前者是后者的原因。

2.《管子》

《管子》提及四时、时长、昼夜变化与阴阳的关系：

春秋冬夏，阴阳之推移也。时之短长，阴阳之利用也；日夜之易，阴阳之化也。

此处行文的逻辑宜理解为，结果在前，原因在后。例如，“春秋冬夏，阴阳之推移也”，是指阴阳的推移变动，导致了四时的轮换。这里的科学意味在于，阴阳被视为两个自变量，而四时被视为因变量。

《管子》还提及“阳德、阴刑”这种分类方法：

是故春凋，秋荣，冬雷，夏有霜雪，此皆气之贼也。刑德易节失次，则贼气遬至；贼气遬至，则国多灾殃……日掌阳，月掌阴，星掌和。阳为德，阴为刑，和为事。

阳德、阴刑这种说法将阳、阴彻底区分开来，将阴阳的属性设为对立。这是一种将阳视为好、阴视为不好的观点。

3.《左传》

《襄公二十八年》提及用阴阳来解释饥荒：

梓慎曰：“今兹宋、郑其饥乎？岁在星纪，而淫于玄枵，以有时菑，阴不堪阳。蛇乘龙。龙，宋、郑之星也，宋、郑必饥。”

梓慎说：“今年宋国、郑国恐怕要发生饥荒了吧？木星应当在星纪，但已经过头到了玄枵。阴不能战胜阳，因此要发生天时不正的灾荒。因为蛇骑乘在龙的上边，龙是宋国、郑国对应的星宿，所以宋国、郑国必然发生饥荒。”

梓慎用星宿与“十二次”（指古人将周天分成十二个部分）之间的位置关系来预测饥荒。这种思想的科学意味在于，星宿会与其所在的宇宙方位发生相互作用，而其原理依然是阴阳学说。他做出饥荒推断背后的逻辑应当如下：木星属阳，而玄枵于十二辰对应子时，于二十八宿对应女、虚、危三宿，属阴。因此，属阳的木星移动到属阴的玄枵导致了“阴不堪阳”，从而出现饥荒。这里的“蛇乘龙”，需要额外解释一下。因为在中国古代北方星宿被描绘为龟、蛇的形象，合称玄武，所以这里的蛇，就是指相关的北方星宿。而“龙”，是指木星，这是因为在古代，木星、东方、青龙三者紧密联系。木星为何与宋、郑两国有关呢？根据古代的星宿分野思想，天上的星宿与大地的区域有着一一对应的关系。按照这种思想，宋、郑两国与木星相对应。

《昭公二十一年》提及用阴阳解释水灾：

秋七月壬午朔，日有食之。公问于梓慎曰：“是何物也？祸福何为？”对曰：“二至二分，日有食之，不为灾。日月之行也，分，同道也；至，相过也。其他月则为灾，阳不克也，故常为水。”

梓慎指出，在夏至、冬至、春分、秋分发生的日食并不会导致灾害，因为这是日月运行的自然结果。在其他时间发生的日食将往往导致水灾。

这段话对现代人来说，有点难以理解，因此需要补充说明。在古代，日食时月亮挡住太阳，古人认为这是阴胜阳、阴气胜阳气，而阴气被视为与“水”有关，故阴胜阳会导致水灾。此处的科学意味在于，它实际上反映了古人认为阴阳与气象之间存在关系的思想：具体来说，就是阴阳的相互作用导致了气象的变化。

《昭公二十四年》提及用阴阳解释水旱：

夏五月乙未朔，日有食之。梓慎曰：“将水。”昭子曰：“旱也。日过分而阳犹不克，克必甚，能无旱乎？阳不克莫，将积聚也。”

对于日食的后果，梓慎认为将发生水灾，其理由是日食乃是阴胜阳，故而为水；而昭子则认为将发生旱灾，其理由是太阳刚过春分，阳气仍然还在积蓄力量，因此阳气暂时不胜阴气。一旦日食结束，阳气必然大涨而胜过阴气，因

此会发生旱灾。

可以看出，古人开始利用阴阳力量的强弱对比来预测自然灾害，其思路已经开始具体起来，出现了一些不同的逻辑推理，从而发生了争论。梓慎的关注点是日食这一时刻的阴阳对比情况，昭子则从更大的时间范围来考虑阴阳对比情况。因为理解不同，所以二者虽然都运用阴阳之说，但结论恰恰相反。

4.《鬼谷子》

战国时期的《鬼谷子·决篇》提出了“阳德阴贼”之说：

圣人所以能成其事者有五：有以阳德之者，有以阴贼之者，有以信诚之者，有以蔽匿之者，有以平素之者。

阳德阴贼将阴阳区分看待，阴阳地位明显不同。

5. 日书

先秦时，有专门从事观天象、占候等活动的人员，被称为“日者”，《墨子·贵义》《史记·日者列传》等对此都有记载。

1975 年出土的睡虎地秦简中有甲、乙两种以选择时日吉凶为主要内容的术数文献，其中乙种最后一简的背面题有“日书”二字，是简册的原有题名。于是，学术界将这些以选择时日吉凶为主要内容的文献统称为“日书”。可以认为“日书”是当时“日者”占卜时日吉凶所依据的著作。

在放马滩秦简“日书”里，月份内部分雄雌，干支内部分阴阳。

《牝牡月日》篇①云：

正月、二月、六月、七月、八月、十二月为牡月，

三月、四月、五月、九月、十月、十一月为牝月。

《牝牡月日》篇又云：

□、□、□、戌、子、寅为牡月（日），

① 孙占宇. 放马滩秦简日书整理与研究［D］. 兰州：西北师范大学，2008：90.

□、□、□、未、申、亥为牡（牝）日。

《阴阳日》篇将天干区分为阴阳：甲、丙、戊、庚、壬为阳日，乙、丁、己、辛、癸为阴日；将地支也区分为阴阳：子、寅、巳、酉为阳日，丑、辰、午、未、申、亥为阴日。这里，天干的阴阳区分与现在一样，而地支的阴阳区分与现在并不一样，其原因未知。

这种在干支内部分阴阳的方法延续到今天，是流行很广的说法。不过，这种说法要用一个合理的数学公式来概括的话较为困难。

二、 五行

（一）《尚书》

1.《甘誓》篇

《甘誓》是后人（殷或周人）在夏朝母本的基础上加工而成的，其内容是夏启的战争动员令，其中明确提到了五行：

（启与有扈氏）大战于甘，乃召六卿。王曰："嗟！六事之人，予誓告汝：有扈氏威侮五行，怠弃三正，天用剿绝其命，今予惟恭行天之罚……"

夏启宣告有扈氏的错误在于"威侮五行，怠弃三正"，即有扈氏不尊重神圣的五行，怠慢甚至抛弃三正，应遭天谴，因此号召军队努力作战。

2.《洪范》篇

《洪范》里详细提及了五行及其属性，一般被视为五行学说思想的源头：

箕子乃言曰："我闻在昔，鲧堙洪水，汩陈其五行。帝乃震怒，不畀'洪范'九畴，彝伦攸斁。鲧则殛死，禹乃嗣兴，天乃锡禹'洪范'九畴，彝伦攸叙。初一曰五行……五行：一曰水，二曰火，三曰木，四曰金，五曰土。水曰润下，火曰炎上，木曰曲直，金曰从革，土爰稼穑。润下作咸，炎上作苦，曲直作酸，从革作辛，稼穑作甘。"

此说将五行看成具体的五种物质，即水、火、木、金、土这五种粗大的物质，可以称为“五物”。“五物”具有不同的性质：水向下而润湿，火向上燃烧，木可以弯曲、伸直，金属可以加工成不同形状，土可以种植庄稼。“五物”还与“五味”对应；水、火、木、金、土分别对应咸、苦、酸、辣、甜，这里行可以称为“五物五行”。

（二）《管子》

1.《幼官》篇

《幼官》按照中、东、南、西、北顺序依次阐述，将五方与五色、五味、五声、五气、五数建立了对应关系：

中央：……五和时节，君服黄色，味甘味，听宫声，治和气，用五数，饮于黄后之井。

东方：……八举时节，君服青色，味酸味，听角声，治燥气，用八数，饮于青后之井。

南方：……七举时节，君服赤色，味苦味，听羽声，治阳气，用七数，饮于赤后之井。

西方：……九和时节，君服白色，味辛味，听商声，治湿气，用九数，饮于白后之井。

北方：……六行时节，君服黑色，味咸味，听徵声，治阴气，用六数，饮于黑后之井。

2.《四时》篇

《四时》提到五行之气或五气，有视五气为自变量的意味：

东方曰星，其时曰春，其气曰风，风生木与骨……

南方曰日，其时曰夏，其气曰阳，阳生火与气……

中央曰土，土德实辅四时，入出以风雨，节土益力。土生皮肌肤。其德和平用均，中正无私，实辅四时：春嬴育，夏养长，秋聚收，冬闭藏。大寒乃极，国家乃昌，四方乃服。此谓岁德。岁掌和，和为雨。

西方曰辰，其时曰秋，其气曰阴，阴生金与甲……

北方曰月，其时曰冬，其气曰寒，寒生水与血……

3.《五行》篇

《五行》提及五声、五钟，都与五行有关，还提及木、火、土、金、水各自分配七十二日：

日至，睹甲子木行御。七十二日而毕……睹丙子火行御。七十二日而毕。……睹戊子土行御。七十二日而毕。……睹庚子金行御。七十二日而毕……睹壬子水行御。七十二日而毕。

4.《轻重已》篇

《轻重已》也提及日子的分配问题与五行有关："以冬日至始，数九十二日，谓之春至。""以春日至始，数九十二日，谓之夏至。""以夏日至始，数九十二日，谓之秋至。""以秋日至始，数九十二日（谓之冬至）……"

这里的一岁不是360日而是364日（通过上下文可知，一时为91日，则四时364日）。

（三）其他

《尚书大传》记载了武王伐纣时提及"水（饮用和生活用水）、火（灶火等）、金（铜等金属）、木（木材）、土（土方、土块）"这五种日常生活中需要的物质。

《国语·郑语》提及"土、金、木、水、火"这五种物质，以及调和五味。

《国语·晋语四》提及干支与五行匹配。

《左传·昭公二十九年》提及完整的五行与五官的配对。

《左传·昭公三十一年》提及"火胜金"，乃五行相胜之思想。

《左传·哀公九年》提及"水胜火"，亦五行相胜之思想，"子，水位也"

则提及干支与五行的对应关系。

《逸周书·作雒解》提及五方与五色一一对应：东对应青色，南对应赤（即红）色，西对应白色，北对应骊（即黑）色，中央对应黄色。

《关尹子》（又名《文始真经》《关令子》）据说是战国时期关尹子创作的道家典籍，它指出了五行相生之法则为“水生木，木生火，火生土，土生金，金生水”，也提及“相攻相克”，但并未详细说明。

三、 总结

前诸子时代典籍中，阴阳五行已有被视为自变量的意思，比神话、传说要具体得多。各种线索显示，当时的人们已经开始利用阴阳五行理论来解释事物的变化发展。

然而，这个时期的阴阳五行说仍然比较简略、模糊，缺乏清晰的定义，容易产生争论。

就阴阳学说而言，前述阴阳与水旱、地震、四时变化等自然现象挂钩，但没有给出理由或者理由非常模糊。在这种情况下，难以搭建完善的理论体系，难以构建科学假说，从而难以验证这些说法的正确与否。

就五行学说而言，前述阴阳学说存在的问题它也存在。此外，五行说还面临一个难题，它是怎么来的？如果坚持历史学家所言阴阳、五行是两种不同的学说，只是后来被强行融合在一起的话，那么将引发一个困境：两种不同的理论很难真正有机融合。如果说二者存在有机的联系，那么五行又是如何从阴阳变化来的呢？另外，尽管后世的人们在“五物”的基础上抽象出五种属性，提出了包括相生相克等各种各样的衍生说法，但是《洪范》作为五行学说的源头过于简单，存在一些问题需要回答。首先，为何这“五物”具有如此强的代表性？或者说，世界上有那么多事物，为何就选中了这“五物”？其次，《洪范》里的说法与实际情况吻合有困难。例如：火或火焰怎么会与苦味有关？金或金属为何与辣味有关？有人对此解释说，火烧焦了食物产生苦味，金属锻造时产生的气味类似于辣味。从现代人科学认识的角度来看，这种说法是站不住脚的。

第三节 诸子时代的阴阳五行

在诸子时代，诸家对阴阳五行皆有所论述，这其中又以儒家、道家、墨家、阴阳家与农家为重要。

一、 儒家与阴阳五行

《周礼》云："掌三易之法：一曰《连山》，二曰《归藏》，三曰《周易》，其经卦皆八，其别皆六十有四。"这里所言"三易"即《连山》《归藏》《周易》这三种。《连山》尚未重现天日，《归藏》则有些争论（有些人认为1993年湖北江陵出土的材料即为《归藏》)，而《周易》已广为流传，等同于《易经》。关于《周易》的内容，学界有所争执。一些人认为其是卜筮之书，一些人认为是哲理之书，还有一些人认为是天文学记载。

由于《周易》本身含义不太明朗，因此后来儒家对《周易》进行了解释，是为《易传》。《易传》包括七篇文章：《彖传》《象传》《系辞传》《文言传》《说卦传》《序卦传》《杂卦传》。其中，《彖传》《象传》《系辞传》三篇各分上下，加上另外四篇合成"十翼"。"翼"是"羽翼"的意思，有"辅助"之义。到了汉朝，《周易》的含义扩大，包含了《易经》与《易传》两部分。

彭华教授认为，《易经》里很难说有阴阳思想。他指出，在《易经》里仅有一处用到"阴"字，即《中孚·九二》所云："鸣鹤在阴，其子和之。"此处的"阴"字，意为暗昧、幽远，通假为"荫"。此句意为雄鹤在树荫下鸣叫，雌鹤（一说幼鹤）循声应和。这里的"阴"并无高远深邃的哲学含义。

《易传》全文不见“阴气”一词，“阳气”仅仅出现过一次，即《乾·文言》所云：“潜龙勿用，阳气潜藏。”到了宋朝，出现了先天八卦，据说由陈抟传给邵雍。这套八卦被称为先天八卦，而《周易》里的则被称为后天八卦。《易经》里也没有明显的五行思想。

八卦的科学价值历来有争论，有待学者们进一步研究。

二、　道家与阴阳五行

关于道家的来源，《汉书·艺文志》认为，道家大概出于史官；冯友兰先生认为，道家可能出自隐士。

（一）《道德经》

《道德经》，又称《老子》《道德真经》，其作者一般被认为是老子。《道德经》将“道”视为至高无上的本源、本体。在《道德经》里，存在一些非常简略但非常重要的关于阴阳五行的叙述。

1. 《道德经》中的“阳、中、阴”

（1）经文。

通行本《道德经》第四十章云：

道生一，一生二，二生三，三生万物。万物负阴而抱阳，冲气以为和。

王弼本《道德经》则云：

道生一，一生二，二生三，三生万物。万物负阴而抱阳，沖气以为和。

可以看出前者是“冲”，后者是“沖”。一般认为，“沖”通“冲”。帛书老子甲本此处的字有一定残缺，《老子甲本释文》校为“中”，其他多校为“冲”。

（2）古人的解释。

对于此处的“道”“一”“二”“三”，古人有多种多样的看法。兹择其部分看法论述如下：

《列子·天瑞》篇云："一者，形变之始也。清轻者上为天，浊重者下为地，冲和气者为人。故天地含精，万物化生。"《太平经》云："元气倪惚自然，共凝成一，名为天也：分而生阴而成地，名为二也；因为上天下地，阴阳相合施生人，名为三也。"

河上公云："道始生者（一也）"，"一生阴与阳也"，"阴阳生和、清、浊三气，分为天地人"，"天地（人）共生万物也。天施地化，人长养之"，"万物无不负阴而向阳，回心而就日"，"万物中皆有元气，得以和柔，若胸中有藏，骨中有髓，草木中有空虚与气通，故得久生也"。

隋朝杨上善《黄帝内经太素》卷十九《知针石》云："从道生一，谓之朴也；一分为二，谓天地也：从二生三，谓阴阳和气也；从三以生万物，分为九野、四时、日月乃至万物。"

还有其他很多解释，这里不再赘述。

（3）现代人的解释。

冯友兰先生最初在《中国哲学史》里指出：一为太一，二为天地，三为阴气、阳气、和气之三气。① 后来他在《中国哲学史新编》中又指出：一就是气，二就是阴阳二气，三就是阴阳二气之和气。②

杨宽先生在《战国史》中指出："一"是指原始混沌之气，"二"是指"万物负阴而抱阳"的阴阳两气，"三"是指阴阳两气经过相互冲动而形成统一，即"冲气以为和"。③

陈鼓应先生在《老子注释及评介》中指出："一"为"道"；"二"为阴气、阳气，同时也可以指"有无、动静、阴阳等两两相反相成的范畴"；"三"为"阴气、阳气加和气"。他指出："由统一的'道'本身产生出两个相互对立的方面，由对立的两方而产生出第三者——和气，进而形成万物，这是一个

---

① 冯友兰．中国哲学史［M］．北京：中华书局，1947：220.
② 冯友兰．中国哲学史新编［M］．北京：人民出版社，1998：335－336.
③ 杨宽．战国史［M］．上海：上海人民出版社，1998：477.

由抽象到具体，由简单到复杂的过程。从‘道’到万物并不是直接的，中间要通过‘气’来转化，气也是‘道’产生的。”①

（4）对“冲”的解读。

回顾古代人、现代人对《道德经》第四十章那一段原文不同的解释可以发现，要想妥当理解其含义，关键在于妥当理解其中“冲”的含义。这一点，显然至关重要。

陶鸿庆先生在《读诸子札记》中指出，《列子·天瑞》所言“清轻者上为天，浊重者下为地，冲和气者为人”中的“冲”应读为“中”。② 他引用了《文子·九守》所云“故三皇五帝有戒之器，命曰侑卮。其冲即正，其盈即覆”，指出“冲”即“中”也。他还指出，《文子·精诚》所云“执冲含和”，以及《淮南子·泰族训》所云“执中含和”，都是“冲”与“中”通用的证据。因此，他认为《列子·天瑞》应读为“清轻者上为天，浊重者下为地，中和气者为人”。如此一来，天在上、地在下、人在中，其意通顺。那么，“中气”又是什么呢？他引用《文子·上德》篇所云“冲气以为和，和居中央”的说法，认为“中气”乃“宅和气之中也”。他这句话从字面上理解，似乎是将中气与和气理解为两种不同的东西，中气居于和气之中。

张舜徽先生也有类似的看法，他认为：“冲为盅之借字，谓虚中也。”③

笔者认为，陶鸿庆先生将“冲”读为“中”，具有十分重要的意义，为妥当解读前述原文指出了恰当的方向。如果读为“冲”字，容易将其理解为动词，其义为“冲击”“冲动”，从而将“冲气”理解为阴阳二气之相互冲动或相互作用。持这种看法的研究者非常多。而如果将“冲”读为“中”，则含义一般为“中央的”“中间的”，这种理解见于《文子·上德》。因为“冲（中）气以为和”，而“和居中央”，所以《文子·上德》将“中”理解为“中央的”“中间

① 陈鼓应．老子注释及评介［M］．北京：中华书局，1984：232－233．
② 陶鸿庆．读诸子札记［M］．杭州：浙江人民出版社，1998：47－48.
③ 张舜徽．周秦道论发微［M］．北京：中华书局，1982：113.

的”。“和居中央”之说，也见于《管子》所云“中央曰土……中正无私，实辅四时……岁掌和，和为雨”，有“中央对应和（气）”之意。

当然，《道德经》“中气”后面的“和气”也提示“中”可作“中和”“中性”之意。

总而言之，《道德经》中的“冲”可读为“中”，这种“中”可以理解为“中间的”或“中性的”。如此一来，“中气”“和气”既不是“阳气”，也不是“阴气”，而是独立的，可以看成第三种气，从而与“阳气”“阴气”呈三足鼎立之势。

这里尤其需要指出的是，因为《文子》《庄子》将“和”理解为阴阳二者之和，所以从那以后，主流观点一直认为，和、和气只不过是阴阳二气调和的产物，没有独立的身份。这样的理解固然可以。

然而，将“中气”“和气”视为独立的第三种气的话，则在理论上有巨大的益处。这是因为，如果“中气”“和气”是独立的第三种气，则《道德经》里提出的并非“阴阳”二气学说，而是“阳中阴”三气学说。这样一来，即可与“阳和阴”或“阳和阴五行”学说①对接。它的核心观点如下：存在阳、和、阴三种独立的气（或“炁”）。阳气包括少阳木气、太阳火气及其他的一些阳气；阴气包括少阴金气、太阴水气以及其他的一些阴气；和气即土气。这里，五气中的木、火、土、金、水只是类比，与这五物没有本质联系。这种学说很好地解释了“阴阳之气”（以及“和气”）与“五行之气”之间的关系，也能解释为何木气、火气都被称为阳气（少阳之气、太阳之气），金气、水气都被称为阴气（少阴之气、太阴之气）。

2.《道德经》里的五行

《道德经》里涉及五行的只有一处：

---

① 王彦.《中华道藏》里的五行之炁及其溯源［J］. 九江学院学报（社会科学版），2018，37（1）：51－55，83.

> 五色令人目盲；五音令人耳聋；五味令人口爽；驰骋畋猎，令人心发狂；难得之货，令人行妨。是以圣人为腹不为目，故去彼取此。

此处五色、五音、五味是与五行有关的术语，但未具体说明。

（二）《文子》

《文子》又称《通玄真经》，作者是文子。《文子》一书之主旨在于，解说老子之言，阐发老子思想，继承和发展道家学说。相传文子是和孔子同一时代的人，是老子的学生。

1. 阴阳之交接

《上仁》篇指出了阴阳是通过“交接”的方式来生成万物的，也提出阴阳相“和”的重要性：

> 天地之气，莫大于和。和者，阴阳调，日夜分，故万物春分而生，秋分而成。生与成，必得和之精。故积阴不生，积阳不化，阴阳交接，乃能成和。

值得注意的是，此处虽然有“阴”“阳”“和”三个字，但是这里的“和气”并不是独立的，只是阴气与阳气的交和产物。

> 天气下，地气上，阴阳交通，万物齐同，君子用事，小人消亡，天地之道也。天气不下，地气不上，阴阳不通，万物不昌，小人得势，君子消亡，五谷不植，道德内藏。

天气、地气即阳气、阴气。“天气下，地气上，阴阳交通”是说阳气下降、阴气上升，阴阳才能交接。反之，阳气不下，阴气不上，则阴阳无法交接。这个说法画面感极强，可以称为“阳降阴升”说。这种思想具有一定科学意味，可能与气象有关，值得进一步研究。

2. 阳吉而阴凶

《上德》篇提出了“阳吉而阴凶”故而“尚阳”的思想，认为阳是好的，是吉利的，而阴是不好的，是凶恶的。这种现象不仅表现在自然界万物之中，也表现在人类社会兴衰之中。

《文子》一方面认为阴阳可以交接变成调和的和气（“阴阳交接，乃能成和”），另一方面又认为阳吉而阴凶（“阳灭阴，万物肥。阴灭阳，万物衰”），这在理论上似乎存在一定困难：吉气与凶气这两种性质相反的气如何交接变成调和的和气？

3. 阴阳转化思想

《上德》篇提出了阴阳互相转化的思想：

河水深，壤在山。丘陵高，下入渊。阳气盛，变为阴。阴气盛，变为阳。故欲不可盈，乐不可极。忿无恶言，怒无作色，是谓计得。火上炎，水下流，圣人之道，以类相求。圣人倲阳，天下和同。倲阴，天下溺沉。

“阳气盛，变为阴”有三种理解。第一种，“阳气到达极盛后突然全部转为阴气”。第二种，“阳气到达极盛后，部分阳气变成了阴气”。这两种理解在逻辑上有些困难。第三种，“阳气到达极盛后，阳气所在的时空里又出现了阴气”。这种理解看起来更为合理。

4. 五行观

《道原》篇认为五音、五味、五色这种“有”“实”是从“无”“虚”中产生出来的。《微明》篇也提及五行，但仅将五行与“地”相联系，隔断了五行与“天”“人”的联系。《微明》篇所引的“中黄子”是以五物来理解五行的。这固然也是一种方法，但是这样一来五行的适用范围、有效性则大为缩减。

此外，《上德》篇也有五行相胜的思想：

金之势胜木，一刃不能残一林；土之势胜水，一掬不能塞江河；水之势胜火，一酌不能救一车之薪。

容易看出，此处五行是指五种粗大的物质。五行相胜有“金胜木”“土胜水”“水胜火”，但显然并不完整，没有提及“木胜土”“火胜金”。

（三）《关尹子》

《关尹子》据说为关尹子所作，其《二柱》篇对五行之间的相互关系提出了特别的说法：

> 木之为物，钻之得火，绞之得水。金之为物，击之得火，熔之得水。金木者，水火之交也。水为精为天，火为神为地，木为魂为人，金为魄为物。运而不已者为时，包而有在者为方。惟土终始之，有解之者，有示之者。

此处提出了五行之间的关系是：木既可以得火，又可以得水；金既可以得火，又可以得水。这种说法与常见的五行相生之说并不相同。此处还提出"水为精为天，火为神为地，木为魂为人，金为魄为物""土终始之"，这些说法不同于《洪范》的"五物五行"之说。

（四）《庄子》

1.《庄子》里的阴阳

在《庄子》一书中，"阴阳"一词出现较多。《天运》篇认为阳清而阴浊："一清一浊，阴阳调和，流光其声……吾又奏之以阴阳之和，烛之以日月之明。"此处清气即阳气，浊气即阴气。而"阴阳之和"意味着只有"阴阳"，而"和"只是"阴阳"之调和，并非独立存在的"和气"。

《田子方》篇提及阴阳二气之交和路径：

> 至阴肃肃，至阳赫赫；肃肃出乎天，赫赫发乎地；两者交通成和而物生焉，或为之纪而莫见其形。消息满虚，一晦一明，日改月化，日有所为，而莫见其功。

阴、阳之气分别从天、地出发，阳气上升、阴气下降，交通于中而又达于和谐状态，万物由是而生，此即"阳升阴降"说。这可以理解为一种具有科学意味的猜想，相对较为具体且有画面感。

虽然《庄子》与《文子》都承认阴阳二气可以"交通"，但是就阴阳二气的运动轨迹而言，《庄子》的"阳升阴降"与《文子》的"阳降阴升"正好相反：前者认为阳气从地而升，阴气从天而降；后者认为阳气从天而降，阴气从地而升。

《则阳》篇提出了阴阳的交互作用，其文云：

阴阳相照、相盖、相治，四时相代、相生、相杀。欲恶去就，于是桥起；雌雄片合，于是庸有。安危相易，祸福相生，缓急相摩，聚散以成。

此处提及阴阳的交互作用有“相照、相盖、相治”，但比较含糊。后文又提及了“四时相代、相生、相杀”。所谓“相代”，指后一时替代前一时；“相生”指前一时产生后一时；“相杀”指春秋互杀，夏冬互杀。

《大宗师》篇认为阴阳之气对人十分重要：

父母于子，东西南北，唯命之从。阴阳于人，不翅于父母。

《在有》篇云：

人大喜邪？毗于阳。大怒邪？毗于阴。阴阳并毗，四时不至，寒暑之和不成，其反伤人之形乎！

此处将阳与喜相联系，将阴与怒相联系。它的科学意味在于试图在阴阳与人类情绪之间建立联系。

2.《庄子》里的五行

《天地》篇提及五色、五声、五臭、五味，但未具体说明：

失性有五：一曰五色乱目，使目不明；二曰五声乱耳，使耳不聪；三曰五臭薰鼻，困惾中颡；四曰五味浊口，使口厉爽；五曰趣舍滑心，使性飞扬。此五者，皆生之害也。

（五）帛书《黄帝四经》

《黄帝四经》提出了“道生法”。它将宇宙万事万物分为阴阳两方，其《称》篇云：

凡论必以阴阳［明］大义。天阳地阴，春阳秋阴，夏阳冬阴，昼阳夜阴。

大国阳，小国阴。重国阳，轻国阴。有事阳而无事阴。信（伸）者阳而屈者阴。君阳臣阴。上阳下阴。男阳［女阴］。［父］阳［子］阴。兄阳弟阴……

阴阳与各种事物产生了联系，体现了阳吉阴凶的观念。这种联系，一部分较为合理，如“天阳地阴，春阳秋阴，夏阳冬阴，昼阳夜阴”，而其他部分看起来较为主观，如“有事阳而无事阴”等。

（六）《鹖冠子》

《鹖冠子》的作者是鹖冠子，据说是战国末年的楚国隐士。其人隐居深山，以鹖羽为冠，故而号曰鹖冠子。

1.《鹖冠子》里的阴阳

《夜行》篇云“阴阳，气也”，即阴阳被视为气。《度万》篇云“阴阳者，气之正也”，即将阴阳二气的属性理解为好、善。《环流》篇云“阴阳不同气，然其为和同也”，即认为阴阳是不同的气，但是可以“和同”。

2.《鹖冠子》里的五行

《鹖冠子》的五行观并不太统一。《度万》篇云“五气失端，四时不成”，这里是将“五行”视为“五气”。而另外两处则将“五行”视为“五物”，《王鈇》篇云：“天用四时，地用五行。”《天权》篇云：“下因地利，制以五行，左木右金前火后水中土，营军陈，士不失其宜，五度既正，无事不举，招摇在上，缮者作下，取法于天，四时求象，春用苍龙，夏用赤鸟，秋用白虎，冬用元（玄）武……故所肄学兵必先天权，陈以五行，战以五音，左倍宫角，右挟商羽，徵君为随，以晳（或作转）无素之众，陆溺溺人。”

可以看出，《鹖冠子》将五行既理解为“五气”，也理解为“五物”。

三、　墨家与阴阳五行

《墨子》是记录墨家思想的主要典籍。墨家的阴阳观并没有什么特别之处，而墨家的五行观体现在《贵义》中，天干与五行的对应关系较为完整：

子墨子北之齐，遇日者。日者曰："帝以今日杀黑龙于北方，而先生之色黑，不可以北。"子墨子不听，遂北，至淄水，不遂而反焉。日者曰："我谓先生不可以北。"子墨子曰："南之人不得北，北之人不得南，其色有黑者，有白者，何故皆不遂也？且帝以甲乙杀青龙于东方，以丙丁杀赤龙于南方，以庚辛杀白龙于西方，以壬癸杀黑龙于北方。若用子之言，则是禁天下之行者也，是围心而虚天下也。子之言不可用也。"

在上述文字中，出现了四种对应关系：木对应"甲乙、青龙、东方"，火对应"丙丁、赤龙、南方"，金对应"庚辛、白龙、西方"，水对应"壬癸、黑龙、北方"。值得注意的是，此处没有提及土。

五方与五色的搭配法则在《迎敌祠》篇中也有体现。

四、 阴阳家与阴阳五行

阴阳家，其全称应是"阴阳五行家"，"阴阳家"乃简称，有数几种流派，此处只提及五德终始派。

五德终始派以言说王朝政权的德运为内容，主要代表人物是邹衍。邹衍，一作骆衍，战国时期齐国人，曾经游学稷下学宫，备受尊重，被齐人尊称为"谈天衍"。他的主要思想学说是"大九州"说和"五行相胜"说。[①]

（一） "大九州" 说

邹衍的"大九州"说由西汉司马迁《史记》转述而留存（《盐铁论》《论衡》亦有提及）。《史记·孟子荀卿列传》云：

以为儒者所谓中国者，于天下乃八十一分居其一分耳。中国名曰赤县神州。赤县神州内自有九州，禹之序九州是也，不得为州数。中国外如赤县神州者九，乃所谓九州也。于是有裨海环之，人民禽兽莫能相通者，如一区中者，

① 孙开泰．邹衍与阴阳五行［M］．济南：山东文艺出版社，2004.

乃为一州。如此者九，乃有大瀛海环其外，天地之际焉。

按照邹衍的“大九州”说，所谓“中国”，只是一个“赤县神州”。“赤县神州”内有“九州”，即“禹之序九州”，此“九州”不是真正的“九州”。九个“赤县神州”合成的一个大州，才是真正的“九州”。“九州”周围有裨海环绕着，彼此不能相通。九个“九州”又组成“大九州”，其周围有大海环绕着。在那里，才有“天下”八个方面的终极之处。

根据“大九州”说，“中国”只是“大九州”中的八十一分之一而已。“大九州”说可以理解为这样一种具有科学意味的猜测：地球上最初只有一块正方形大陆，且可以细分为九大块、八十一小块。

（二）“五行相胜”说

邹衍以“五行相胜”说作为理论基础提出了“五德终始”说，用来解释历史上朝代更替兴废的原因和规律。邹衍认为，各个王朝都有自己所对应和符合的“德”，即五行之德（“五德”）中的一德，它决定着该王朝的命运，而“五德”按照“五行相胜”的顺序运行。

《吕氏春秋·有始览·应同》记载着邹衍“五德终始”说的大旨：

凡帝王者之将兴也，天必先见祥乎下民。黄帝之时，天先见大螾大蝼。黄帝曰：“土气胜。”土气胜，故其色尚黄，其事则土。及禹之时，天先见草木秋冬不杀。禹曰：“木气胜。”木气胜，故其色尚青，其事则木。及汤之时，天先见金刃生于水。汤曰：“金气胜。”金气胜，故其色尚白，其事则金。及文王之时，天先见火赤乌衔丹书集于周社。文王曰：“火气胜。”火气胜，故其色尚赤，其事则火。代火者必将水，天且先见水气胜。水气胜，故其色尚黑，其事则水。水气至而不知数备，将徙于土。

邹衍的“五德终始”说，始于土终于水，其顺序是土、木、金、火、水，其遵循的是“五行相胜”说。邹衍所理解的五行，既有“五气”的意味，也有“五物”的意味。也就是说，这里的“五气”，看起来是指“五物里面的气”。

要指出的是历史学家发现，早在邹衍之前，春秋末期的史墨已有“火胜金”“水胜火”之论。略早于邹衍的孙膑，其《孙膑兵法·地葆》云：“五壤之胜：青胜黄，黄胜黑，黑胜赤，赤胜白，白胜青。”此二说也已有“五行相胜”之意。

（三）五行相生说

邹衍亦以“五行相生”说来说明自然运动或四时时令的变化。根据彭华教授的研究，《周礼·夏官·司爟》内含此说：“司爟掌行火之政令，四时变国火，以救时疾。”他指出，邹衍所云的“四时变火”说实际上涉及了木火土金水之五行相生。

五、农家与阴阳五行

农家典籍里较少提及阴阳，但提及了五行，并将五行与土壤分类联系起来。

《尚书·禹贡》根据土壤颜色等因素，将九州的土壤分为“黄壤”“白壤”“白坟”“黑坟”等九类，又再细分为三等（上、中、下）九级（从“上上”到“下下”）。《管子·地员》的内容则更为丰富，提出了“九州之土”的分类，把土壤分为上、中、下三等十五类，每类都有青、黄、赤、白、黑五种，并与五音、五色等进行对应。此说可以理解为这样一种有科学意味的猜测：土壤的颜色与五行（之气）有关。

六、总结

在诸子百家的典籍中，对阴阳五行学说有较多的记载，对阴阳交接提出了一些极具画面感的猜测，并在阴阳互相转化、阴阳互相作用等方面提出了自己的看法。与此同时，产生了五行相生相胜的思想。

纵观先秦时代，人们对阴阳五行的认识呈现一种从模糊到具体、从简单到复杂的变化过程。尽管出现了一些具有科学意味的猜测，但是总的来说缺乏定

义，难以验证。

需要关注的是，《道德经》中的“冲”可读为“中”。如果将“中气”“和气”理解为第三种独立的气，则《道德经》提出的是“阳中阴”之说，从而可以呼应从《中华道藏》中挖掘出来的“阳和阴”或“阳和阴五行”之说（详见第四章）。

第二章 阴阳五行的演变（上）

进入秦汉时期，阴阳五行出现了各种详细而又复杂的衍生说法。由于阴阳只是两个维度，因此演变空间有限，主要是阴阳关联的范围被扩大。而五行是五个维度，相对而言其演变空间要大很多，出现了众多复杂的变化。

本章第一节阐述分析阴阳说的演变。第二节回顾了“五行相生”“五行相克”说并加以分析。第三节回顾了阴阳之“少阳太阳少阴太阴”说，这种说法将五行中的四行理解为少、太阴阳之气，从而为探讨阴阳与五行之间的关系提供一条额外的线索。第四节回顾了五行的演变，主要是五行“生所死”说。

第一节　阴阳说的演变

在秦汉时期的典籍中，阴阳适用的范围被扩大了，各种各样的自然现象都被认为与阴阳有关。比起先秦典籍中那些简单的叙述，此时期的说法更为复杂。

一、《淮南子》

（一）《天文训》篇

1. 阴阳与自然现象挂钩

积阳之热气生火，火气之精者为日；积阴之寒气为水，水气之精者为月……

天之偏气，怒者为风；地之含气，和者为雨。阴阳相薄，感而为雷，激而为霆，乱而为雾。阳气胜则散而为雨露，阴气胜则凝而为霜雪……

阳气为火，阴气为水。水胜，故夏至湿；火胜，故冬至燥。

此处将阴阳与水火挂钩，将气与风挂钩，将阴阳与雷、霆、雾挂钩。还提出了水、雨的来源——“积阴之寒气为水”，“地之含气，和者为雨”。

2. 阴阳与“干支组合”的属性

甲子气燥浊，丙子气燥阳，戊子气湿浊，庚子气燥寒，壬子气清寒。

丙子干甲子，蛰虫早出，故雷早行。戊子干甲子，胎夭卵毈，鸟虫多伤。庚子干甲子，有兵。壬子干甲子，春有霜。

戊子干丙子，霆。庚子干丙子，夷。壬子干丙子，雹。甲子干丙子，地动。

庚子干戊子，五谷有殃。壬子干戊子，夏寒雨霜。甲子干戊子，介虫不为。丙子干戊子，大旱，苽封熯。

壬子干庚子，大刚，鱼不为。甲子干庚子，草木再死再生。丙子干庚子，草木复荣。戊子干庚子，岁或存或亡。

甲子干壬子，冬乃不藏。丙子干壬子，星坠。戊子干壬子，蛰虫冬出其乡。庚子干壬子，冬雷其乡。

此处论述干支组合性质时提及阳、寒，显然与阴阳有关。这里有几处值得注意的地方：

第一，此处首先将干支与气绑定，单独列出了五种干支组合的属性。这里似乎是一种具有规律性的总结说明。也就是说，无论在哪个时间尺度上，这五种干支组合都具有如此属性。

第二，“丙子干甲子”等说法中的“干”即“干涉”（实际上“干”往往还意味着这种干涉是“不利”的），可以理解为现代的“交互作用”之意。换句话说，这里提出了干支组合之间的交互作用，这种说法非常罕见。

第三，“丙子干甲子”中的“甲子”可能是日时间尺度上的干支组合。“甲子”“丙子”“戊子”“庚子”“壬子”分别是一岁中五个甲子的首日。

第四，“丙子干甲子”中的“丙子”可能是岁时间尺度上的干支组合。首先，“丙子”不可能是日，因为其后的“甲子”已经是日了，而对于日来说，每天只对应唯一一种干支组合，因此无法自己与自己交互作用。其次，由于文中内容大致上按五行、五季顺序排列，而子月固定为十一月，故“丙子”只有一个，无法“干”四个“甲子”，因此“丙子”不能发生于月时间尺度上。再次，也不能发生在时时间尺度上，因为根据文中内容来看，这个时间尺度显得过小。所以，此处“丙子”应当是岁时间尺度上的干支组合，其他同理。

结合前述四点，这段文字先是说干支组合之气的一般性质是如何的，然后描述了岁时间尺度上的干支之气与日时间尺度上的干支之气的交互结果或交互作用是怎样的。那么，通过上文可以推导出一个具有科学意味的观点：不同时

间尺度上的干支之气存在交互作用。

第五，原文只涉及岁、日时间尺度上不同天干之间的相“干”。而实际上，甲子岁也有甲子日，那么岁、日时间尺度上相同天干之间的相“干”，即“甲子干甲子”，原文却没有提及。这或许是因为古人认为干支组合与自身碰到不算“不利”。

第六，关于“甲子气燥浊，丙子气燥阳”等说法，笔者倾向于认为难以成立（见第十章第一节“雾”的分析）。

3. 日德月刑

是故天不发其阴，则万物不生；天不发其阳，则万物不成。天圆地方，道在中央，日为德，月为刑，月归而万物死，日至而万物生。

因为日为阳精，月为阴精，所以实际上“日德月刑”即“阳德阴刑”。另外一种与“日德月刑”之说类似的说法是“日为德，辰为刑”。

4. 确定阳气和阴气的比例的方法

夏日至则阴乘阳，是以万物就而死。冬日至则阳乘阴，是以万物仰而生。昼者阳之分，夜者阴之分。是以阳气胜则日修而夜短，阴气胜则日短而夜修。

这里提出通过昼夜的长短来确定阴阳二气的比例。这是一个很合理的说法，有利于分析判断其他相关说法的合理性，值得高度重视。

5. 北斗的作用

帝张四维，运之以斗，月徙一辰，复反其所。正月指寅，十二月指丑，一岁而匝，终而复始。指寅，则万物螾，律受太蔟。太蔟者，蔟而未出也……指丑，丑者，纽也，律受大吕。大吕者，旅旅而去也。其加卯酉，则阴阳分，日夜平矣。故曰规生矩杀，衡长权藏，绳居中央，为四时根。

此处将北斗视为一个动力装置和指示装置。《汉书·律历志》亦有类似的说法：“玉衡杓建，天之纲也；日月初躔，星之纪也。纲纪之交，以原始造设，合乐用焉。”《淮南子》遵循夏历，因此这里的正月指寅。

（二）《坠形训》篇

1. 各种气

土地各以其类生，是故山气多男，泽气多女，障气多喑，风气多聋，林气多癃，木气多伛，岸下气多肿，石气多力，险阻气多瘿，暑气多夭，寒气多寿，谷气多痹，丘气多狂，衍气多仁，陵气多贪。轻土多利，重土多迟，清水音小，浊水音大，湍水人轻，迟水人重，中土多圣人。皆象其气，皆应其类。故南方有不死之草，北方有不释之冰，东方有君子之国，西方有形残之尸。

此处提出了很多种类的“气”，并且提出了人们处于不同的气中便有不同的属性之说。此处的科学意味在于将气与人类体质、性格等属性挂钩。

2. 昼夜与阴阳

昼生者类父，夜生者似母。至阴生牝，至阳生牡。

此处认为出生时间与人格特征之间存在特定关系：白天出生之人，性格男性化；夜晚出生之人，性格女性化。这种说法是一种带有科学意味的猜测。

3. 五种土气

正土之气也，御乎埃天，埃天五百岁生缺，……阴阳相薄为雷，激扬为电，……而合于黄海。

偏土之气，御乎清天，清天八百岁生青曾……阴阳相薄为雷，激扬为电，上者就下，流水就通，而合于青海。

牡土之气，御于赤天，赤天七百岁生赤丹……阴阳相薄为雷，激扬为电，上者就下，流水就通，而合于赤海。

弱土之气，御于白天，白天九百岁生白礜……阴阳相薄为雷，激扬为电，上者就下，流水就通，而合于白海。

牝土之气，御于玄天，玄天六百岁生玄砥……阴阳相薄为雷，激扬为电，……而合于玄海。

这里关于五种土气的说法比较奇特，不见于别处。由五行与五色的对应关系，可以知“正土之气、偏土之气、牡土之气、弱土之气、牝土之气”分别对应“中央土五（百）、东方木八（百）、南方火七（百）、西方金九（百）、北方水六（百）”。这里面的数字搭配法则不太清楚，只能看出：木八与火七之和为十五，金九与水六之和为十五，二者相等。由于五种土气后面统一搭配了“千岁”（上面引文中未显示），而前面数字却各有差异，显示出其逻辑不太一致。另外，“正土”搭配“中央”是合理的；“牡土”即“阳土”，搭配“南方”也算合理；“牝土”即“阴土”，搭配“北方”也算合理。至于其他二气的搭配，理由尚未可知。

（三）《时则训》篇

六合：孟春与孟秋为合，仲春与仲秋为合，季春与季秋为合，孟夏与孟冬为合，仲夏与仲冬为合，季夏与季冬为合。孟春始赢，孟秋始缩；仲春始出，仲秋始内；季春大出，季秋大内；孟夏始缓，孟冬始急；仲夏至修，仲冬至短；季夏德毕，季冬刑毕。故正月失政，七月凉风不至；……春行夏令，泄；行秋令，水；行冬令，肃。夏行春令，风；行秋令，芜；行冬令，格。秋行夏令，华；行春令，荣；行冬令，耗。冬行春令，泄；行夏令，旱；行秋令，雾。

上文有三点值得注意：

第一，提出了“孟春与孟秋为合”等六合之说。上文还有具体的说明，能看出二者性质相反，如“孟春始赢，孟秋始缩”等。

第二，关于“正月失政，七月凉风不至”等的含义。“正月失政，七月凉风不至”一般理解为人世间“正月”行政之令与“七月”气象之间的对应关系。不过，这种说法恐怕难以成立。这是因为，一国之内的“政”是完全相同或大致相同的，而一国之气象却是多种多样的，所以二者之间很难如此准确对应。其他月份同理。

第三，关于“春行夏令”等的理解。有人认为此处的“令”是人世间的行政之令。也有人认为，此处的“令”是将气象之主宰拟人化，从而认为气象变化受其号令。按照后面这种理解，“春行夏令”就是指春时出现了夏时之气，并受其主宰。

（四）《原道训》篇

人大怒破阴，大喜坠阳，薄气发喑，惊怖为狂。

人大怒破阴，大喜坠阳，大忧内崩，大怖生狂。

此处将阴阳与情绪等状态挂钩。

（五）《本经训》篇

通体于天地，同精于阴阳，一和于四时，明照于日月，与造化者相雌雄。是以天覆以德，地载以乐，四时不失其叙，风雨不降其虐，日月淑清而扬光，五星循轨而不失其行。

“通体于天地，同精于阴阳”的含义是（人）不仅与天地相通，而且与天地一样，都是来自阴阳之精，从而将天地与阴阳建立了关系。

（六）《主术训》篇

夫目妄视则淫，耳妄听则惑，口妄言则乱。夫三关者，不可不慎守也。若欲规之，乃是离之；若欲饰之，乃是贼之。天气为魂，地气为魄，反之玄房，各处其宅，守而勿失，上通太一。

此处涉及魂魄与阴阳二气之间的关系。“天气为魂，地气为魄”似乎是说，“魂”为“阳炁”，“魄”为“阴炁”。

（七）《诠言训》篇

阳气起于东北，尽于西南；阴气起于西南，尽于东北。阴阳之始，皆调适

相似，日长其类，以侵相远，或热焦沙，或寒凝水，故圣人谨慎其所积。

此处涉及阴阳与方位之间的关系，但其阴阳终始点不妥（详细说明见第四章第一节）。

二、《春秋繁露》

（一）《官制象天》篇

寒暑与和，三而成物；日月与星，三而成光；天地与人，三而成德。

“寒暑与和”指的是“寒气”“暑气”“和气”三物。

（二）《深察名号》篇

天两有阴阳之施，身亦两有贪仁之性。天有阴阳禁，身有情欲，与天道一也。是以阴之行不得干春夏，而月之魄常厌于日光。

此处将阳、阴搭配仁、贪。

（三）《阳尊阴卑》篇

故阳气出于东北，入于西北，发于孟春，毕于孟冬，而物莫不应是。阳始出，物亦始出；阳方盛，物亦方盛；阳初衰，物亦初衰。物随阳而出入，数随阳而终始，三王之正随阳而更起。以此见之，贵阳而贱阴也。故数日者，据昼而不据夜；数岁者，据阳而不据阴。

此处阳气的出入方位同样不妥。另外，还提出了“贵阳而贱阴”之说，即“贵阳”论。

（四）《循天之道》篇

阳气起于北方，至南方而盛，盛极而合乎阴。阴气起乎中夏，至中冬而盛，盛极而合乎阳。……天气先盛牡而后施精，故其精固；地气盛牝而后化，故其化良。是故阴阳之会，冬合北方而物动于下，夏合南方而物动于上。上下之大动，皆在日至之后。为寒则凝冰裂地，为热则焦沙烂石。气之精至于是，故天地之化，春气生而百物皆出，夏气养而百物皆长，秋气杀而百物皆死，冬气收而百物皆藏。

此处“阳气起于北方”宜改为“阳气起于正北”。夏至、冬至“阴阳之会”之说如果理解为“阳自冬至到夏至才有，阴自夏至到冬至才有，因此二者在夏至、冬至相会”则不妥，四时之中阴阳皆有之说更为妥当。

三、《白虎通》

《五行》篇云：

五行者，何谓也？谓金、木、水、火、土也。言行者，欲言为天行气之义也。地之承天，犹妻之事夫，臣之事君也，谓其位卑。卑者亲视事，故自周于一行，尊于天也。《尚书》：“一曰水，二曰火，三曰木，四曰金，五曰土。”水位在北方，北方者，阴气在黄泉之下，任养万物；水之为言准也，养物平均，有准则也。木在东方。东方者，阴阳气始动，万物始生。木之为言触也，阳气动跃，触地而出也。火在南方，南方者，阳在上，万物垂枝。火之为言委随也，言万物布施；火之为言化也，阳气用事，万物变化也。金在西方，西方者，阴始起，万物禁止。金之为言禁也。土在中央者，土主吐含万物。土之为言吐也。何以知东方生？《乐记》曰：“春生，夏长，秋收，冬藏。”土所以不名时者，地土之别名也，比于五行最尊，故不自居职也。《元命苞》曰：“土无位而道在，故大一不与化，人主不任部职。”

此处解释了五行的含义，试图将“五物”与“五气”建立有效的联系。不过，这种联系有些牵强，尤其是阴气与金之间的关系，乃是通过所谓的“禁”来建立的。其他还有几个需要注意的地方：

第一，阴阳气的终始方位有问题。

第二，“言行者，欲言为天行气之义也”，是给五行的“行”作了解释。这种说法有重要的参考意义。考虑到战国《行气铭》，“五行”之“行”的原

义，有可能是“气”之“行”，即“气”的流动、行动。也就是说，“五行”的原义可能是“气的五种行动方式、流动方式”。

第三，“阴阳气始动”中的“阴”字极有可能由后人窜入。

第四，提及“水—阴气”“木—阳气”“火—阳气”“金—阴气”之搭配，但未提及土与何种气进行搭配。

水味所以咸何？是其性也。所以北方咸者，万物咸与，所以坚之也，犹五味得咸乃坚也。木味所以酸何？东方，万物之生也，酸者以达生也，犹五味得酸乃达也。火味所以苦何？南方主长养，苦者所以长养也，犹五味须苦可以养也。金味所以辛何？西方煞伤成物，辛所以煞伤之也，犹五味得辛乃委煞也。土味所以甘何？中央者，中和也，故甘，犹五味以甘为主也。

这里提及五行与五味的搭配：北方—水—咸，东方—木—酸，南方—火—苦，西方—金—辛，中央—土—甘。

少阳见寅。寅者，演也……卯者，茂也……辰，震也……其日甲乙者，万物孚甲也；乙者，物蕃屈有节欲出。时为春，春之为言蠢蠢动也。位在东方。其色青。其音角。角者，气动耀也……

阴中阳，故太阳见于巳。巳者，物必起……午，物满长……未，味也……其日丙丁者，其物炳明丁者，强也。时为夏，夏之言大也。位在南方。其色赤。其音徵。徵，止也，阳度极也……

故少阴见于申。申者，身也……酉者，老物收敛……戌者，灭也……其日庚辛。庚者，物更也；辛者，阴始成。时为秋，秋之为言愁亡也。其位西方。其色白。其音商。商者，强也……

故太阴见于亥。亥者，仰也……子者，孳也……丑者，纽也……其日壬癸。壬者，阴始任。癸者，揆度也。时为冬，冬之为言终也。其位在北方。其音羽，羽之为言舒，言万物始孳……

土为中宫。其日戊己。戊者，茂也；己，抑屈起。其音宫，宫者，中也。

其帝黄帝。其神后土。

这里有几个需要注意的观点：

第一，提出了五行与阴阳（少阳、太阳、少阴、太阴）、五方、地支的对应关系：木对应少阳、东方、寅卯辰；火对应太阳、南方、巳午未；金对应少阴、西方、申酉戌；水对应太阴、北方、亥子丑；土对应天干之戊己，没有对应的地支。可以认为，木、火、金、水与少阳、太阳、少阴、太阴的对应是合理的。

第二，五行与天干的对应不妥。上文认为木对应甲乙，火对应丙丁，金对应庚辛，水对应壬癸，土对应戊己。从逻辑统一角度来说，首先，天干内部需要统一。甲乙、丙丁、庚辛、壬癸都在四方，戊己也必须在四方。其次，天干与地支需要逻辑统一。地支全部对应四方，自然要求天干也全部对应四方。综合上述两点，便可发现原文中存在一个矛盾：所谓的“土为中宫”的“中宫”，实际上是要求土位于四方之中央；而五行之土要想与其他四行呼应，则必然要求戊己在四方而不在中央。最后，土对应天干之戊己，却又不对应任何地支，也反映了此处逻辑不统一。

四时为时，五行为节，故木王即谓之春，金王即谓之秋，土尊不任职，君不居部，故时有四也。

此处提出木、火、金、水各“王”（主宰）四季中的一季，各自与东、南、西、北搭配，而土不与四时搭配，也就是说其不与四方搭配，即与中央搭配。

《诛伐》篇云：

冬至，所以休兵不举事。闭开商旅不行何，此日阳气微弱。王者承天理物，故率天下静，不复行役，扶助微气成万物也。故《孝经谶》曰：“夏至阴气始动。冬至阳气始萌。”《易》曰：“先王以至日闭开，商旅不行。”夏至阴始起。反大热何。阴气始起，阳气推而上。故大热也。冬至阳始起，阴气推而

上。故大寒也。

这里试图用阴阳二气的变动来解释为何夏至大热、冬至大寒。这里认为，夏至之所以大热，是因为“阳气推而上”，而“阴气始起”。“推而上”的意思并不太清楚，大概是指“阳气推开了某种压制，从地下爬升而上”，或“阳气有力地增加”。冬至同理。这种说法注意到了一岁之中最重要的两至之时同时有阴阳二气，用二气之间的空间位置关系来解释气温变化。尽管较为笼统，但也算是一种有特色的说法。

《灾变》篇云：

霜之为言亡也，阳以散云。雹之为言合也，阴气专精，积合为雹。

日食者必杀之何？阴侵阳也。鼓用牲于社。社者众阴之主，以朱丝萦之，鸣鼓攻之，以阳责阴也。……日食、大水则鼓于用牲于社，大旱则云祭未雨，非苟虚也，助阳责下，求阴道也。月食救之者，阴失明也，故角尾交日。月食救之者，谓夫人击镜，傅人击杖，庶人之妻楔搔。

这里用阴阳来解释“霜”“云”“雹”。

“阳以散云”大概是基于以下逻辑：从有云转为无云时往往是天气逐渐转晴，而晴天自然有太阳出来，而太阳与阳有关。所以很容易联想到，云散是因为阳之出现与增多。

“阴气专精，积合为雹”，大概是因为古人认为阴气寒，而雹亦寒，所以推理出雹是阴气积累的结果。当然，现代科学认为雹（即冰雹）在形成的过程中，需要快速冰冻，温度急剧下降，并不是什么阴气。

至于日食之“阴侵阳”大概是古人利用阴阳思维对日食进行解释。古人认为日为阳，月为阴。当古人看见月亮移动而逐渐挡住太阳最终造成日食时，则自然联想到“阴侵阳”。月食比较不一样，当月亮逐渐失明而直至月食时，人们并不能看见是什么原因导致的，因此只能说“阴失明”。

《八风》篇云：

风者何谓也？风之为言萌也，养物成功，所以象八卦。

阳立于五，极于九，五九四十五日变，变以为风，阴合阳以生风也。距冬至四十五日条风至。条者，王也。……景大也，阳气长养。四十五日凉风至，凉寒也，行阴气也。四十五日昌盍风至，戒收藏也。四十五日不周风至，不周者，不交也，阴阳未合化也。四十五日广莫风至，广莫者，大也，开阳气也。

故曰：条风至地暖，明庶风至万物产，清明风至物形干，景风至棘造实，凉风至黍禾干，昌阖风至生荠麦，不周风至蛰虫匿，广莫风至万物伏。是以王者承顺之，条风至则出轻刑、解稽留，明庶风至则修封疆、埋田畴，清明风至出币帛、使诸侯，景风至则爵有德、封有功，凉风至报地德，祀四乡，昌盍风至则申象刑、饰囷仓，不周风至则筑宫室、修城郭，广莫风至则断大辟、行狱刑。

此处根据八卦提出八风，其理由是“风之为言萌也，养物成功”，所以“象八卦”，即风养物，取象于八卦。这里提出风形成的原因：一种情况是阳（气）独自可以成风（“阳立于五，极于九，五九四十五日变，变以为风”），另一种情况需要阴阳相合（“阴合阳以生风”）。根据以上两点，还可以推理出：阴气独自也可以成风。这个推论可供参考。

《文质》篇云：

璜所以征召何？璜者，半璧，位在北方，北阴极而阳始起……璋以发兵何？璋半圭，位在南方，南方阳极而阴始起……

这里提及“北阴极而阳始起”“南方阳极而阴始起”。

《情性》篇云：

故《钩命决》曰：“……阳气者仁，阴气者贪……”

此处认为阳气仁善而阴气贪恶。

《嫁娶》篇云：

男三十而娶，女二十而嫁。阳数奇，阴数偶。男长女幼者，阳舒，阴促。

此处“阳舒，阴促”提及阳、阴的不同属性，阳对应舒缓，阴对应急促，可能对人格心理学研究有一定参考价值。

四、《论衡》

东汉王充著《论衡》，该书细说微论，解释世俗之疑，辨照是非之理。“衡”字本义是天平，“论衡”就是评定当时言论价值的天平，目的是“冀悟迷惑之心，使知虚实之分”。

《说日》篇引用儒者之言云：

冬日短，夏日长，亦复以阴阳。夏时，阳气多，阴气少，阳气光明，与日同耀，故日出辄无鄣蔽。冬，阴气晦冥，掩日之光，日虽出，犹隐不见，故冬日日短，阴多阳少，与夏相反。

此处“夏时，阳气多，阴气少”“冬日日短，阴多阳少，与夏相反”指出了夏时阳气多阴气少，冬时阴气多阳气少，也就是说，四时皆有阴阳，且冬夏阴阳比例相反。这种说法是合理的。

《订鬼》篇云：

日食阴胜，故攻阴之类。天旱阳胜，故愁阳之党。

此处将阴胜、阳胜视为日食、旱灾的原因。

五、总结

阴阳渗透在人们生活的方方面面，其适用范围被扩展了，其内容变得更为复杂。阴阳与五行出现了较为牵强的联系，阴阳与干支组合也出现了联系。

尽管阴阳学说的应用场景被扩展了，但是先秦时期已经存在的那些问题并没有解决，反而出现了更多的混乱。

第二节　五行相生相克

《洪范》中的五行是“五物”或五种粗大物质，并没有提到五行之间的关系。邹衍提出了五德终始说，体现了五行相胜思想，但是并没有说清楚如此排序的理由。到了汉朝，出现了各种五行相生相克之说。董仲舒《春秋繁露》将五行与五官联系起来，再利用五官之间的关系来试图说明五行之间的相生相胜。《淮南子》《白虎通》论述了五行相克的理由，但没有论述五行相生是否合理。

一、　五行相生

五行相生虽然是五行学说的核心内容，但如此重要的内容很少有理论上的论证与说明。五行相生的合理性论证又可细分为五行之间“何以相生”，以及为何是木、火、土、金、水这种“相生顺序”两个重要内容。《春秋繁露》是最早试图论证五行相生合理性的文献。

《五行相生》篇云：

天地之气，合而为一，分为阴阳，判为四时，列为五行。行者行也，其行不同，故谓之五行。五行者，五官也，比相生而间相胜也。故谓治，逆之则乱，顺之则治。

此处提出了相生相胜的总原则，指出五行相生的法则是“比相生”。所谓“比”，乃“附近”“靠近”之意。对于五行来说，“比相生”是指在木、火、土、金、水循环中，彼此靠近的五行，前一个生后一个。

另外需要指出的是，此处将天地之气置于阴阳、五行之前，意味着以天地

之气为根本，而阴阳、五行为其所生。这并不妥当。

东方者木，农之本。司农尚仁。进经术之士，道之以帝王之路，将顺其美，匡其恶。执规而生，至温润下，知地形肥硗美恶，立事生则，因地之宜，召公是也。亲入南亩之中，观民垦草发淄，耕种五谷，积蓄有余，家给人足，仓库充实。司马，本朝也。本朝者，火也，故曰木生火。

此处试图论证“木生火”，大概逻辑是，周召公姬奭仁政属木，本朝属火，所以推导出“木生火”。

这里的推论有问题。所谓“本朝者，火也”，也就是“汉朝为火德”的意思，然而这种说法与当时流行的“五德终始”说并不符合。“五德终始”说认为，夏木商金周火秦水，后一个胜前一个。西汉高祖刘邦不承认秦朝，故西汉朝为水德（汉朝之德后面又有变动，西汉汉武帝为土德，东汉光武帝为火德），而《春秋繁露》成文时，已经进入以土为德的时期了。因此，说“本朝属火”并不合理。正因如此，有人指出“本朝属火”之说乃后人窜入。总而言之，如果使用“本朝属火”，则与历史不合；如果不使用，则无法去推导“木生火”。故《五行相生》没有论证出“木生火”。

南方者火也，本朝。司马尚智，进贤圣之士，上知天文，其形兆未见，其萌芽未生，昭然独见存亡之机，得失之要，治乱之源，豫禁未然之前，执矩而长，至忠厚仁，辅翼其君，周公是也。成王幼弱，周公相，诛管叔蔡叔，以定天下。天下既宁以安君。官者，司营也。司营者土也，故曰火生土。

此处试图论证“火生土”。这里指出，周公姬旦以智定天下，正是因为有了周公姬旦的辅佐，周成王姬诵才有了君王之位。因周公智，为火，而君王为土，所以推出“火生土”。

这里的推论有问题。前面论证“木生火”时，使用朝代（周朝、汉朝）之间的属性关系进行推理，而这一段突然又改成以臣子与君王（周公姬旦、周成王姬诵）之间的属性关系进行推理，逻辑明显不一致。

中央者土，君官也。司营尚信，卑身贱体，夙兴夜寐，称述往古，以厉主意。明见成败，微谏纳善，防灭其恶，绝源塞隙，执绳而制四方，至忠厚信，以事其君，据义割恩，太公是也。应天因时之化，威武强御以成。大理者，司徒也。司徒者金也，故曰土生金。

此处试图论证“土生金”。这里的太公，因“以事其君”可知其应为姜太公。中央土对应君官、君王，而姜太公并非君王，因此君主助力司徒之事无法成立，难以推导出“土生金”。

西方者金，大理司徒也。司徒尚义，臣死君而众人死父。亲有尊卑，位有上下，各死其事，事不逾矩，执权而伐。兵不苟克，取不苟得，义而后行，至廉而威，质直刚毅，子胥是也。伐有罪，讨不义，是以百姓附亲，边境安宁，寇贼不发，邑无狱讼，则亲安。执法者，司寇也。司寇附亲，边境安宁，寇贼不发，邑无狱讼，则亲安。执法者，司寇也。司寇者，水也。故曰金生水。

此处试图论证“金生水”。这里司徒尚义，所以上下各守其事，边境安宁，使得执法者司寇容易执法，故司徒有助于司寇，曰金生水。这里的推理比较勉强。

北方者水，执法司寇也。司寇尚礼，君臣有位，长幼有序，朝廷有爵，乡党以齿，升降揖让，般伏拜竭，折旋中矩，立而罄折，拱则抱鼓，执衡而藏，至清廉平，赂遗不受，请谒不听，据法听讼，无有所阿，孔子是也。为鲁司寇，断狱屯屯，与众共之，不敢自专。是死者不恨，生者不怨，百工维时，以成器械。器械既成，以给司农。司农者，田官也。田官者木，故曰水生木。

此处试图论证“水生木”。这里的逻辑是：因为鲁国司寇孔子断案勤勉，所以百姓努力工作，器械充足，便于农业操作，故有助于司农，最终推出“水生木”。这里的推理也比较勉强，司寇能干，有利于国家的各个方面，而

不仅仅是农业生产方面。

总而言之，《五行相生》篇主要试图论证五行之间何以相生，但它的论证并不严谨。

《五行之义》篇云：

天有五行：一曰木，二曰火，三曰土，四曰金，五曰水。木，五行之始也；水，五行之终也；土，五行之中也。此其天次之序也。木生火，火生土，土生金，金生水，水生木，此其父子也。木居左，金居右，火居前，水居后，土居中央，此其父子之序，相受而布……

五行之随，各如其序，五行之官，各致其能。是故木居东方而主春气，火居南方而主夏气，金居西方而主秋气，水居北方而主冬气。是故木主生而金主杀，火主暑而水主寒，使人必以其序，官人必以其能，天之数也。

土居中央，为之天润。土者，天之股肱也。其德茂美，不可名以一时之事，故五行而四时者。土兼之也……

此处试图论证五行相生顺序为木、火、土、金、水的合理性。它提出“木，五行之始也；水，五行之终也；土，五行之中也。此其天次之序也”，并叙述五行相生顺序为木、火、土、金、水。

需要额外注意的是，此处五行与四方、中央进行联系，其中，土既居于中央又顾兼四方，这是一个很有特色且值得关注的观点。

《五行对》篇云：

河闲献王问温城董君曰：“《孝经》曰：‘夫孝，天之经，地之义。’何谓也?”对曰：“天有五行，木火土金水是也。木生火，火生土，土生金，金生水。水为冬，金为秋，土为季夏，木为春。春主生，夏主长，季夏主养，秋主收，冬主藏。藏，冬之所成也……”

此处可以看出，木、火、土、金、水的排序逻辑实际上是基于一岁五时（春、夏、季夏、秋、冬）之顺序。这实际上就解释了《五行之义》篇为何说

"此其天次之序也"。

此处论证中，季夏占用了夏一个月，即春、秋、冬各三个月，季夏一个月，夏两个月。这从逻辑上并不合理。因此，这里没有很好地论证清楚五行相生顺序的合理性。

另外，各种典籍中对是否存在季夏看法并不统一，连《春秋繁露》自己都没能统一：《五行对》篇出现了季夏，而《官制象天》篇却没有。

二、 五行相克

《淮南子·主术训》云：

> 夫火热而水灭之，金刚而火销之，木强而斧伐之，水流而土遏之。

这里试图说明五行相克的原理：火焰的属性炎热，但可以被水浇灭；金属的属性刚硬，但可以被火销融；木头的属性强硬，但可以被金属制的斧头砍伐；水的属性流动，但可以被土遏制。由此可以推出"水克火""火克金""金克木""土克水"。

此处论证虽然乍看有道理，但是细究之下可以发现，这种所谓的相克并不是唯一的：火可以被水浇灭，而土也可以灭火；木头可以被金属制的斧头砍伐，而火也能烧毁木头；水可以被土遏制，而火也能让水蒸发。如果相克不是唯一的，那么整个五行相克理论体系并不严谨。此外，原文没有木如何克土的说明。

《关尹子·六匕》云：

> 关尹子曰："我身，五行之气，而五行之气，其性一物。借如一所，可以取水，可以取火，可以生木，可以凝金，可以变土。其性含摄，元无差殊。故羽虫盛者，毛虫不育；毛虫盛者，鳞虫不育。知五行互用者，可以忘我。"

此处认为"一"可以变化出"五行之气"或"五气"，但后面的说法又将五行理解为"五物"。

《吕氏春秋·有始览·应同》提出了"五行相胜"（见第一章第三节），但为何如此相胜，却没有给出有力论证。

《黄帝内经·宝命全形论》云：

帝曰：人生有形，不离阴阳，天地合气，别为九野，分为四时，月有小大，日有短长，万物并至，不可胜量，虚实呿吟，敢问其方。岐伯曰：木得金而伐，火得水而灭，土得木而达，金得火而缺，水得土而绝，万物尽然，不可胜竭。

此处提出的“木得金而伐”“火得水而灭”“金得火而缺”“水得土而绝”，是试图论证五行相克的内容。但“土得木而达”并没有表达出“木克土”，其字面意思是“土因为有（树）木而更加兴旺发达”，所以是“木助土”之意，与“木克土”之意完全相反。

三、五行相干

除了五行相生、相克，实际上还有五行相干。

《春秋繁露·治乱五行》云：

水干金，则鱼不为。木干金，则草木再生。火干金，则草木秋荣。土干金，五谷不成。木干水，冬蛰不藏。土干水，则蛰虫冬出。火干水，则星坠。金干水，则冬大寒。

此处提及了五行相干，但看不出是基于什么理由。五行相干与《淮南子·天文训》里的干支组合相干，在形式上、内容上都比较类似。

四、其他

《白虎通·姓名》云：

人所以有姓者何？……姓生也，人所禀天气所以生者也。《诗》云：“天生烝民。”《尚书》曰：“平章百姓。”姓所以有百何？以为古者圣人吹律定姓，以记其族。人含五常而生，声有五音，宫、商、角、徵、羽，转而相杂，五五二十五，转生四时，故百而异也。气殊音悉备，故殊百也。

此处提及五行与五音组合成二十五种情况。这与中医“阴阳二十五人”理论类似，可能存在某种关系。

五、 总结

五行相生相克是五行学说的重要内容。然而，相生相克在理论上存在诸多先天不足，这使得五行学说的理论基础并不稳固。

第三节 少阳太阳少阴太阴

《洪范》将五行视为五种粗大的物质或“五物”。然而，出现时间比它晚的典籍，如《春秋繁露》《白虎通》《汉书》等，却将木、火、金、水理解为少阳之气、太阳之气、少阴之气、太阴之气，即“少阳太阳少阴太阴”之说。按照这种理解，木火为一类，金水为一类，余下的土自然为一类，暗示五行实际上可分为三类。这为重新理解五行，以及阴阳五行之间的关系提供了一条重要的线索。

一、 各种典籍之说

（一）《春秋繁露》

《官制象天》篇云：

天地之理，分一岁之变为以四时，四时亦天之四选已。是故春者少阳之选也，夏者太阳之选也，秋者少阴之选也，冬者太阴之选也。四选之中各有孟、仲、季，是选之中有选，故一岁之中有四时，一时之中有三长，天之节也。

此处，阴阳被区分为少阳、太阳、少阴、太阴，分别对应春、夏、秋、冬。

《天辨在人》篇云：

难者曰：阴阳之会，一岁再遇。遇于南方者以中夏，遇于北方者以中冬。冬丧物之气也，则其会于是何？如金木水火，各奉其所主以从阴阳，相与一力而并功。其实非独阴阳也，然而阴阳因之以起，助其所主。故少阳因木而起，助春之生也；太阳因火而起，助夏之养也；少阴因金而起，助秋之成也；太阴因水而起，助冬之藏也。阴虽与水并气而合冬，其实不同，故水独有丧而阴不与焉。是以阴阳会于中冬者，非其丧也……人无春气，何以博爱而容众？……故刑者德之辅，阴者阳之助也，阳者岁之主也……幼者居阳之所少，老者居阳之所老，贵者居阳之所盛，贱者居阳之所衰……阳贵而阴贱，天之制也。

由“少阳因木而起，助春之生也；太阳因火而起，助夏之养也；少阴因金而起，助秋之成也；太阴因水而起，助冬之藏也”可以整理出四时、四行与阴阳之间的关系为“春木少阳、夏火太阳、秋金少阴、冬水太阴”。又因此处多提及“气”，如春气、夏气、秋气、冬气，那么，由“春木少阳、夏火太阳、秋金少阴、冬水太阴”这种对应关系，可以推理出一个重要的观点：春气为少阳之气、木气，夏气为太阳之气、火气，秋气为少阴之气、金气，冬气为太阴之气、水气。

《阴阳终始》篇云：

……故北方者，天之所终始也，阴阳之所合别也。冬至之后，阴俯而西入，阳仰而东出，出入之处常相反也。……春夏阳多而阴少，秋冬阳少而阴多，多少无常，未尝不分而相散也。以出入相损益，以多少相概济也。……春秋之中，阴阳之气俱相并也。中春以生，中秋以杀。……故至春少阳东出就木，与之俱生，至夏太阳南出就火，与之俱暖。……少阳就木，太阳就火，火木相称，各就其正。

此处完整地提出了“东春少阳木、南夏太阳火、西秋少阴金、北冬太阴水”的对应关系。由前文所言可知，这实际上指出阴阳之气与五行之气中的四行之气（木气、火气、金气、水气）具有本质上的联系。这意味着阴阳说与五行说很可能最初就存在有机联系，只是随着时间流逝而被割裂开来。

另外，“春秋之中，阴阳之气俱相并也”等说法指出四时皆有阴阳之气，这种说法符合阴阳二气消长变化规律，是合理的。

《天地阴阳》篇云：

天、地、阴、阳、木、火、土、金、水，九，与人而十者，天之数毕也。故数者至十而止，书者以十为终，皆取之此。

这里将“阴阳”“五行”以及“天、地、人”并列为十。如果阴阳、五行是支配天地万物的力量，从等级角度来看，应该前者比后者高一级，不应当是并列关系。

（二）《白虎通》

《礼乐》篇云：

东方者，少阳易化，故取名也。北方太阴鄙郄，故少蛮虫难化，执心违邪。

此处提出东方少阳、北方太阴。

《五行》篇云：

五行之性或上或下何？火者，阳也，尊，故上；水者，阴也，卑，故下；木者，少阳；金者，少阴，有中和之性，故可曲直，从革；土者最大，苞含物，将生者出，将归者入，不嫌清浊为万物。《尚书》曰：“水曰润下，火曰炎上，木曰曲直，金曰从革，土爰稼穑。”五行所以二阳（阴）三阴（阳）何？尊者配天，金木水火，阴阳自偶。

这里问题颇多。第一，原文认为火阳、水阴，而木少阳，金少阴。合理的说法应该是，火为太阳，水为太阴。第二，论及木少阳、金少阴时，称二者有中和之性，这种说法似乎不妥。这是因为，既然叫作木少阳、金少阴，从字面意义上理解就是指在阴阳维度上有所偏重，其性质不能称为“中和”，而将“土气”性质称为中和则更为合理。第三，此处提及土者最大，提高了土的位置，而“五行”既然为“五”行，则应当所有的“行”的地位相同。所以这种抬高土的说法恐怕不妥当。第四，原文“二阳三阴”与“土者最大”相冲突。这是因为，如果是“二阳三阴”，则木、火已经是两个阳了，故土必然是阴。而如果土是阴，则必然与“土者最大”“尊者配天”冲突。正因为如此，“二阳三阴”只能是“二阴三阳”，则土必须也是阳。

《五行》篇又云：

五行之性，火热水寒，有温水，无寒火何？……五行常在，火乍亡何？水太阴也，刑者故常在。金少阴，木少阳，微气无变，故亦常在火。太阳精微，人君之象……木所以浮，金所以沉何？……

由“木所以浮”等可以看出这里的“五行”被理解为“五物”。

（三）《独断》

《独断》的作者是东汉蔡邕，书共分二卷，其主要内容是皇室对服饰等级的规定，对重要节日的释义等，其中也有涉及五行之内容。

《卷上》提及五祀之别名，其文云：

门：秋为少阴，其气收成，祀之于门。祀门之礼，北面设主于门左枢。

户：春为少阳，其气始出生养，祀之于户。祀户之礼，南面设主于门内之西。

行：冬为太阴，盛寒为水，祀之于行，在庙门外之西，拔壤厚二尺、广五尺、轮四尺，北面设主于拔上。

竈：夏为太阳，其气长养，祀之于竈。祀竈之礼，在庙门外之东，先帝于门奥西东，设主于竈陉也。

中溜：季夏之月，土气始盛，其祀中溜，溜神在室，祀中溜，设主于牖下也。

上文提出这样的搭配：秋少阴，春少阳，冬太阴，夏太阳，季夏土气。这样的搭配具有极为重要的意义，现分析如下：

这里将少阳、太阳、少阴、太阴与土气并列而提。之前通过对《春秋繁露》的分析可知，少阳、太阳、少阴、太阴实际上是少阳之气、太阳之气、少阴之气、太阴之气，分别与春木、夏火、秋金、冬水对应；那么，《独断》将少阳、太阳、少阴、太阴与土气并列而提，实际上指出五行即为五行之气——少阳之气即木气，太阳之气即火气，少阴之气即金气，太阴之气即水气、土气。《春秋繁露》里只有四气而缺漏土气，《独断》里则可以推导出全部五气，因此意义十分重大，意味着“少阳太阳少阴太阴土气”这种“五气”说的历史可能相当早远。

（四）《汉书》

《汉书》，又称《前汉书》，由东汉史学家班固编撰，是中国第一部纪传体断代史，其中的很多记载有非常重要的参考价值。

《律历志上》篇云：

以阴阳言之，太阴者，北方。北，伏也，阳气伏于下，于时为冬。冬，终也，物终臧，乃可称。水润下。知者谋，谋者重，故为权也。太阳者，南方。南，任也，阳气任养物，于时为夏。夏，假也，物假大，乃宣平。火炎上。礼者齐，齐者平，故为衡也。少阴者，西方。西，迁也，阴气迁落物，于时为秋。秋，䪞（收束之意）也，物䪞敛，乃成孰。金从革，改更也。义者成，成者方，故为矩也。少阳者，东方。东，动也，阳气动物，于时为春。春，蠢也，物蠢生，廼（通“乃”）动运。木曲直。仁者生，生者圜，故为规也。中央者，阴阳之内，四方之中，经纬通达，乃能端直，于时为四季。土稼啬蕃息。

上文提出这样的搭配：水北方冬太阴，火南方夏太阳，金西方秋少阴，木东方春少阳，土中央四季。由“中央者，阴阳之内，四方之中，经纬通达，乃

能端直，于时为四季。土稼啬蕃息”可知：土不与阴阳搭配，土配对中央，不与四方搭配，但又与四季有关。此处四季可能是指“季春、季夏、季秋、季冬”，也可能是指“四时”。此处关于土的说法较为独特，有重要的参考价值。

（五）《黄帝内经》

《黄帝内经》里的阴阳、五行说法与中医之外的典籍的说法略有差异。其中，最不相同的是“三阴三阳”说。该说广泛见于中医典籍，但其定义并不统一。此处不予展开，将别文说明。

（六）《释名》

东汉末年刘熙《释名》云：

> 五行者，五气也，于其方各施行也。金，禁也，其气刚严，能禁制也。木，冒也，华叶自覆冒也。水，准也，准平物也。火，化也，消化物也。亦言毁也，物入中皆毁坏也。土，吐也，能吐生万物也。

此处将五行解释为“五气”，可以理解为是“五物”自身带的“气”。

二、　总结

《春秋繁露》等典籍完整地记载了“少阳太阳少阴太阴”说。这四个术语与四时（春、夏、秋、冬）、四行（木、火、金、水）搭配合理：少阳之气配木，太阳之气配火，少阴之气配金，太阴之气配水。

木气为少阳之气，火气为太阳之气，显然意味着二者都属于阳气；金气为少阴之气，水气为太阴之气，显然意味着二者都属于阴气。这样一来，五行实际上是三类：木气和火气是一类，金气和水气是一类，土气是一类。而传统意义上的“五行”说一般将五行视为五类完全独立的东西。

一旦从“少阳太阳少阴太阴”角度来考虑，则五行之气实际上是三类气。前面第一章也提及，“冲”读成“中”之后，《道德经》实际上提出的是“阳中阴”三气之说，而不是“阴阳”二气之说。这种关联，值得认真思考。

第四节　从五行“生壮老”到五行“十二生死所”

一、“生壮老”与“生壮死”

（一）《放马滩秦简》“日书”

1986年，甘肃省天水市放马滩一处战国晚期秦人墓葬中出土了一批竹简，其内容与此前出土的《睡虎地秦简》“日书”相类，因此被称为《放马滩秦简》“日书”。

《放马滩秦简》之《五行》篇①提出了五行基于地支的“生壮老”，其文云：

火，生寅，牡（壮）午，者（老）戌。

金，生巳，牡（壮）酉，者（老）丑。

水，生申，牡（壮）子，者（老）辰。

木，生亥，牡（壮）卯，者（老）未。

土（水）生木，木生火，火生土，土生金，［金生水］。

刘乐贤先生指出，此处“牡”应为“壮”，“者”应为“老”。由此，这里是五行基于地支的“生壮老”，即后世所称的“五行三合局”。②

至于五行顺序，通过更正前面的“土”为“水”，以及在上文最后补上“金生水”，则可以发现，此处五行顺序乃“水木火土金”。不难发现，此顺序实际上就是“木火土金水”之五行相生顺序，只不过是把“水”放在了最前面。

《孔家坡汉简》（简称《孔简》）亦有《五行》篇，其文云：

---

① 孙占宇．放马滩秦简日书整理与研究［D］．兰州：西北师范大学，2008：120.

② 刘乐贤．睡虎地秦简日书研究［M］．台北：文津出版社，1994：348－349.

水：生申，壮子，老辰。木：生亥，壮卯，老未。火：生寅，壮午，老戌。金：生巳，壮酉，老丑。

卢央先生指出，“生壮老”“五行三合局”本质上是四分法的反映，即同一时刻交冬至的各年组成“五行三合局”：申子辰年同于夜半时交冬至、亥卯未年同于黄昏时交冬至、寅午戌年同于正午时交冬至、巳酉丑年同于平旦交冬至。①

（二）《淮南子》

《淮南子·天文训》里五行之“生壮死”的说法广为所知，其文云：

木生于亥，壮于卯，死于未，三辰皆木也。

火生于寅，壮于午，死于戌，三辰皆火也。

土生于午，壮于戌，死于寅，三辰皆土也。

金生于巳，壮于酉，死于丑，三辰皆金也。

水生于申，壮于子，死于辰，三辰皆水也。

二、“十二生死所”

（一）《五行大义》

隋朝《五行大义》在前人的基础上大幅增添，提出了“十二生死所”这一说法。其文云：

五行体别，生死之处不同。遍有十二月，十二辰而出没。

木，受气于申，胎于酉，养于戌，生于亥，沐浴于子，冠带于丑，临官于寅，王于卯，衰于辰，病于巳，死于午，葬于未。

…………

土，受气于亥，胎于子，养于丑，寄行于寅，生于卯，沐浴于辰，冠带于巳，临官于午，王于未，衰病于申，死于酉，葬于戌。

---

① 卢央．中国古代星占学［M］．北京：中国科学技术出版社，2013：39.

关于土之“葬于戌”，其后文又加以解释，改为“葬于辰”。其文云：

戌是火墓，火是其母，母子不同葬，进行于丑。丑是金墓，金是其子，义又不合，欲还于未。未是木墓，木为土鬼，畏不敢入，进休就辰。辰是水墓，水为其妻，于义为合，遂葬于辰。

“十二生死所”可以看成五行在一年十二个月中的演变。其所用术语，即“胎、养、生、冠带、临官、衰、病、死、葬”等，类似于一个人从胎儿到出生，从幼到壮，再从盛壮到衰亡、入墓的过程。

此外，《五行大义》还认为“土分王四季，各有生死之所”，其中“辰土”与“木”、“未土”与“火”、“戌土”与“金”、“丑土”与“水”的设定大体相同。

（二）《星历考原》

到了清朝的《星历考原》，土的设定又有所改变。其文云：

木长生于亥，火长生于寅，金长生于巳，水长生于申，土则亦长生于申，寄生于寅，盖坤艮之位也。

由上看出，《星历考原》与《五行大义》不一样的地方在于认为“土则亦长生于申，寄生于寅，盖坤艮之位也”。

三、分析评价

从上述资料可以看出，最初是“木火金水”之“生壮老”，然后是“木火土金水”之“生壮死”，继而是“十二生死所”，这是一个逐渐复杂化的过程。下面来检查这些说法的合理性。

（一）“生壮老”“生壮死”

为了得到具体直观的认识，更加容易发现问题所在，以“生壮死”之说作出如下示意图（见图2-1）。“生壮死”与“生壮老”仅有“土”的差异，因为若剔除中间的“土”图，则“生壮死”示意图变成了“生壮老”示意图。为了方便，二者一起讨论。

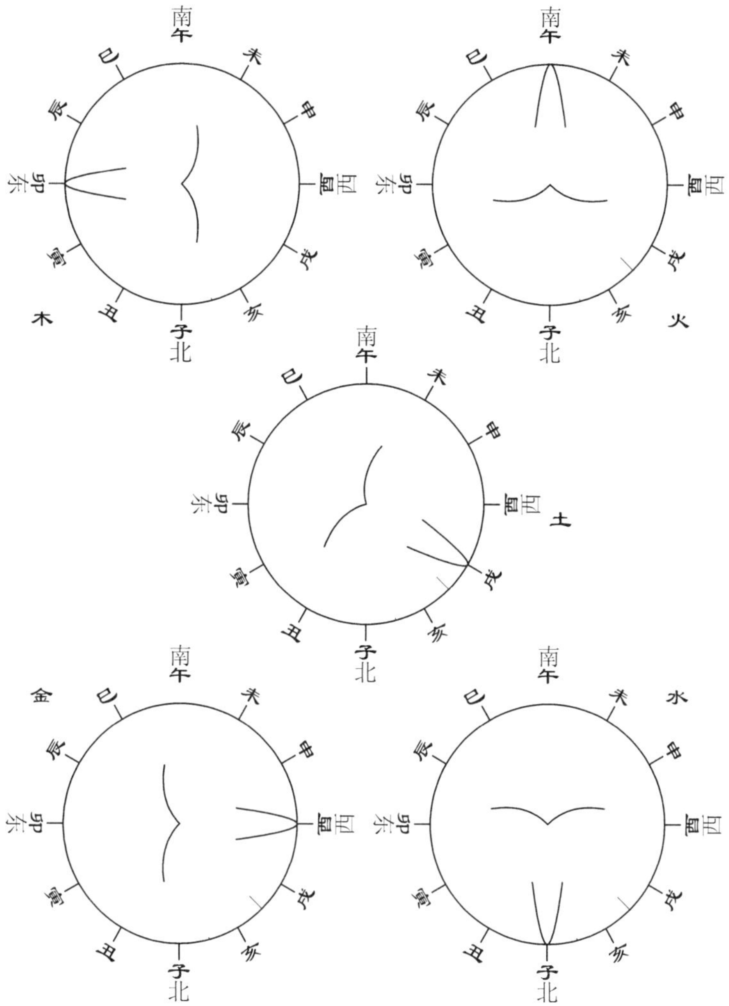

图 2－1　五行之“生壮死”（及“生壮老”）

在图 2－1 中，分别有五个圆，旁边标注了“木火土金水”。每个圆里十二地支均分圆周 360 度，每个地支 30 度。子的起始区间为北偏西北 15 度到北偏东北 15 度。以此类推。

以“火”为例。“火生于寅，壮于午，死于戌”对应图 2－1 右上之“火”图：首先，“火”之“生”，理当对应 0，所以火起于地支“寅”区间的圆心，在这30度区间内逐渐增加强度，终于“寅”“卯”交界处（为了方便叙述，设“火”在此处的强度数值为A）。隔开一段后，再从“巳”“午”交界处强度亦为A的位置出发，逐渐增加强度，直到在“午”区间中点时达到最大值，此乃为“壮”。“壮”之后又开始下跌，于“午”“未”交界处跌到A。隔开一段后，再从“酉”“戌”交界处强度为A的位置进入“戌”区间，在“戌”的区间内逐渐减少，最后终于圆心，此乃“死”。

需要注意的是，提出这种说法的原作者很可能并没有像上面所言的那样将五行的变化视为连续变化的曲线，而可能仅仅将其视为点或直线。如此一来，以“火”为例，则“生壮死”对应的是三个点或三条线段。换句话说，图2－1只是示意图之一，并非唯一一种可能。

1. 合理之处

在这两种学说中，木、火、金、水的最大值对应的方位、地支较为合理：木的最大值对应正东方之卯，火对应正南方之午，金对应正西方之酉，水对应正北方之子。

2. 不合理之处

首先，有九个地支缺失对应。由上可知，五行的每一行只对应三个地支，这意味着五行的每一行只存在于三个月中，而中间有九个月缺失。这是理论上的瑕疵。当然，假设这九个地支没有缺失对应，则一样面临困境。以火为例，“火生于寅，壮于午，死于戌”。寅与午中间有卯、辰、巳三个地支缺失对应，午与戌中间有未、申、酉三个地支缺失对应，戌与寅中间有亥、子、丑三个地支缺失对应。如果将地支理解为连续变量的话，则因三个地支已经是连续变化而中间无间隙，所以中间无法作插值。如果理解为点、线的话，可以用插值法，得到卯、辰、巳、未、申、酉这六个地支的值，但是戌与寅中间的亥、子、丑依然无值可得。这就意味着，无论是以连续曲线、点或是以线来理解“生壮死”，都会有地支没有对应的值，从而在理论上无法说通。这是“生壮老”“生壮死”学说两者的通病。其次，对于“生壮死”来说，土的对应地支

并不合理。“土生于午，壮于戌，死于寅”这种说法缺乏合理的解释。

（二）“十二生死所”

根据相关说法，可以作出如下示意图：

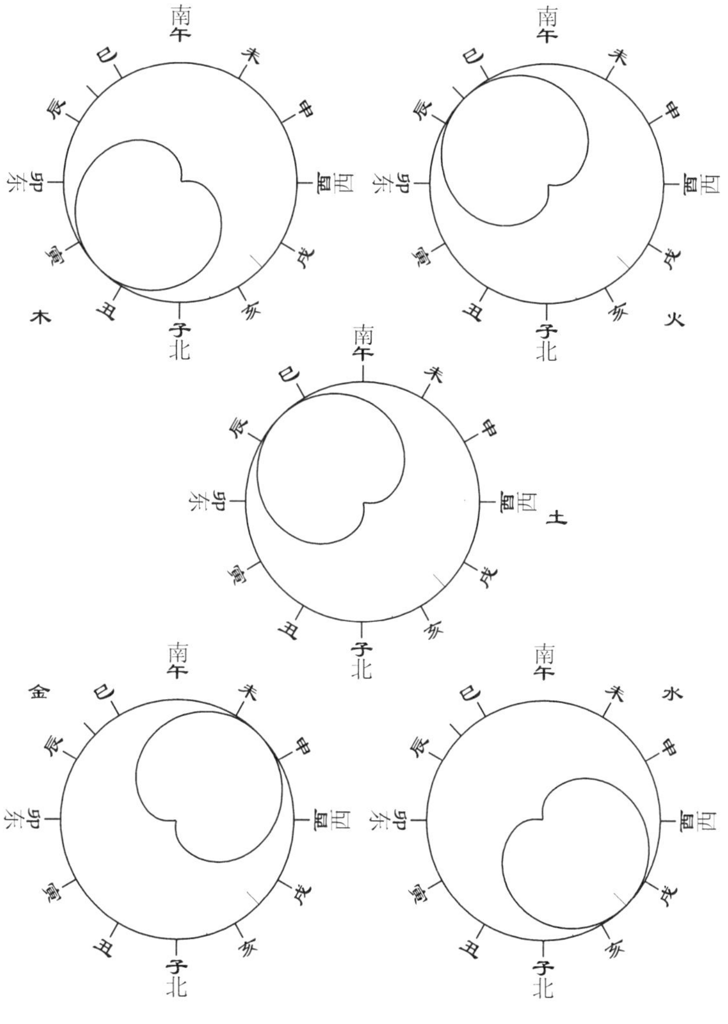

图 2-2　五行之“十二生死所”

在图 2 - 2 中，同样有五个圆，其设置与图 2 - 1 相同。不过，在“十二生死所”学说里，五行中的每一行都涉及了十二地支，因此作图应该以图中所示的连续曲线为宜。

1. 合理之处

在“十二生死所”学说里，每个地支都有可以对应的值。显然，“生壮老”“生壮死”学说里九个地支缺乏对应之漏洞，在这套学说里已经没有了。整体而言，这套学说更加合理与完备。

2. 不合理之处

若加以深入分析，可以发现这套学说里面还是存在一些问题。

首先，内容存在互相矛盾之处。第一，火之图（见图 2 - 2 右上）乃是根据原文所说起点在亥（“受气于亥”），终点在戌（“葬于戌”）而作成的。但是这么一来，火的最大值便位于巳，就与原文所声称的“王于午”（即最大值位于午）发生了矛盾。第二，仔细查看火的文字内容（“火，受气于亥，胎于子，养于丑，生于寅，沐浴于卯，冠带于辰，临官于巳，王于午，衰于未，病于申，死于酉，葬于戌”），还可以发现“王于午”的左右不对称，前面有七个地支，后边只有四个地支。如果完全按照原文来画图，则无法作图，或者出现畸形无意义之图。以上两个问题，木、金、水皆存在。

其次，土的大部分内容与火相同。如果完全根据“土，受气于亥，胎于子，养于丑，寄行于寅，生于卯，沐浴于辰，冠带于巳，临官于午，王于未，衰病于申，死于酉，葬于戌”，则“寄行于寅”难以数量化，且“衰病于申”意味着申一个地支对应两种状态（衰、病），而其他的地支都是对应一种状态，从而导致整体上逻辑不统一。因此，图 2 - 2 只能强行以火图替代上图。同样的道理，由于“王于未”，则这个最大值的前面地支数目与后面地支数目也不一致。而其后所提及将土之“葬于戌”改为“葬于辰”也是牵强附会而已。

四、 总结

五行“生壮老”和五行“十二生死所”都体现了一种从生到壮到死逐渐变化的意味。不过，无论是五行“生壮老”，还是五行“十二生死所”，在理论上都存在不妥之处，在操作上如果要加以量化也存在困难。

总而言之，进入秦汉时期后，阴阳五行出现了较大、较复杂的变化。阴阳变得复杂，五行出现了生克之说，但与此同时还夹杂着与五行生克说并不相同的“少阳太阳少阴太阴”之气的说法。五行还从“生壮老”到“十二生死所”，其逻辑越来越混乱，漏洞越来越大。

第三章 阴阳五行的演变（下）

天干、地支分别有着特定的五行属性，而干支组合起来，其五行属性又将如何判定？纳音学说认为，干支组合后，便根据某些法则拥有全新的五行属性。纳音学说是传统文化中常见的一个现象，它将音律与五行、干支、阴阳统统牵涉进来，通过某些判别法则来确定干支组合的五行属性。第一节对纳音学说的历史、判断法则以及合理性进行了阐述与分析。五行常与一些数字一起出现，这些数字是否具有科学上的意义？第二节对此进行了详细阐述与分析。与阴阳、五行有关的还有刚柔说、“六合”和“十二神将”说、“休王”之说、“义、保、专、制、困”说，以及星命里的一些说法，这些说法是否合理？第三节对此进行了阐述与分析。

第一节　干支组合与五行、五音的对应关系演变

一、纳音学说的演变

干、支本身各自具有五行属性，干、支配对形成干支组合时，古人则用纳音学说或纳音术来判定干支组合与五行、五音的对应关系。

纳音是什么意思？黄大同先生的《“六十甲子纳音”研究》对纳音进行了解释。他认为，“纳”有“隐藏、暗藏”之意。他指出，纳音主体具有外显与内隐的双重身份，其中外显的形态是十二地支（或与十天干组合）或五行，而隐于其内的则是与前者相对应的十二律或五音。由此，他将纳音定义为“古人以十二地支（或与十天干组合）与五行来代表和暗指与其形态对应但不出现的十二律及五音的一种律历理论学说”。至于纳音之“音”，他认为，指的就是“隐藏在十二地支（或与十天干组合）与五行形态之下、未曾显露的同数对应物——十二律与五音”。他认为纳音可分两种：其一是干支纳音，其二是五行纳音，这两者相加才能形成纳音之说的完整内容。[①]

林硕先生的《纳音术形成时间考》认为，纳音之术可区分为三个阶段，有不同的称呼：从夏商周至战国中期，为萌芽期，其核心内容为“五音十二律”，称“早期纳音”；从战国后期到西汉初年时期，为形成期，其核心内容为“五音十二律”、数术推演、民俗时令结合，称“纳音”“纳音术”；西汉中后期，为成熟期，其核心内容为“五音十二律”、六十律相生法之数术推演、民俗时令，称“改进后的纳音术”或“纳甲法”。[②]

---

① 黄大同.“六十甲子纳音”研究［J］. 文化艺术研究，2009，2（4）：64－98.

② 林硕. 纳音术形成时间考［J］. 中国道教，2017（1）：38－45.

纳音说的相关资料及分析如下。

（一）“日书”

在能够反映战国晚期人们思想方式的“日书”里，既存在着干、支与五行、五色的对应关系，也存在着干支组合与五行、五音的对应关系。

《放马滩秦简》之《五音干支》篇①，提及干、支与四音、四色、四行的对应。其文云：

□甲乙卯未辰，主东方，平旦，色青，主人□，所□者□殴，司木。

□□甲午戌庚，客殴，时日中，色赤，主南方，所□者殴，司火。

□□□辛□□，主西方，时日入至□日，色□，□□□□□。

角立壬癸子申辰殴，北方，得夜□，宫殴，色黑，所讼□□□□，司水。

根据此处最后一行“子申辰”可以看出，这里的对应法则是前述《放马滩秦简》之《五行》篇中木、火、金、水对应十二地支的法则，即：

火，生寅，牡（壮）午，者（老）戌。

金，生巳，牡（壮）酉，者（老）丑。

水，生申，牡（壮）子，者（老）辰。

木，生亥，牡（壮）卯，者（老）未。

因此，前述《五音干支》篇每个五行对应的前两个地支为“壮”与“老”，而最后对应的并不是地支之“辰”，而应该是“十二辰”之“辰”。据此可以对《五音干支》篇进行修订，得到《五音干支》篇原貌可能如下：

角，甲乙卯未辰，主东方，色青，司木。

徵，丙丁午戌辰，主南方，色赤，司火。

商，庚辛酉丑辰，主西方，色白，司金。

羽，壬癸子辰辰，主北方，色黑，司水。

---

① 孙占宇．放马滩秦简日书整理与研究［D］．兰州：西北师范大学，2008：94.

据此可推导出原文缺失的“宫”的对应情况：对应的天干为戊己，对应的地支为剩下的戌寅巳申。即：

宫，戊己戌寅巳申辰，主中央，色黄，司土。

此处五音与地支的对应法则的原理并不清楚。

可以看到，《五音干支》篇中出现了干支分别与五音匹配的关系，但没有出现干支组合与五音匹配的关系。

（二）六甲与五音的对应

《睡虎地秦简》《放马滩秦简》《银雀山汉简》都有六甲与五音的材料，以《放马滩秦简》里的材料最为完整。

这里先补充下六甲的含义。所谓六甲，即将干支配对的60日分为6个10天或1旬，每旬开头之日其干必为甲，所以称为六甲。

《放马滩秦简》之《六甲纳音》篇记载了五音与干支组合的对应关系。根据后世文献内容，以及原文中的干支组合规律，对原文加以补齐（用方括号“[ ]”标出）与更正（用圆括号“( )”标出）后，整理如下：

商：庚辰、庚戌、辛巳、辛亥、壬寅、壬申、癸卯、癸酉、甲子、甲午、乙丑、乙未。

[徵]：日（甲）辰、[甲戌]、[乙巳]、乙亥、丙寅、丙申、丁酉、丁卯、戊子、戊午、己丑、己未。

[角]：戊辰、戊戌、己丑（巳）、己未（亥）、庚辛（寅）、庚申、辛卯、辛酉、壬子、壬午、癸丑、癸未。

卯（羽）：壬辰、壬戌、癸巳、癸亥、甲寅、甲申、乙卯、乙酉、丙子、丙午、丁丑、[丁未]。

[宫]：[丙辰]、[丙戌]、[丁巳]、[丁亥]、戊寅、戊申、[己卯]、[己酉]、[庚子]、[庚午]、辛丑、辛未。

在上文中，干支的组合方式有两种规律：第一，每一行中，从左到右，每两个的天干相同。第二，地支排列规律为“辰、戌、巳、亥、寅、申、卯、酉、子、午、丑、未”。

在此处，五音与六甲已经产生了关联。但是，文中没有说明这种关联的原理与意义。

（三） 汉代 《京氏易传》

《京氏易传》相传为京房所作，他认为：

乾：纯阳用事，象配天，属金。

坤：纯阴用事，象配地，属土。

其纳甲体系如下：

分天地乾坤之象，益之以甲乙壬癸。震巽之象配庚辛，坎离之象配戊己，艮兑之象配丙丁。八卦分阴阳，六位配五行。光明四通，变易立节。

京房谈论的八卦是后天八卦。由于八卦是八个，天干是十个，这样就无法一一搭配。京房试图要解决这个难题，于是此处用阳干之始终甲、壬来配对乾，阴干之始终乙、癸来配对坤，其他六卦配对六干。

同理，八卦是八个，地支是十二个，也无法一一搭配。《京氏易传》给出的方案为：

乾起巳，坤起亥，震起午，巽起辰，坎起子，离起丑，艮起寅，兑起□。

这样的做法比较勉强。

（四） 隋代 《五行大义》

隋代萧吉《五行大义》卷一便论纳音数，提出了干支组合与五行的对应关系：

纳音者。子午属庚，震卦所直日辰也。丑未属辛，巽卦所直日辰也。寅申属戊，坎卦所直日辰也。卯酉属己，离卦所直日辰也。辰戌属丙，艮卦所直日辰也。巳亥属丁，兑卦所直日辰也。一言得土者。本命庚子。子属于庚。数

之。一言便以得之是也。三言得火者。本命丙寅。寅属于戊。从丙数至戊。凡三是也。五言得水者。本命壬戌。戌属于丙。从壬数至丙。凡五是也。七言得金者。本命壬申。属于戊。从壬数至戊。凡七是也。九言得木者。本命己巳。巳属于丁。从己数至丁。凡九是也。六十甲子。例皆如是。

此处提出了两个对应法则：第一，地支与天干、八卦的对应法则：子午搭配庚、震；丑未搭配辛、巽；寅申搭配戊、坎；卯酉搭配己、离；辰戌搭配丙、艮；巳亥搭配丁、兑。乾、坤二卦在这里没有出现。第二，引用《乐纬》所提及的五音与数的搭配关系，确定数字与五行的对应法则：一土、三火、五水、七金、九木。

在确定某一干支组合对应的五行时，首先，确定该干支组合里本身就有的天干，以它为起点；其次，找到该干支组合里的地支所对应的天干（对应法则见上一段的对应法则一），以此为终点；再次，计算从起点到终点的天干的个数，得到一个数值；最后，再根据第二个法则，就可以得到干支组合对应的五行。

以丙寅为例说明。丙寅对应的天干为丙，寅对应的天干为戊，从丙到戊，一共有三个天干，故天干个数为三。根据第二个法则，三对应火，故丙寅这个干支组合对应火。

（五）唐代《唐书》与《李虚中命书》

1.《唐书》

《唐书》是记载唐朝历史的纪传体史书，在宋朝《新唐书》问世后，改称《旧唐书》，它记载了武则天、尚献甫这对君臣之间的某次对话：

长安二年，献甫奏曰：“臣本命纳音在金，今荧惑犯五诸侯、太史之位。荧，火也，能克金，是臣将死之征。”则天曰：“朕为卿禳之。”

从二人之间的对话就能看出，到了唐朝，纳音术已经广为流传。

2.《李虚中命书》

据说《李虚中命书》为周朝鬼谷子撰，唐朝李虚中注。

甲子天官藏，是子旺母衰之金，溺于水下而韬光，须假火革，有旺盛之气，方可以扬名显用。乙丑禄官承，乃库墓守财之金，不嫌鬼旺之方，喜见禄财之地，水土砥砺，忽然有气，亦可以为器成材……

此处可以看出干支组合与五行之间的关系又有所不同：甲子对应子旺母衰金，乙丑对应库墓守财金……相比前人的说法，此处有了很大的增添与发挥。

《李虚中命书》将《河图》生成之数的法则（“自生成而言之，则水得一，火得二，木得三，金得四，土得五”）修改为另一套法则（“感物化而言之，则火得一，土得二，木得三，金得四，水得五”），并指出“生成者天地生成之数，物化则五行支干相成纳音之数也”。干支配数的法则是“甲己子午九，乙庚丑未八，丙辛寅申七，丁壬卯酉六，戊癸辰戌五，巳亥支数四”。在确定干支组合的五行时，先用数之和除以五得到一个余数（“天五地五则为造化之先，除其数则纳音之用”），再通过“感物化法则”里面的“数”与“五行属性”的对应关系来确定干支组合的属性。

下面来看原文中的例子：

天地变通，二五为十，终成万物，始一终五皆阳，合之为六则阴，为六五数外，即天地数所纳五行之数也。假令水得五者，是本音以土权碍也。然后有音，故丙子丁丑共得三十之数，而六五皆土而得纳音为水也。火得一者是火无音，因水沃之，然后有音，故戊子己丑共得三十一数，而除六五而有一数而纳音得火也。木得三者，盖木有本音，故壬子癸丑共得二十八数，而有五之数是三数而纳音得木也。金得四者，亦金是本音，而甲子乙丑共得三十四数，而除六五之数外是四数乃金也。土得二者，盖土本无音，火陶之然后有音，故庚子辛丑共得三十二数，而除五六之数而纳音为土也。故经云：先甲后子纳音金者数也，得此则彼可知也。

从上文看出，《李虚中命书》的方法是通过合并计算甲子和乙丑这两个组合的数之总和，来同时确定甲子、乙丑的五行属性。按照这种方法，甲子十八加上乙丑十六，共得三十四，除以五余四，即甲子、乙丑的五行属性为金。这种逻辑难以令人信服。笔者认为，即便按照这种计算方法，那么通过各自计算甲子、乙丑组合的数之总和来分别确定甲子、乙丑的五行属性，则逻辑上更为合理。根据这种思路，则甲子为十八，除以五余三，即其五行属性为木；乙丑为十六，除以五余一，即其五行属性为火。

（六）宋代《五行精纪》

《五行精纪》收集了诸多前人的资料，将干支组合与纳音、五行之间的关系整理为歌诀，如下：

甲子、乙丑海中金，丙寅、丁卯炉中火。

戊辰、己巳大林木，庚午、辛未路傍土。

壬申、癸酉剑锋金，甲戌、乙亥山头火。

丙子、丁丑涧下水，戊寅、己卯城头土。

庚辰、辛巳白腊金，壬午、癸未杨柳木。

甲申、乙酉井泉水，丙戌、丁亥屋上土。

戊子、己丑霹雳火，庚寅、辛卯松柏木。

壬辰、癸巳长流水，甲午、乙未沙中金。

丙申、丁酉山下火，戊戌、己亥平地木。

庚子、辛丑壁上土，壬寅、癸卯金箔金。

甲辰、乙巳覆灯火，丙午、丁未天河水。

戊申、己酉大驿土，庚戌、辛亥钗钏金。

壬子、癸丑桑柘木，甲寅、乙卯大溪水。

丙辰、丁巳沙中土，戊午、己未天上火。

庚申、辛酉石榴木，壬戌、癸亥大海水。

在这歌诀中，五音被细分为六十音，表现为六十甲子与六十种纳音、五行一一搭配。每种五行之前有一个定语，如“海中”“炉中”等。黄大同先生在《“六十甲子纳音”研究》中提及，明代著名的律学家朱载堉在《律历融通》中早已指出，“海中”“炉中”之类话语乃是术士俚语，只是为了方便记忆，并没有什么特别的含义。朱载堉此说是很有见地的看法。

《五行精纪》对“一、三、五、七、九”的解释有所不同，其文云：

《六微指论》云：天气始于甲，地气始于子，子甲相合，命曰岁。以十干配十二支，周而复始，则六甲成矣。凡欲知纳音者，谓子午数至庚，丑未数至辛，寅申数至戊，卯酉数至己，辰戌数至丙，巳亥数至丁：得七者，西方素皇之气，纳音属金也；得三者，南方丹天之气，纳音属火也；得九者，东方阳九之气，纳音属木也；得一者，中央总统之气，纳音属土也；得五者，北方玄极之气，纳音属水也。故颂曰：“七金三是火，九木一中央，得五皆为水，纳音宜审详。”

假如甲子甲午，从甲至庚，乙丑乙未，从乙至辛，其数皆七，所以纳音俱属金也。丙寅丙申，从丙至戊，丁卯丁酉，从丁至己，其数皆三，所以纳音属火也。戊辰戊戌，从戊至丙，己巳己亥，从己至丁，其数皆九，所以纳音属木也。庚子庚午辛未辛丑，其数皆一，所以纳音属土也。丙子丙午，从丙至庚，丁未丁丑，从丁至辛，其数皆五，所以纳音属水也。余皆旁此。以上只数其干，不数其支，假令从丙至庚，即丙丁戊己庚，是其数五也。又如从甲至庚，即甲乙丙丁戊己庚，是其数七也。

上文认为，确认任一干支组合所对应的音，其方法与步骤如下：先确认干支组合中的地支是什么，再根据计数法则（如“子午数至庚”等），从该干支组合的天干数到前述法则里的天干，得到一个数字，最后根据数字与五音的对应法则（即“得七者，西方素皇之气，纳音属金也”等），就可以确定干支组合所对应的音。这里的问题是，这种计数法则是从何而来的呢？看起来，像是为了满足数字与五音的对应法则而造出来的。

另外，文中对干支组合的描述也有所不同，有“十二生死所”之说的影子，其文云：

甲子从革之金，其气散，得戊申土，癸巳水相之，则吉。戊申乃金临官之地，土者更旺于子，必能生成，癸巳系金，生于巳，水旺于子，纳音各有所归，又为朝元禄，忌丁卯丁酉戊午之火。

（七）北宋《梦溪笔谈》

沈括在《梦溪笔谈》之《音律》篇中，从律吕相生的角度解释了纳音的法则，其文云；

六十甲子有纳音，鲜原其意。盖六十律旋相为宫法也。一律含五音，十二律纳六十音也。凡气始于东方而右行，音起于西方而左行。阴阳相错，而生变化。所谓气始于东方者，四时始于木，右行传于火，火传于土，土传于金，金传于水。所谓音始于西方者，五音始于金，左旋传于火，火传于木，木传于水，水传于土。纳音与《易》纳甲同法：乾纳甲而坤纳癸，始于乾而终于坤。纳音始于金，金，乾也；终于土，土，坤也。纳音之法，同类娶妻，隔八生子，此《汉志》语也。此律吕相生之法也。

在这里，沈括指出纳音的基础大概是“六十律旋相为宫法”。他指出了两个关键点，第一个是确定了新型五音顺序，其开端为金，顺序为“金火木水土”（“所谓音始于西方者，五音始于金，左旋传于火，火传于木，木传于水，水传于土”）；第二个是指出具体操作法则为“同类娶妻，隔八生子”，该法则在《汉书·律历志》（即上文沈括所言《汉志》）论及声律时已然存在，但颇为简略。黄大同先生对此有详细说明，在此略过。

这种“音始于西方者”之说没有充分的理由。“所谓气始于东方者，四时始于木，右行传于火，火传于土，土传于金，金传于水”之说不太合理，更加合理的说法为阳气始于正北（根据冬至一阳生之说）或正北偏西 15 度（根据十一月一阳生之说）。因此，“五音始于金”“四时始于木”之说并不妥当。

（八） 南宋 《路史》

此书取材庞杂，书名之“路史”，意思是“大史”，记述了上古以来有关历史、地理、风俗、氏族等方面的传说和史事。

“甲”木“子”水，何以“甲子”就变成了金?《路史》以“风后”（此处可能是《轩辕本纪》中所言的黄帝之相）“配合”的方式，从术数的角度，使得“甲子、乙丑、甲午、乙未谓之金”：

甲乙木，丑未土，子水而午火，六者无一金，而风后配合，乃以甲子、乙丑、甲午、乙未谓之金，此出乎数者。然也。数之所合，变之所由出也。

什么是“配合”？怎么“配合”？原文语焉不详。这实际上没有说明“甲子”为何五行为金。

（九） 元代 《资治通鉴纲目前编》

帝命大挠探五行之情，占斗柄所建，始作甲子。甲乙丙丁戊己庚辛壬癸谓之干，子丑寅卯辰巳午未申酉戌亥谓之枝。枝干相配以名日，而定之以纳音。

此处提及干支的确定方式乃是根据“五行之情”“斗柄所建”，还将纳音的渊源回溯到黄帝时期，声称出现黄帝命大挠作甲子时。关于大挠作甲子，《吕氏春秋》之《审分览·勿躬》篇云“大挠作甲子，黔如作虏首”，但并没有提及纳音。《轩辕本纪》云“于时大挠能探五行之情，占北斗、衡所指，乃作甲乙十干以名日”，也没有提及纳音。由此看来，此处将纳音历史回溯至黄帝时期可能是一种增添。

（十） 明代 《名义考》

周祈《名义考》的《天部》篇提出了“水音一六，火音二七，木音三八，金音四九，土音五十”的判定法则。这种说法大概脱胎于《河图》，与其他判定法则并不相同。

（十一）明代《三命通会》

此书在前人的基础上进行了很多改动与增添。

1. 提出了“五行纳音”之说

《论支干源流》篇云：

> 逮及黄帝授河图，见日月星辰之象，于是始有星官之书。命大尧探五行之情，占斗纲所建，于是始作甲子配五行纳音之属。

2. 整理出“五行纳音”歌诀

“五行纳音”歌诀以“甲子、乙丑海中金”“壬寅、癸卯金箔金”顺序排列。与《五行精纪》里的歌诀相比，仅有几处字面上的差异，内容基本相同。

3. 解释干支组合产生新的五行属性的可行性

《三命通会》里举了三个例子。

第一个例子是，“乾坤合而为泰”：

> 乾为天，坤为地，乾坤合而为泰。

第二个例子是，“毒草合食益寿”：

> 草有莘与藟，独食之杀人，合而食之有寿。

第三个例子是，“金锡合炼则刚”：

> 金锡两柔，合而炼之则刚。

列举这三个例子在于试图论证：当不同五行属性的天干、地支结合成一个新的组合时，可以产生新的五行属性，因此五行木属性的甲与五行水属性的子可以合而成为新的五行属性金。

科学知识告诉我们，两个物体结合丢失旧属性产生新属性这种例子非常多。例如，氢气与氧气化合为水，在化合之后丢失了化合之前氢气与氧气两种物质旧的属性，产生了水这种新物质。

换一个角度来看，“合”也可以理解为物理上简单的“混合”。在此情况下，混合的两种物质一般会保持原有的两种物质的物理性质，且会产生由之前两种旧物质的物理性质平均下来的一种新的物理性质（如：很硬的纸屑团与松软的纸屑团混合成为软硬中等程度的纸屑团）。

这里的问题在于，干支组合究竟是怎样“合”的？这种“合”能不能类比为“乾坤合而为泰”“毒草合食益寿”“金锡合炼则刚”？

4. 干支君臣之说

干为君，支为臣，干支合而纳音生，是故甲乙为君，子丑为臣，子丑甲乙合而为金。

此处“干为君，支为臣”并不能推理出“干支合而纳音生”。这里的说法有些牵强。

5. 天干沾染地支属性

盖五行之在天下，各有气性，有材位，或相济，或相克，若成器，未成器，旺中受绝，绝中受气，惟相配而取之为不同耳！此金数。之所以难同，而又有海中沙中之异，或曰：甲乙以相克取，甲嫁庚，乙嫁辛，甲乙遂有金气，故凡木必受金胎。

“甲嫁庚，乙嫁辛”之后会出现“甲乙遂有金气”，也就是说干“嫁”支之后，干会沾染支的属性。此处意味着《三命通会》在“五行生克”法则之外又增加了一套法则。

6. 增添背后的逻辑

《五行精纪》中的“甲子、乙丑海中金”，到了《三命通会》变成“甲子、乙丑为海中之阳金”，增添了一个“阳”字：

阳生于子，水旺之地。故甲子、乙丑为海中之阳金。

阴生于午，火旺之地，故甲午、乙未为沙中之阴金。

增添“阳”字的背后逻辑是：因为子是阳生之时，所以为“阳”；又因子

属水，而海也属水，故甲子为“海中（之）阳（金）”。乙丑同理。类似地，因为午乃阴生之时，所以为“阴”；又因午火旺，故甲午为“沙中（之）阴（金）”（此处“火旺”与“沙”之间为何有必然的联系，目前并不清楚）。乙未同理。

这种说法并不妥当，原因有二。

第一，干支与阴阳之间的关系。由笔者实证研究（详见第七章）可知，干、支分别属阳、阴。因此，妥当的说法应该如下：从甲至癸的十天干，皆阳气也；从子至亥的十二地支，皆阴气也。也就是说，子位生阳，并不是指子生出阳，而是指阳产生于子那个位置。也就是说，子与阳本质上没有关联。

第二，片面论证。首先，提及甲子时，只论地支子，而不论天干甲。明明是甲子的属性，而甲却没有任何的参与。其次，只论及甲子、甲午，却遗漏了乙丑、乙未。

子，阳之始。午，阴之始。以甲加子，乙加丑，数之至午得庚，至未得辛，为阳索阴。以甲加午，乙加未，数至子丑，亦得庚辛，为阴匹阳。盖亦旋宫之法。夫妻子母相济相克，相上相下，而吉凶之兆著矣！

此处以甲子为例：先用地支，从子数到午为六；再用天干加上这个数字得到新的天干，因此“甲加子”等于甲加上刚才用地支得到的六，则得到庚，因庚辛对应金，故甲子对应金。同理，乙丑可得辛，亦对应金。这种做法难以令人信服。

7. 其他

《总论纳音》篇在复述了《六微旨论》方法之后，还收集了其他一些看法，因其问题明显，故不予论述。

（十二）清代《星历考原》

《星历考原》，康熙五十二年（1713）御定而成，故又称《御定星历考原》。该书收录了前人诸说，并加以删改整理。

《星历考原》引用《资治通鉴纲目前编》原文时，将“帝命大挠探五行之情，占斗柄所建，始作甲子。甲乙丙丁戊己庚辛壬癸谓之干，子丑寅卯辰巳午未申酉戌亥谓之枝。枝干相配以名日，而定之以纳音”修改为“黄帝命大挠探五行之精，占斗柄所建，始作甲子。支干相配以名，而定之以纳音”。对比可见，《星历考原》将“五行之情”改为“五行之精”，“枝干”改为“支干”，“名日”漏了“日”而只有“名”。

《星历考原》提出了“纳音五行”，意识到了“纳音五行”的顺序与其他五行皆不同，并认为其可以从易象角度来进行分析，其文云：

> 五行者，以气始形终为次，则洪范之水火木金土是也；以播于四时相生为次，则月令之木火土金水是也；以饬厄五材相克为次，则禹谟之水火金木土是也。纳音五行，始金次火次木次水次土，既非本其始终，又无取于生克，故说者莫知其所自来。今按诸术源流，无非祖迹易象之意。纳音之法，盖亦兼先后天之理而用之者也。

在这段话里，论者显然注意到了“纳音五行”的五行顺序不同于其他五行顺序，因此需要在理论上给出合理解释。这里的解释是从易象角度来进行的，而且将先天、后天八卦都用上了。于是，《星历考原》将八卦与“纳音五行”进行了搭配：乾、兑为金，离为火，震巽为木，坎为水，艮坤为土。对于八卦与五行的对应，有的一对应一，有的二对应一，其内部逻辑并不统一。

《星历考原》对“纳音”“纳音五行”给出了一种推测解释，其文云：

> 盖纳音者，以干支分配于五音，而本音所生之五行，即为其干支所纳之音也……
>
> 宫商角徵羽之五音，初以甲丙戊庚壬五阳干纳之而系之以五子。宫声之下，得甲子而乙丑随之商声，之下得丙子而丁丑随之角声，之下得戊子而己丑随之徵声，之下得庚子而辛丑，随之羽声，之下得壬子而癸丑随之……

宫声为土，土之所生为金，故甲子乙丑纳音金。

由上可知，《星历考原》认为“纳音”即干支“所纳之音”。其法则是先找出干支原本相配对的“本音”，再利用“五行相生”，得到“五行”（实际上是“五音”），即为干支最后配对的“纳音”。值得注意的是，“系之以五子”里的“五子”，是“甲子、丙子、戊子、庚子、壬子”这五子，因此这个“子”不是“母子”之“子”。

由上可知，《星历考原》的“纳音五行”其实也是音，因此《星历考原》的“纳音五行”和《三命通会》的“五行纳音”，尽管字面上有所不同，但意思都是一样的。

（十三）清代《协纪辨方书》

《协纪辨方书》共三十六卷，清乾隆时期允禄、梅瑴成、何国栋等人奉敕编撰，乾隆亲制序文，因此又名《钦定协纪辨方书》。该书收录了前人诸多说法，其主要内容是破除术数家烦琐附会之说，而以五行生克衰旺之理来谈趋吉避凶之道。序文对书名作了解释：“夫协纪辨方者，敬天之纪、敬地之方也。”

（1）收录了《蠡海集》关于纳音的内容：

大挠作甲子，分配五行为纳音。盖金能受声而宣气故也。法曰，甲娶乙妻，隔八生子，子生孙而后行，继代其位。初一曰金，金为气居先，甲子为受气之始。甲娶乙妻，隔八壬申是为子矣。

这里试图解释为何在“纳音五行”中金为先，即“金能受声而宣气”。此处还提及另外一种解释“金为气居先，甲子为受气之始”。

关于金与气，其文又云：

万物之所为以生者必由气，气者何？金也。金受气顺行则为五行之体，逆行则为五行之用。

此处所言“万物之所为以生者必由气”是合理的，但是“气者何？金也”则不太合理。

另外，此处提及“顺行”是指金、水、木、火之顺序，反映了四时变化，是妥当的；而“逆行”是指金、火、木、水之顺序，这种说法比较主观。

(2) 收录了“五子归庚”之说，还表示“道家者流取其义用配五方之位”。对“五子归庚”的详细分析见下一节“五行与数”。

（十四） 清代 《五行支干图》

收录于清代的《古今图书集成》的《五行支干图》很值得一提，其干支组合的五行属性颇为不同，如下：

	木		火		土		金		水	
一阳	甲	乙	丙	丁	戊	己	庚	辛	壬	癸
	子	丑	寅	卯	辰	巳	午	未	申	酉
二阳	甲	乙	丙	丁	戊	己	庚	辛	壬	癸
	戌	亥	子	丑	寅	卯	辰	巳	午	未
三阳	甲	乙	丙	丁	戊	己	庚	辛	壬	癸
	申	酉	戌	亥	子	丑	寅	卯	辰	巳
一阴	甲	乙	丙	丁	戊	己	庚	辛	壬	癸
	午	未	申	酉	戌	亥	子	丑	寅	卯
二阴	甲	乙	丙	丁	戊	己	庚	辛	壬	癸
	辰	巳	午	未	申	酉	戌	亥	子	丑
三阴	甲	乙	丙	丁	戊	己	庚	辛	壬	癸
	寅	卯	辰	巳	午	未	申	酉	戌	亥

图 3－1　五行支干图

可见，这种配对方式主要是依据天干的五行属性来确定干支组合的五行属性。并且，六十对干支组合，分为阴阳两半，前阳后阴，依次递进。这种搭配法则完全不同于纳音五行中干支组合与五行的搭配法则。

二、总结

干支组合与五行（及五音）之间的对应关系是怎样的？这种对应法则繁杂且一直在演变。以甲子、乙丑为例，从“日书”之《六甲纳音》篇里统一对应金（即商），到唐代《李虚中命书》的“甲子天官藏，是子旺母衰之金”“乙丑禄官承，乃库墓守财之金”，再到宋代《五行精纪》、明代《三命通会》的歌诀中统一对应“海中金”。这些法则都没有实质意义上的根据，难以令人信服。

确定干支组合与五行配对的法则是什么？“日书”里虽然有干支与五行的配对，但其原则并未说清楚；《李虚中命书》从河图生成之数的角度，沈括《梦溪笔谈·音律》从律吕相生的角度，周祈《名义考·天部》从数的角度进行了解释，但这些解释也都难以令人信服。

总而言之，干支组合与五行、五音的对应关系主要体现为纳音五行。纳音五行存在诸多的理论困难，很难令人信服。

第二节　五行与数

五行与数之间的关系错综复杂。对二者之间关系的梳理，有助于更好地理解五行学说的演变。

一、《河图》中的五行与数

关于五行与数之间的紧密联系，最早应见于《河图》。但《河图》确切的来源与内容并不清楚，后世典籍多有纷争（详细分析请见第四章第三节）。

二、《道经》中的五行与数

《道经》中的五行与数，一部分与前面所言无二，但另一部分则显得很有特色，即五行之炁与“九、七、五、三、一”体系对应：木炁搭配九炁，火炁搭配三炁，土炁搭配一炁或十二炁，金炁搭配七炁，水炁搭配五炁。

笔者经过研究认为，这些数字可能是古代表达“阳炁、和炁、阴炁”的“炁剩余量”（目前推测和炁或土炁的炁量是常数，四时不变）的一种古朴、简易的方式，也是其使用“阳和阴五行”体系的显著标志。相关内容，请参看拙文《〈中华道藏〉三洞真经中的五行顺序及其分析》[①]。

需要指出的是，“九、七、五、三、一”体系紧紧绑定着炁，这些数字不是随意造作的数字，与术数家随意造作的数字有很大的区别。当然，《道经》中往往有多种说法的混杂，如《云笈七签》云：“一之所剖，分为三也”，“在道为三气，玄、元、始也”，“夫天阳地阴，阴阳变化而成五行，谓木、火、金、水、土也，亦曰五气，谓九、三、七、五、一也”。这段文字既体现了“阳和阴五行”体系之“始元玄”“阳和阴”“九、七、五、三、一”，又体现了“阴阳五行”体系之“阴阳变化而成五行”。

三、其他典籍中的“一、三、五、七、九”

中国古代典籍中，有不少文献提及“一、三、五、七、九”。

（一）《系辞》

天一地二，天三地四，天五地六，天七地八，天九地十。

有“一、三、五、七、九”这些数字。奇数被视为阳，偶数被视为阴，

---

① 王彦，邵悦．《中华道藏》三洞真经中的五行顺序及其分析［J］．九江学院学报（社会科学版），2019，38（2）：69－72.

然而“一、三、五、七、九”没有与五行发生联系。

（二）《乐纬》

孔子曰：丘吹律定姓。一言得土曰宫，三言得火曰徵，五言得水曰羽，七言得金曰商，九言得木曰角。

这段话收录在隋代萧吉《五行大义》卷一《乐纬》篇中，提及五行与数的搭配，但没有给出原因。

（三）东晋葛洪《抱朴子·仙药篇》

该书涉及五行、五音与数的关系：

按《玉策记》及《开明经》，皆以五音六属，知人年命之所在。子午属庚，卯酉属己，寅申属戊，丑未属辛，辰戌属丙，巳亥属丁。一言得之者，宫与土也。三言得之者，徵与火也。五言得之者，羽与水也。七言得之者，商与金也。九言得之者，角与木也。

此处与《乐纬》之说内容一样，也没有加以解释。

（四）隋代萧吉《五行大义》

一言得土者，土以含弘德厚。位高为君，君为民主，主则无二，唱始之言，故数一也。三言得火者，火既主礼，孝敬为先，不敢弃所生之德，故其数三，从木数也。水居阴位，人臣之道，土能制水，如君制臣，从之则行，壅之则止。水不自专，故从土数五也。金既主义，义是夫妻之道，妻无自专，有从夫之义。火为金夫，故用火数七也。

此处试图解释《乐纬》之说里那些数字的来由。

（五）唐代李淳风《乙巳占·论五言六属》

五言者，一言宫，三言徵，五言羽，七言商，九言角。

此处引用了《乐纬》中五音与数的关系之说，但没有展开解释。

（六）清代《协纪辨方书》引明代《蠡海集》

道家者流取其义用配五方之位，自子干头数至庚字，则为其数。甲子金，自甲数至七逢庚，则西方金得七气。戊子火，自戊数三逢庚，则南方火得三气。壬子木，自壬数至九逢庚，则东方木得九气。丙子水，自丙数至五逢庚，则北方水得五气。庚子土，则自得一为中方一气。是谓五子归庚也。

此处试图用“五子归庚”之说对“一、三、五、七、九”进行解释，然而这种解释存在一些问题。

第一，涉及一个还是两个完整序列的问题。《淮南子》等都认为天气始于甲，终于癸；地气始于子，终于亥。因此从甲至癸是一个完整序列，从子到亥也是一个完整序列。那么，从“自甲数至七逢庚得七”“自戊数三逢庚得三”“自丙数至五逢庚得五”“庚子土，则自得一为中方一气”可以看出都是在一个完整序列之内计数。但是，“自壬数至九逢庚得九”，则为“二”（自壬至癸）加“七”（自甲至庚），这里由两个序列不同部分构成。显然，这里面的内部逻辑并不统一，既有在一个完整序列内计数的方式，也有在两个完整序列内计数的方式。按照这种逻辑，既然可以使用两个完整序列，那么就可以使用多个完整数列。因此，如果“自甲数至七逢庚得七”命题能够成立，则“自甲数至七逢庚得六十七”等命题也会成立，这就意味此处“一、三、五、七、九”等数字并非唯一、不可替代。

第二，属性混乱的问题。一般认为甲乙为木，戌亥子为水，那么如果承认甲子属金，则必然面临一个新问题：为何甲木与子水合在一起就成了金？因为从“五物五行”角度来看，木与水这两种物质无法合而为金，所以此说难以成立。如果从“五气五行”角度来看，两种气合成第三种气也缺乏详细有力的说明。

第三，推理有严重问题。以甲子金为例，可以看到，就算甲子属性为金，那也不代表通过“自甲数至七逢庚”就可以推导出“西方金得七气”。这里的缺陷在于对甲子与西方之间的对应关系并没有给出充分的理由。其余同理，皆难以成立。

第四，为何天干要通过庚计数，而地支却不要计数？既然天干可以计数，地支自然也可以计数，所以子应该为 1，或者 2 到 12 里的某个数字。一旦如此，五方的气的数目又当如何计算呢？

综合以上四点可以看出，"五子归庚"之说存在诸多问题，并不能很好地解释"一、三、五、七、九"体系的机制问题。

四、《放马滩秦简》之《禹须臾·行憙》篇

《禹须臾·行憙》篇是对出行日子、时刻的吉利程度进行判定，指标是"憙"（通"喜"）。其中五行与数搭配的办法是：金九，木六，水五，火三，土二，但书中没有说明这种搭配的道理。

五、其他典籍中的五行与数

（1）《管子·幼官》中五行与数的搭配为：金九，木八，火七，水六，土五。

（2）《吕氏春秋·十二纪》中五行与数的搭配为：金九，木八，火七，水六，土五。

（3）《史记·律书》中五音与数的搭配为：商八，羽七，角六，宫五，徵九。若按五音与五行的对应关系，也可以得到五行与数的搭配为：火九，金八，水七，木六，土五。

（4）东汉扬雄《太玄经·太玄数》云：

> 三八为木，为东方，为春，日甲乙，辰寅卯，声角，色青，味酸，臭膻，形诎信，生火，胜土……徵旱……
>
> 四九为金，为西方，为秋，日庚辛，辰申酉，声商，色白，味辛，臭腥，形革，生水，胜木……徵雨……

二七为火，为南方，为夏，日丙丁，辰巳午，声徵，色赤，味苦，臭焦，形上，生土，胜金……徵热……

一六为水，为北方，为冬，日壬癸，辰子亥，声羽，色黑，味咸，臭朽，形下，生木，胜火……徵寒……

五五为土，为中央，为四维，日戊己，辰辰戌丑未，声宫，色黄，味甘，臭芳，形殖，生金，胜水……徵风……

此处五行与数的搭配为：三八为木，四九为金，二七为火，一六为水，五五为土。此处的五行乃“《河图》五行”。

六、 总结

五行与数的对应关系存在多种说法。这些说法大部分抛弃了气（炁）论，从而导致了主观随意的发挥，难以令人信服。《道经》中五行与数的对应关系与炁论紧密联系，体现为“九、七、五、三、一”分别对应“木、金、水、火、土”炁，表达的应该是“炁剩余量”之意。

第三节 其他说法

除了前文已经论述的内容，中国古代还有一些零碎之杂说，下面将加以论述与说明。

一、 刚柔说

《礼记·曲礼上》：“外事以刚日，内事以柔日。”提出了日子可以区分为刚柔，但刚柔的区分法则并没有提及。

《淮南子·天文训》云：“凡日：甲刚乙柔，丙刚丁柔，以至于壬癸。”此

处提及天干但未提及地支与刚柔的对应关系。

西汉桓宽《盐铁论》卷九《论灾》提及“阳刚阴柔”，其文云：“天道好生恶杀，好赏恶罪。故使阳居于实而宣德施，阴藏于虚而为阳佐辅。阳刚阴柔，季不能加孟。此天贱冬而贵春，申阳屈阴。故王者南面而听天下，背阴向阳，前德而后刑也。霜雪晚至，五谷犹成。雹雾夏陨，万物皆伤。”这里将阳视为刚、阴视为柔。

西汉京房《京氏易传》有不少关于“阳刚”“阴柔”的说法。其《复》卦云：“坤上震下，动而顺，是阳来荡阴，阴柔反去，刚阳复位，君子进，小人退。”又如《临》卦云：“临：阳长阴消，悦而顺，金土应候，刚柔分。震入兑，二阳刚，本体阴柔降入临，临者、天也，阳爻健顺，阳交退散。”

东汉王充《论衡·讥日》引《葬历》曰：“葬避九空、地臽，及日之刚柔，月之奇耦。日吉无害，刚柔相得，奇耦相应，乃为良吉。不合此历，转为凶恶。”此处将日子（干支日）区分为刚柔，将月份（干支月）区分为奇耦（偶）。这实际上也暗合奇数刚、偶数柔。

《黄帝内经·天元纪大论》云：“曰阴曰阳，曰柔曰刚。”此处将阴视为柔、阳视为刚。

隋代萧吉《五行大义》虽没有直接提及干支与刚柔的关系，但是将天干、地支内部区分为阴阳，即“甲阳”“乙阴”“子阳”“丑阴”等。

唐代孔颖达疏《礼记·曲礼上》云：“刚，奇日也。十日有五奇五偶，甲丙戊庚壬五奇为刚也，……乙丁己辛癸五偶为柔也。”也就是说，孔颖达认为天干的奇数为刚，天干的偶数为柔。

总而言之，一般认为，刚柔与阳阴的关系是：阳气刚，阴气柔。这种说法有待进一步研究。

二、“六合”与“十二神将”说

所谓“六合”是日月行次之合，如正月建寅合在亥，二月建卯合在戌之类，这也称为“合神”。

何以说正月建寅合在亥？大约在古四分历时代，古人观察北斗星斗柄指着寅时，太阳正在娵訾星次，娵訾亦可称为亥宫。严格说在正月朔日太阳和月亮在同一星次之起点相会。因此，太阳躔某一星次时，称为太阳过宫，如太阳躔娵訾等。太阳过宫也称为月将。正月建寅合在亥，亦称正月亥将；二月建卯合在戌，亦称二月戌将。各月月将有特殊的名称，称为“十二神将”：

正月斗建寅，日月会于娵訾亥宫，所以寅与亥合，亦即正月建寅，亥将登明。

二月斗建卯，日月会于降娄戌宫，故卯与戌合。二月戌将河魁。

三月斗建辰，日月会于大梁酉宫，故辰与酉合。三月酉将从魁。

四月斗建巳，日月会于实沈申宫，故巳与申合。四月申将传送。

五月斗建午，日月会于鹑首未宫，故午与未合。五月未将小吉。

六月斗建未，日月会于鹑火午宫，故未与午合。六月午将胜光。

七月斗建申，日月会于鹑尾巳宫，故申与巳合。七月巳将太乙。

八月斗建酉，日月会于寿星辰宫，故酉与辰合。八月辰将天罡。

九月斗建戌，日月会于大火卯宫，故戌与卯合。九月卯将太冲。

十月斗建亥，日月会于析木寅宫，故亥与寅合。十月寅将功曹。

十一月斗建子，日月会于星纪丑宫，故子与丑合。十一月丑将大吉。

十二月斗建丑，日月会于玄枵子宫，故丑与子合。十一月子将神后。

日月相合，因为日月分属阳气、阴气，故从气论角度而言，可以理解为两种气的直接交互作用，这是合理的。那么，此处的科学意味在于日月“六合”是一种阴阳交互作用，并可能对气象有一定影响。

而“十二神将”的说法令人难以信服。与“十二神将”说似的是“十二值日天神”说。术数家以十二地支配上十二个不同名称的值日天神，由此制定出黄道日、黑道日，黄道主吉，黑道主凶。十二个值日天神按顺序轮值，循

环不已。《星历考原》曰："黄黑二道者，黄道六，黑道六，共有十二。以配十有二辰，一青龙，二明堂，三天刑，四朱雀，五金匮，六天德，七白虎，八玉堂，九天牢，十玄武，十一司命，十二勾陈。"其法则是，青龙寅申起子，卯酉起寅，辰戌起辰，巳亥起午，子午起申，丑未起戌，顺行十二辰。月起日则建寅之月，子日为青龙，丑日为明堂。日起时则子日申时起青龙，酉时为明堂。依次顺数。这十二天神以青龙为首，只要定下青龙的位置，其余只要依十二天神的次序顺数即可求得。只要记熟这些规则和对应就可以求得黄道吉日或黄道吉时。

三、"休王"之说

扬雄《太玄经》云："五行用事者王，王所生相，故王废，胜王囚，王所胜死。"此处"废"，同"休"。这说明当时已有"五行休王"说，但原文没有详细说明。从字面上只能看出，五行与五种状态轮流对应。

以木为例，用事或当值的木为王；木之所生火为相；木之前一个王为水，所以水为休；金胜（克）木，所以金囚；木胜（克）土，所以土死。总而言之，即：

木王，火相，水休，金囚，土死。

《白虎通》的说法更加详细，还给出了解释：

五行所以更王何？以其转相生，故有终始也。木生火，火生土，土生金，金生水，水生木。是以木王，火相，土死，金囚，水休。[王所生者相]，王所胜者死，[胜王者]囚，故王者休。木王火相何？以知为臣。土所以死者，子为父报仇者也。五行之子慎之物归母。木王火相，金（木）成其火燋金。金生水，水灭火，报其理（仇）；火生土，土则害水，莫能而御。

到了隋朝，《五行大义》总结了当时已有的三种"休王"之说，分别是"五行休王""支干休王""八卦休王"，下面仅提及前面两种。

第一种，“五行休王”：

春则木王，火相，水休，金囚，土死；

夏则火王，土相，木休，水囚，金死；

六月则土王，金相，火休，木囚，水死；

秋则金王，水相，土休，火囚，木死；

冬则水王，木相，金休，土囚，火死。

此处出现了四时、六月与五行的对应。

若细加分析，则可发现其中问题。从逻辑的角度而言，“五行休王”说是承认五行地位之平等的，而对上文加以分析则会发现并不符合此逻辑。根据其内容，可以得出以下两个可能：第一，春（寅卯辰）、夏（巳午未）、秋（申酉戌）、冬（亥子丑）每季三个月，分别对应木、火、金、水；六月（从上下文看，此处六月为夏历六月，即未月）为季夏，这一个月对应土（六月未月与土对应的思想最早可回溯到《史记·律书》）。如此一来，六月未月既对应夏、火，也对应季夏、土，这样就造成了逻辑上的不一致。第二，春（寅卯辰）、秋（申酉戌）、冬（亥子丑）每季三个月，分别对应木、金、水；夏两个月（巳午）对应火；六月（未）对应土。无论怎样理解，都存在逻辑上的不一致。

可以认为，这种逻辑上的不一致是因为月份之“十二”与五行之“五”之间难以妥善对应。当然，如果要想五行地位平等，则只能将十二个月五分而出现“五季”。而这样一来，春夏秋冬这四时与月份的对应关系则又将混乱不堪。

第二种，“支干休王”：

春则甲乙寅卯王，丙丁巳午相，壬癸亥子休，庚辛申酉囚，戊己辰戌丑未死；

夏则丙丁巳午王，戊己辰戌丑未相，甲乙寅卯休，壬癸亥子囚，庚辛申

酉死；

六月则戊己辰戌丑未王，庚辛申酉相，丙丁巳午休，甲乙寅卯囚，壬癸亥子死；

秋则庚辛申酉王，壬癸亥子相，戊己辰戌丑未休，丙丁巳午囚，甲乙寅卯死；

冬则壬癸亥子王，甲乙寅卯相，庚辛申酉休，戊己辰戌丑未囚，丙丁巳午死。

“支干休王”说的问题与“五行休王”说一样，但因为加入了干支而使问题更加严重。这是因为，“辰未戌丑”（原文顺序为“辰戌丑未”）本身分别对应夏历“三、六、九、十二”月，故上文将六月与“辰戌丑未”进行配对是不能成立的。“辰戌丑未”对应土反映的是土对应四时之“季”这种“四季”，即“季春（丑）、季夏（辰）、季秋（未）、季冬（戌）”，下面来进行分析。

《五行大义》对“五行休王”的理解并不同于《太玄经》。其文云：

凡当王之时，皆以子为相者，以其子方壮，能助治事也。父母为休者……父母衰老，不能治事。如尧老，委舜以国政也。所畏为死者，以其身王，能制杀之。所克者为囚者，以其子为相，能囚雠敌也。

《五行大义》还记载了柳世隆对“五行休王”的理解，但没有什么参考价值，此处从略。

总而言之，三种“休王”之说都存在问题。不过，这些说法从侧面反映了古人认为五行力量存在强弱变化。

四、“义、保、专、制、困”说

《淮南子·天文训》提出了干支“义、保、专、制、困”，一般被认为是指日子的属性，这可以看成一种干支相关关系及其后果。其文云：

子生母曰义，母生子曰保，子母相得曰专，母胜子曰制，子胜母曰困。以胜击杀，胜而无报；以专从事，专而有功；以义行理，名立而不堕；以保畜养，万物蕃昌；以困举事，破灭死亡。

这里的母即指干，子即指支。另外，“保”也可以写作“宝”，“困”也可以写作“伐”。

“义、保、专、制、困”说使用的依然是五行生克之法则：

甲乙寅卯，木也；丙丁巳午，火也；戊己四季，土也；庚辛申酉，金也；壬癸亥子，水也。水生木，木生火，火生土，土生金，金生水。

这里的“戊己四季”中的四季是指四时之“季”，即季春、季夏、季秋、季冬。也就是说，“戊己四季”等于“戊己辰未戌丑”。

由此法则可知：甲子日为义日，乙巳日为保或宝日，丙午日为专日，丁酉日为制日，戊寅日为困日或伐日。这其中，“困”或“伐”为凶。“制”虽无功，但尚不为凶。而“义、保、专”皆为吉。

这种说法利用五行生克法则来判定日子的吉凶。但是，干支不仅在日时间尺度上存在，在岁、月、时时间尺度上也存在。如果只承认日时间尺度上有“义、保、专、制、困”，而其他时间尺度上没有，那么其逻辑不统一。而如果承认其他时间尺度上的干支也遵循日时间尺度上的法则，就会导致难以判断吉凶。例如，甲子岁戊寅月丙午日，按日则为“专”，为吉；按月则为“困”，为凶；按岁则为“义”，为吉。而甲子岁戊寅月丙午日作为一个整体，其吉凶则难以判断。另外，五行生克之说本身在理论上就有不妥。因此，干支日“义、保、专、制、困”之说难以令人信服。

五、 星命里的干支

干支在星命领域中被过度发挥，走向了神化与玄化之路。下面以《星学大成》为例，说明星命学中对干支的理解和使用方法。

（一） 背景

《星学大成》的作者是万民英，号育吾，大宁都司人，明代嘉靖庚戌年

（1550）进士，历任河南道监察御史、福建布政司右参议等职。晚年他退居家乡易县，潜心著述，编有《星学大成》《三命通会》。此二书均收入《四库全书》，流传很广。

《星学大成》编成于嘉靖四十二年（1563），其内容乃“编取旧时星学家言，以次编排，间加注释论断，其于星家之法，纤钜不遗，可称大备”，“鸠集众说，多术家不传之本，实为五星之大全”。

（二）星命学干支

星命学里的干支有两种含义：一种是方位坐标，主要起到定位的功能；另一种则是神化、玄化符号，与神秘玄奥之物建立了联系。这两种含义很多时候难以剥离开来。

干支一般只与五行搭配。但在星命学中，与干支搭配的对象出现了大幅增添，如“孛（孛星）、月、炁、计（计都）、罗（罗睺）”。另外，与干支搭配的法则并非固定。例如，《十干变曜横图》云：“甲火，乙孛，丙木，丁金，戊土，己月，庚水，辛炁，壬计，癸罗。”《论魁星诗》云：“甲用太阴乙太阳，丙罗丁计戊炎方，己金庚水辛逢孛，壬炁癸水号魁光。”《论印星》云：“甲木乙日丙是荧，丁月戊土己罗辰，庚金辛计壬逢水，癸人见孛是印星。”对于上述各种搭配方式，书中没有给出任何理由，显得主观而随意。

《星学大成》还汇集了诸多干支的使用方法，如天干相合、地支六合、地支三合、地支六冲等。

星命学里对干支的各种理解，可以看作一些理论假设。但是，这些假设过于疏阔，内部又不统一，缺乏详细的说明，没有太大意义。另外，干支被创造出了这么多的名目，说法繁多，那么对于任何一个现象，总能找到一个合适的说法来解释这个现象，从而容易让没有逻辑分析能力之人误认为星命学说可靠。

六、总结

纳音、星命等学说，实际上在一定程度上抛弃了传统的干支法则，而另外新创了自己的法则。这些法则脱离了气论，大多疏阔、简陋、混乱，并不严谨，令人难以信服。干支组合的属性与五行、五音的对应关系经历了一个漫长的变化，干支分别拥有两种五行属性，而二者的组合，又产生了第三种五行属性。这其中的逻辑并不能令人信服。五行与数的关系也相当复杂且混乱。

第四章 阳和阴五行

中国古代典籍中，大量出现“气”字，并存在多种多样的论述，从而形成了丰富多彩的中国哲学之气论。这些气论，很多都可以在收录了包括道经在内诸多学派典籍的《中华道藏》中看到。不过，在《中华道藏》中，还存在一种独特的气论，因常用炁代替气，故可称为炁论。

2018 年，笔者发表了《〈中华道藏〉中的五行之炁及其溯源》（以下简称《五行之炁及其溯源》），详细阐述了这种炁论的重要内容“阳和阴五行”说。本章在此论文基础上，对道经中炁论的背景、覆盖范围、在早期典籍中的体现等内容进行了一些扩展。

本章第一节一方面介绍了道经里的炁论，另一方面补充了《五行之炁及其溯源》没有提到的一些相关资料；第二节讲述古代典籍中的炁论以及“阳和阴五行”的体现；第三节为河图辨析。

第一节　道经里的炁论与五行之炁溯源

笔者从2011年开始阅读《中华道藏》，到2015年时完成通读。可以说，笔者对《中华道藏》比较熟悉，对其中的主要哲学思想比较了解。

根据笔者的总结，在《中华道藏》里存在着一种较为完备且自成体系的炁论，此炁的定义是指极为精微的气体样物质。兹将这种炁论详细论述如下。

一、《中华道藏》简介

道藏指道教书籍的总称，包括历代道教经典。道经最初的形式可能是简洁的口诀，由隐士秘密流传。到了东晋，出现了“郑隐藏书”。南北朝时陆修静广罗各地道经，编成《三洞经书》，并撰《三洞经书目录》。梁代孟法师编成《玉纬七部经书》。北周武帝崇道，编有《玄都经目》。唐高宗时期，曾有《一切道经》行世。唐玄宗时期，编撰了《三洞琼纲》，又称《开元道藏》，是中国历史上第一次编纂道藏，“道藏”一词由此而来。宋代张君房重修了道藏，称《大宋天宫宝藏》，并辑其精华为《云笈七签》。金朝章宗时，孙明道编刻《大金玄都宝藏》。元代初年，全真道士宋德方主持编刻《大元玄都宝藏》。明代张宇初、张宇清编成《正统道藏》，后来张国祥又编有《续道藏》。

1996年起，由张继禹道长主持编修的《中华道藏》，集中了大量的人力和物力，历经数载，终于在2004年正式出版发行。《中华道藏》以明代《正统道藏》《续道藏》为底本，保持了三洞四辅的基本框架，对框架以外的经书又根据不同的内容进行了相应的归类，共分七大部类，按道派源流和时代先后编排次序。

二、 道经里的炁论

关于炁论，有四个关键问题：炁是什么？炁如何演变出世界？炁本身变化有何规律？炁与世界之间的关系是什么？

对这些问题的答案散见于《中华道藏》诸道经中。下面按照顺序对这四个问题进行回答。

（一） 炁是什么

在道经中，对炁并没有给出直接定义。根据整理分析，笔者认为炁可定义为极为精微的气体样物质。

所谓精微，是指一般情况下肉眼无法观察到炁，只是在特殊情境下（如内观时）才能观察到。所谓气体样物质，就是说炁很像轻盈的气体，也具有涌动、流动、扩散、混合等能力。

（二） 炁如何演变出世界

在道经中，炁被视为宇宙万物的本源。那么，粗大的物质世界又是如何由极为精微的气体样物质演变出来的？

从极为精微的气体样物质炁到粗大的物质世界，中间有许多步骤，可以分为前期和后期两大过程。道经的“阳和阴五行”之说回答了“早期过程”，而“后期过程”则需要推导。“阳和阴五行”的观点涉及“早期过程”，即先是有一炁，然后一炁生“始元玄”三炁，“始元玄”三炁又生“阳和阴”三炁。在“阳和阴”三炁中，阳炁包括少阳木炁、太阳火炁，以及其他一些阳炁；阴炁包括少阴金炁、太阴水炁，以及其他一些阴炁；和炁即土炁。至于“后期过程”，即五行之炁又如何演变出粗大的物质世界，道经并没有详细地说明。笔者根据自己的理解大概推测如下：五行之炁继续经过一系列的粗大化变化，再通过混合作用，从而形成各种物质，演变出粗大的物质世界。

（三） 炁本身变化有何规律

炁的变化规律称为炁运。炁运的一般规律是：周期初期，炁充足，到了周期末期，炁衰竭。具体来说，炁运之初，天地初开，炁盈满充沛，这时是最好的状态。其后，炁不断减少。到了炁运之末，炁逐渐耗竭。这可称为“衰退论”。笔者认为，“衰退论”隐蔽地体现在数字的降序排列方式之中。《五行之炁及其溯源》一文曾提及，炁之前配有的“九、七、五、三、一”的这些数字可能是表达“炁剩余量”之含义。也就是说，数字以降序排列的含义是，在一岁周期之内炁之剩余量越来越少。这种说法，在战国时期的《放马滩秦简》中可能已存在。《放马滩秦简》之《五行》篇云：

甲九木、乙［八］木、丙七火、丁六火、戊五土、己九土、庚八金、［辛七金］、壬［六］水、癸五水。

又云：

子九水、丑八金、寅七火、卯六［木］、辰五水、巳四金、午九火、［未八木］、申七水、酉六金、戌五［火］、亥四木。

这里提及干支配数。从甲到戊、己到癸配对的数字皆按照“九、八、七、六、五”这种降序排列；从子到巳、午到亥配对的数字皆按照“九、八、七、六、五、四”这种降序排列。这种降序，可能是“衰退论”的一种体现。

（四） 炁与世界之间的关系是什么

在道经中，炁是维持人类乃至万事万物存在的基本保障。炁与世界万事万物之间的关系可以概括为：炁生则生，炁灭则灭，炁强则强，炁弱则弱。

所谓“炁生则生，炁灭则灭”是说炁是决定生死存亡的关键因素；所谓“炁强则强，炁弱则弱”是说有了炁之后，炁的多少会影响存在状态，炁强则生命旺盛，炁弱则生命衰弱。

炁论这部分内容与中国哲学上的气论是一致的。例如，《管子·枢言》认为气决定了生与死：

有气则生，无气则死，生者以其气。

又如，《庄子·知北游》认为人不可无气，气的聚散决定人之生死，可谓至关重要：

人之生，气之聚也。聚则为生，散则为死。

三、　五行之炁及其溯源

道经炁论的核心内容是“阳和阴五行”说，提出了“五行之炁”或“五炁”是由“阳和阴”三炁转变而来的观点。“五炁”具有很多性质。

（一）“五炁”的光、色属性

关于“五炁”的详细说明，散见于各种道经之中，如《元始五老赤书玉篇真文天书经》（《天书经》）、《太上洞玄灵宝赤书玉诀妙经》（《玉诀妙经》）、《洞真太上青牙始生经》（《青牙经》）。《天书经》，撰者不详，约出于东晋，系古《灵宝经》之首经，原本二卷，后分作三卷。《玉诀妙经》，撰者不详，约出于东晋，系古《灵宝经》之一，共二卷。《青牙经》，撰者不详，约出于南北朝，共一卷。

《天书经》《玉诀妙经》对“五行之炁”的光、色属性加以描述，在《五行之炁及其溯源》一文已提及。《青牙经》亦有类似说法，“东方青牙，元象苍天”，“其炁始生，如春草之初萌，其光启耀，如晖日之发芒”；“南方朱牙，元象丹天”，“其炁始生，始绛云之包白日，其光肇照，如玄玉之映丹渊”；“中央黄牙，元象黄天”，“其炁如黄罗之裹红云，其光如紫烟之笼落日”；“西方素牙，元象素天”，“其炁如景云之络明月，其光如幽夜之睹明珠”；“北方玄牙，元象玄天”，“其炁如素烟之回玉树，其光如流星之赴洪波”。

尽管这三部经关于“五炁”或“五行之炁”的光、色属性之说法有所不同，但可以肯定的是，这三部经都以炁来理解五行。换句话说，它们认为，五行并非木头、火焰等五种粗大物质或“五物”，而是“五炁”。“五炁”即五种精微气体样的存在，具有实实在在的光、色属性。使用木炁等这种说法只不过是类比，与树木等没有关系。

（二）“五炁”与“五方”“五天”

《五行之炁及其溯源》一文通过梳理《天书经》相关文字，挖掘出“三炁”生“五炁”的生成过程以及与“五方”“五天”之间的关系（见图4-1）：

始炁或始一之炁生阳炁，其中正北（冬至）到东北的阳炁，称为元阳之炁；东北到东南的阳炁，称为少阳之炁，此少阳之炁变化生成九炁青天；东南到西南的阳炁，称为太阳之炁，此太阳之炁变化生成三炁丹天。元炁或元一之炁生和炁，此和炁变化生成一十二炁黄天。玄炁或玄一之炁生阴炁，其中正南（夏至）到西南的阴炁，称为元阴之炁；西南到西北的阴炁，称为少阴之炁，此少阴之炁变化生成七炁素天；西北到东北的阴炁，称为太阴之炁，此太阴之炁变化生成五炁玄天。

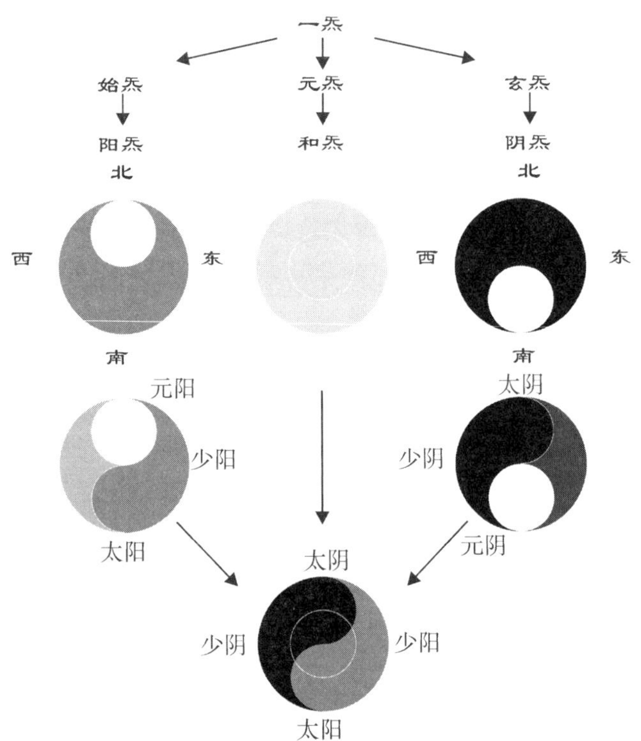

图4-1　一炁化三炁，三炁化五炁

需要额外说明的是，此处“五方”“五天”，应该理解为宇宙之“五方”“五天”，而不能理解为以中国古代某一地方为中心的“五方”“五天”。

《天书经》的相关说法亦见于《高上玉皇本行集经》与《无上秘要》，文字略有出入。

关于“始元玄”三炁，道经中其实还有不少，这里加以补充叙述：

元代华阳复在注解《九天生神章》“玄元始”三炁时将其分别解释为“玄一之炁”“元一之炁”“始一之炁”。

南宋道士青元真人在《太上洞玄灵宝无量度人上品妙经注》（《度人妙经注》）中提道：“青为玄一之炁，黄为元一之炁，白为始一之炁。”

《正统道藏》中《上清灵宝大法》的“行道章”云：“三气者，玄气青，元气黄，始气白，即是三气也。自一气而生三气，三气生九气，九气生万气。”这与《中华道藏》中《上清灵宝大法》的“行道章”的说法有出入，但内容接近，其文云：“行道之日，皆当香汤沐浴，斋戒入室……闭目，静思身坐青黄白三色云气之中……”其后有注云：“三气者，玄气青，元气黄，始气白，是三气也，皆从一气而生。”

需要注意的是，由于道经中明确地指出了存在“始元玄”三炁，并与“阳和阴”对应，因此这里的和炁不是指阴阳之“和”或“和合”，而是一种独立的存在。

“阳和阴”三炁具有以下联系与区别（见图4－1）：

第一，“阳和阴”三炁同源。“阳和阴”三炁源自“始元玄”三炁，而“始元玄”三炁源自一炁。

第二，“阳和阴”三炁各自独立。从理论上说，三炁是单纯的存在，因此就单个炁来说，应当没有其他的炁夹杂其中。换句话说，即阴中无阳，阳中无阴。用炁论语言来说，即阴炁中无阳炁，阳炁中无阴炁。

第三，“阳和阴”之间有联系。首先，尽管三炁是单纯的存在，但三者常以混合、杂合的形式出现。其次，从理论上看，因为三炁同源，不排除阳、阴二炁可和合为和炁的可能性。换句话说，和炁既可以是一种独立的炁，也可以由阴炁和阳炁混合、中和而来。再次，阳、阴二炁与和炁在特定时间尺度上可能有一种同步变化的机制。

（三） 阳、 阴二炁剩下部分的名称和对应区间

在《五行之炁及其溯源》中提到了阳炁中的元阳、少阳、太阳，以及阴炁中的元阴、少阴、太阴，它们所在位置（可以称为“宫”）与节气的配对法则为：

冬至到立春配元阳之宫；春分到立夏配少阳之宫；立夏到立秋配太阳之宫；立秋到立冬配少阴之宫；立冬到立春配太阴之宫。

如此一来，可从图 4－1 看出，阳炁还有西南到西北，以及西北到正北这两个区间没有命名；阴炁还有东北到东南，以及东南到正南这两个区间没有命名。

实际上，这些区间可以有名称。《上清众经诸真圣秘》中《金真玉光经》云：

立春，东北青微上府始阳宫；春分，东方青阳上府玄微宫；立夏，东南少阳上府太微宫；夏至，南方太阳上府紫微宫；立秋，西南少阴上府灵微阳宫；秋分，正西太阴上府精微兑宫；立冬，西北阴晖上府清微宫；冬至，北方阴精上府道微宫。

可以看出，该经认为：

立春配始阳之宫，春分配青阳之宫；立夏配少阳之宫，夏至配太阳之宫；立秋配少阴之宫，秋分配太阴之宫；立冬配阴晖之宫，冬至配阴精之宫。

该经对八节与宫位之间的匹配存在问题（如秋分配太阴之宫等）。但是，这里的内容体现一个重要的信息：阳炁、阴炁的所有区间都有完整的命名。

首先，来看“春分，东方青阳上府玄微宫”。玄，黑也，北方水炁色黑；

微，细小也，衰落也。因此，玄微可以理解为阴炁开始衰弱。那么，“春分，东方青阳上府玄微宫”可以理解为：春分时候阳炁为青阳之时，阴炁开始衰弱。同理，“立秋，西南少阴上府灵微阳宫”可以理解为：立秋时候阴炁为少阴之时，阳炁开始衰弱。通过对比图4－1可以知道，阳炁、阴炁在各个区间应当都有命名。那么，根据此经的内容，可以给阳炁、阴炁未命名的区间进行命名。

对于阳炁从西南到西北的区间，可以命名为衰阳之宫；从西北到正北的区间，因阳炁逐渐减少以至于无，故可以命名为厥阳（厥者，气闭也，气绝也）之宫。

对于阴炁从东北到东南的区间，可以命名为衰阴之宫；从东南到正南的区间，因阴炁逐渐减少以至于无，故可以命名为厥阴之宫。

如此一来，阳炁在一岁之中皆有命名，其各个区间或宫位的名字及其方位区间为：元阳（正北到东北）；少阳（东北到东南）；太阳（东南到西南）；衰阳（西南到西北）；厥阳（西北到正北）。

同理，阴炁在一岁之中亦皆有命名，其各个区间或宫位的名字及其方位区间为：元阴（正南到西南）；少阴（西南到西北）；太阴（西北到东北）；衰阴（东北到东南）；厥阴（东南到正南）。

其中，少阳之宫又称木宫，太阳之宫又称火宫；少阴之宫又称金宫，太阴之宫又称水宫。

另外，涉及四时阴阳比例的《阴阳比例图》（见图4－2）也十分重要，笔者经常引用，故在此再次呈现。

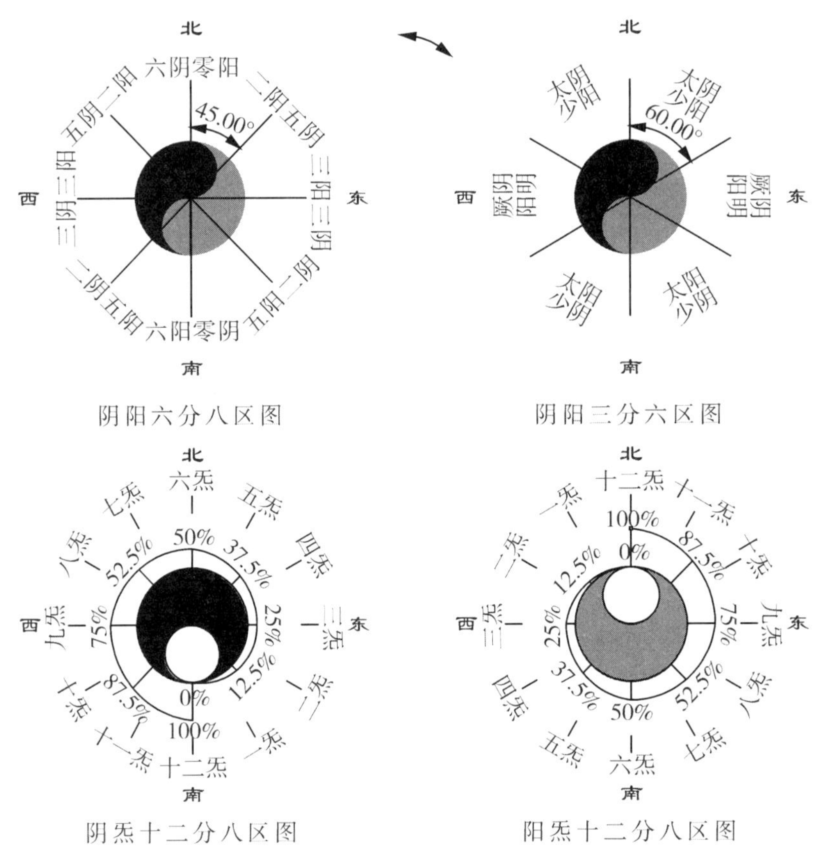

图 4－2　阴阳比例图

由此可得，在“阳和阴五行”体系下，阳炁包含元阳之炁、少阳木炁、太阳火炁、衰阳之炁、厥阳之炁；和炁，即土炁；阴炁包含元阴之炁，少阴金炁、太阴水炁、衰阴之炁、厥阴之炁。由上可知，五炁或五行之炁只是三炁的真子集，故“阳和阴五行”之说又可以称为“阳和阴”之说。这是一句极为重要的话，是正确理解“阳和阴五行”学说的关键，从而更容易区分它与“阴阳五行”学说。

这些炁与五行、五方之间的关系是：少阳之炁对应木炁，少阳之炁、衰阴之炁对应东方；太阳之炁对应火炁，太阳之炁、厥阴之炁（夏至前）与元阴

之炁（夏至后）对应南方；和炁、土炁对应中央（其在四方也可能有）；少阴之炁对应金炁，少阴之炁、衰阳之炁对应西方；太阴之炁对应水炁，太阴之炁、厥阳之炁（冬至前）与元阳之炁（冬至后）对应北方。

（四）“阴极生阳，阳极生阴”分析

“阴极生阳，阳极生阴”是一种常见的说法。一般理解为：阴气到了极致就转换为阳气，阳气到了极致就转换为阴气。下面利用“阳和阴五行”体系来对这一说法加以分析。

《文子·上德》云：“阳气盛，变为阴。阴气盛，变为阳。”《淮南子·坠形训》云“至阴生牝，至阳生牡”，又云“阳生于阴，阴生于阳”。从上述说法可以总结出“阴极生阳，阳极生阴”，或“至阴生阳，至阳生阴”。这往往被理解为：阴（或阴气）到了鼎盛后就转变为阳（或阳气），阳（或阳气）到了鼎盛后就转变为阴（或阴气）。

基于图4－1和图4－2，笔者倾向于如此理解：冬至时阴炁到达极盛，与此同时，阳炁（元阳之炁）产生了；夏至时阳炁到达极盛，与此同时，阴炁（元阴之炁）产生了。阳炁并不是由阴炁所生的，阴炁也不是由阳炁所生的，只是因为“阴炁极盛”与“阳炁初生”以及“阳炁极盛”与“阴炁初生”两个事件同时发生，所以容易被联系在一起，从而被误解为“阴气到了极点就生出或转化为阳气，阳气到了极点就生出或转化为阴气”。

（五）四时之气解析

在各类典籍中，常见春气、夏气、秋气、冬气这四时之气，但被很多人误解为少阳、太阳、少阴、太阴之气。

由前文对“阳和阴五行”说的说明可知，一岁之中，无论哪个时候，都有“阳和阴”三炁，此三者都是单纯之炁。由此可知，“春气、夏气、秋气、冬气”或“春炁、夏炁、秋炁、冬炁”实际上是“阳和阴”三炁的混合之物，是混合之炁而非单纯之炁。例如，春炁由少阳之炁和衰阴之炁以及部分和炁混

合而成。其他同理。

这种区别对于构建科学假说乃至推测数学公式有较大的影响。作为单纯之炁的“阳和阴”三炁可以作为自变量，而四时之气（或炁）不能作为自变量，因为它是三个自变量的交互作用（比如加减）。如，温度可以理解为由三炁的综合作用所导致，这样，三炁便是自变量，可以直接构建数学公式。但四时之气与温度之间的关系，就无法用直接的数学公式来表达了。

（六）五炁为何绑定木、火、土、金、水

前面提及五炁或者“五行之炁”与树木等“五物”无关。那么，为何要使用木、火、土、金、水与炁相连呢？

笔者认为，之所以将炁与木、火、土、金、水相连，其出发点大概是类比。

木与木炁：木，有树木（活着的木）、木头（死掉的木）之含义；而木炁实际上是阳炁的一部分，是少阳之炁。木炁显然与树木、木头这两样事物本身完全不同。那么，为何少阳之炁又名木炁呢？因为少阳之炁即年轻的阳炁，充满生机，所以大概是从这个角度出发来类比树木（尤其是少之树木，即小树、苗木）之生机盎然属性。

火与火炁：火，有火焰、火光之含义；而火炁实际上是阳炁的一部分，是太阳之炁。火炁显然与火焰、火光这两样事物本身完全不同。那么，为何太阳之炁又名火炁呢？因为太阳之炁即极盛的阳炁，炎热至极，所以大概是从这个角度出发来类比火焰之炎热属性。

土与土炁：土，有土地、土块之含义；而土炁实际上是和炁、中和之炁，是中性之炁。土炁显然与土壤、土块这两样事物本身完全不同。那么，为何和炁、中和之炁又名土炁呢？因为和炁即中和之炁，其性平和，所以大概是从这个角度出发来类比土地之平和属性。当然，也有可能是因为这种中和之炁存在于一岁四时并参与各种变化，很像大地可以生出万物，所以类比为土。

金与金炁：金，有金属之含义；而金炁实际上是阴炁的一部分，是少阴之炁。金炁显然与金属本身完全不同。那么，为何少阴之炁又名金炁呢？因为少阴之炁即凉快之炁，所以大概是从这个角度出发来类比触摸金属（尤其是秋天触摸金属）所感受到的凉快。

水与水炁：水，有河水、湖水、井水等含义；而水炁实际上是阴炁的一部分，是太阴之炁。水炁显然与水本身完全不同。那么，为何太阴之炁又名水炁呢？因为太阴之炁即冰寒之炁，所以大概是从这个角度出发来类比触摸水（尤其是在冬天触摸水）所感受到的冰寒。

（七）“阳和阴五行”体系在《中华道藏》中的广泛存在

五行顺序多种多样，“阳和阴五行”体系中的木、火、土、金、水五行顺序在道经中占有什么样的地位呢？对此，笔者全面梳理了《中华道藏》理论部分三洞真经里的五行顺序，并发表了一篇论文①。经过统计后发现，三洞真经里存在八种主要的五行顺序。通过从数量和质量两方面对比分析各种五行顺序，发现三洞真经里的主流五行观是使用木、火、土、金、水顺序的“阳和阴五行”体系。当然，由于使用木、火、土、金、水顺序的人未必秉承“阳和阴五行”，也可能还是秉承“阴阳五行”，因此该文结论中的“主流五行观”宜改成“重要五行观”，这样更妥当。

（八）“阳和阴五行”体系产生的年代

《灵宝无量度人上经大法》云：

> 后自三皇之代，金阙后圣玄元老君下化。……帝舜时号尹寿子，说《太清经》《灵宝赤书》。夏禹时号真甯子，说《五篇真文经》《龙蹻经》。

这种神话传说故事亦见于《上清灵宝大法》，仅有少量文字不同。这里提及夏朝时已经出现了《五篇真文经》《龙蹻经》。一方面，《五篇真文经》中的“真文”是云文，在《天书经》中收录了五种云文，它们可能与“五篇真文”

---

① 王彦，邵悦．《中华道藏》三洞真经中的五行顺序及其分析［J］．九江学院学报（社会科学版），2019，38（2）：69－72.

有关。另一方面,《龙蹻经》相当完整地提出了三炁之说。

以上资料，对研究“阳和阴五行”产生的年代有一定参考作用。

四、总结

“阴阳五行”被视为由阴阳和五行这两种独立学说融合而成，二者之间存在隔阂；而在“阳和阴五行”体系下,“阳和阴”三炁与“木火土金水”五炁有着天然的联系，五炁只是三炁的真子集。这种理论上的通顺与合理性具有重要的意义，是构建妥当的科学假说和相应的数理模型的基础。

当然,“阳和阴五行”说要想与自然现象直接沟通，还需要一个中介。经过长期探索发现，这个中介可由天干、地支担当（详见第七章)。通过数据分析，发现阳炁与天干对应，阴炁与地支对应。于是，以量化的干支为中介，便可以展开应用研究，检验阴阳二炁的变化与自然现象之间的关系。至于和炁，从理论上看，一岁四时的“生长收藏”可能主要由和炁的变化所导致。

第二节　古代典籍中的“三”与“五”

当了解了“阳和阴五行”中的三炁、五炁之后，有必要回顾中国古代典籍中的一些“三”与“五”，检查其内容是否可能与“阳和阴五行”有关。

一、典籍中的“三”

（一）《道德经》

前面已经提及,“冲”可读为“中”，故而《道德经》第四十章应当为:

道生一，一生二，二生三，三生万物。万物负阴而抱阳，中气以为和。

如此一来，《道德经》里提出的并非阴阳学说了，而是“阳中阴”学说。

推导出“阳和阴”或“阳和阴五行”说的《天书经》大概成文于晋代，而在晋代之前却一直不见此说踪影，令人十分困惑。因为“中气以为和”，中、和二字应当可互换，所以《道德经》中的“阳、中、阴”，也即“阳、和、阴”。那么，这意味着“阳和阴”之说可能在《道德经》成书时代就已然存在。换句话说，将“冲”读为“中”，“阳和阴”体系出现的年代便可由晋代往回推到周朝。

（二）《天问》

战国时期楚国屈原《天问》云：

> 阴阳三合，何本何化？

此处前人解释颇多。可以认为，此处的“三”使用“阳和阴”之说很好解释，而使用阴阳之说则较为勉强。

（三）道经里的“三”

道经与儒经等其他派别的典籍不太一样，保存的“三”要更多，例如，“上元、中元、下元”之三元，“天、人、地”之三才，都与阳炁、和炁、阴炁有对应关系。这方面的内容，笔者在《五行之炁及其溯源》一文中有详细的论述，此处仅再补充《龙蹻经》中的一个说法：

> 天降一气（炁），则五气生焉，寄备阴阳，合气成体，故阳有少阳、太阳，阴有少阴、太阴。故阳中之阴为木，阳中之阳为火，阴中之阳为金，阴中之阴为水，和中之和为土。

此处，“天降一气（炁）”是说炁之溯源；“阳有少阳、太阳，阴有少阴、太阴”是说阳、阴的细分；“和中之和为土”提及土气是独立的。这样的说法，与“阳和阴五行”体系仅在炁之溯源方面有差异：“阳和阴五行”体系认为一炁生“始元玄”三炁，“始元玄”三炁生“阳和阴”三炁，此三炁包含五行之炁或五炁。除此以外，内容都是一样的。

二、 各种典籍中的 “五”

（一）《史记·五帝本纪》

《史记·五帝本纪》记载着黄帝治理五气的说法，其文云：

轩辕（即黄帝）乃修德振兵，治五气，蓺五种，抚万民，度四方，教熊罴貔貅貙虎，以与炎帝战于阪泉之野。……有土德之瑞，故号黄帝。

上文提及黄帝治五气，但语焉不详。尽管此处有“土德之瑞，故号黄帝”之说，但这里可能只是后人的理解与添加。可以说，此处的五气不一定与五物有关系。

另外，五气、四方之说，暗示四气各对应四方，土气居中央，或居四方，或二者皆有，但不会对应四方的某个位置。换句话说，此处是一岁四分的做法，并不是一岁五分的做法。

（二）《大戴礼记·五帝德》

黄帝，少典之子也，曰轩辕。生而神灵，弱而能言，幼而慧齐，长而敦敏，成而聪明。治五气，设五量，抚万民，度四方。

同上条分析，此处的五气不一定与五物有关系，是一岁四分的做法。

（三）《管子》

《管子》的内容虽混杂，但颇为古朴，保存了许多重要的思想。

《幼官》篇里的气论是：

东方—燥气，南方—阳气，西方—湿气，北方—阴气，中央—和气。

此处五方与五气搭配，其中，中央与和气搭配。值得注意的是，此燥气、湿气与木、金的联系很弱。此外，“东方—燥气”“西方—湿气”这种对应法，看起来是不妥的。

《四时》篇里的气论是：

东方—木—风气，南方—火—阳气，西方—金—阴气，北方—水—寒气，中央—土—和气。

此处对五方、五物、五气进行了搭配。这里“东方—木—风气”的搭配并不妥当；而中央与土、和气搭配，相当完整，非常接近于“阳和阴五行”中的中央与土炁、和炁搭配。

《幼官》《四时》里的这种说法与常见的四方配五行（五行均分四方）、五方配五行（中央配土，但没有提及中央对应和气）之说法是完全不同的。

（四）《黄帝内经》

《生气通天论》云：

黄帝曰：夫自古通天者生之本，本于阴阳天地之间，六合之内，其气九州九窍五藏十二节，皆通乎天气。其生五，其气三，数犯此者，则邪气伤人，此寿命之本也。

《六节藏象论篇》云：

帝曰：余已闻天度矣，愿闻气数何以合之。岐伯曰：天以六六为节，地以九九制会，天有十日，日六竟而周甲，甲六复而终岁，三百六十日法也。夫自古通天者，生之本，本于阴阳。其气九州九窍，皆通乎天气。故其生五，其气三，三而成天，三而成地，三而成人，三而三之，合则为九，九分为九野，九野为九藏，故形藏四，神藏五，合为九藏以应之也。

此二处皆有“其生五，其气三”之说。这里的“三”气，无法用传统说法的阴阳之“二”气来解释。因此，王冰在注释《六节藏象论篇》时十分犯难，他说“形之所存，假五行而运用，征其本始，从三气以生成”，这实际上承认了“三”气是五行的来源。因为难以用传统的阴阳“二”气体系解释“三”气，所以他只能将“三”往“三元”上靠：“气之三者，亦副三元。”

这种解释有些牵强。

此处，如果利用“阳和阴五行”学说则可以说通，因为“阳和阴”三炁包含或生出少阳木炁等五炁，即“其气三，其生五”，只是顺序相反而已。

《五常政大论》云：

帝曰：天不足西北，左寒而右凉，地不满东南，右热而左温，其故何也。岐伯曰：阴阳之气，高下之理，太少之异也。东南方，阳也，阳者其精降于下，故右热而左温。西北方，阴也，阴者其精奉于上，故左寒而右凉。是以地有高下，气有温凉，高者气寒，下者气热。……岐伯曰：西北之气散而寒之，东南之气收而温之，所谓同病异治也。故曰：气寒气凉，治以寒凉，行水渍之。气温气热，治以温热，强其内守。必同其气，可使平也，假者反之。

《至真要大论》亦云：

帝曰：善。治之奈何。岐伯曰：司天之气，风淫所胜，平以辛凉，佐以苦甘，以甘缓之，以酸泻之。热淫所胜，平以咸寒，佐以苦甘，以酸收之。湿淫所胜，平以苦热，佐以酸辛，以苦燥之，以淡泄之。湿上甚而热，治以苦温，佐以甘辛，以汗为故而止。火淫所胜，平以酸冷，佐以苦甘，以酸收之，以苦发之，以酸复之，热淫同。燥淫所胜，平以苦湿，佐以酸辛，以苦下之。寒淫所胜，平以辛热，佐以甘苦，以咸泻之。

……是故平气之道……所谓寒热温凉反从其病也……

……寒热温凉，衰之以属，随其攸利，谨道如法，万举万全……

上面提及的“寒、热、温、凉、平”可以这么理解，药物的五气属性决定了药物的五种性质。“寒、热、温、凉、平”难以用五行生克说来解释，却与“阳和阴五行”之“太阴、太阳、少阳、少阴、中和”五炁有着良好的对应关系，因此不能排除二者之间可能存在联系。

三、 总结

在中国早期典籍中，有一些特别的“三”与“五”。《道德经》中的“阳中阴”、中医的“其生五，其气三”之说和中药五味之说，与“阳和阴”或“阳和阴五行”学说可能有着某些联系。《龙蹻经》中除了炁之溯源不同之外，其他内容与“阳和阴五行”学说一样。

第三节　河图辨析

五行顺序是五行学说的重要组成部分。五行顺序一般为木、火、土、金、水或金、木、水、火、土，然而河图里的五行顺序为水、火、木、金、土，即天一生水、地二生火、天三生木、地四生金、天五生土。这种顺序到底是何含义？河图到底在说什么？对河图的解释，前人主要是从星图、易学、术数等角度来进行的，其结论各不相同。河图历史悠久，内容奇特，有必要进行深入分析。

一、　河图的来源与内容

（一）　河图的来源

在宋以前，河图所指多种多样，本节所指河图是指与阴阳有关的河图。河图最初只有文字内容，在宋以后才出现了由黑白点构成的数图作为它的图案内容。[①] 河图的确切来源尚不清楚。《系辞》云：“天垂象，见吉凶，圣人象之；河出图，洛出书，圣人则之。”《龙鱼河图》云：“伏羲氏王天下，有神龙负图出于黄河。法而效之，始画八卦，推阴阳之道，知吉凶所在，谓之河图。”[②] 这些说法提示河图的起源可能甚为古远。

---

① 赖少伟，刘永强．河图洛书略考［J］．文史杂志，2017（3）：39－43.

② 安居香山，中村璋八．纬书集成［M］．石家庄：河北人民出版社，1994：1149.

（二）河图的内容

与河图相关的说法有多种，主要的八种说法如下：

（1）《系辞》云：“天一，地二；天三，地四；天五，地六；天七，地八；天九，地十”，“天数五，地数五，五位相得，而各有合”。

（2）西汉扬雄《太玄经》云：“一六为水，为北方，为冬日”，“二七为火，为南方，为夏日”，“三八为木，为东方，为春日”，“四九为金，为西方，为秋日”，“五五为土，为中央，为四维”①。

（3）东汉郑玄注释《系辞》云：“天一生水于北，地二生火于南，天三生木于东，地四生金于西，天五生土于中。阳无耦，阴无配，未得相成。地六成水于北，与天一并。天七成火于南，与地二并。地八成木于东，与天三并。天九成金于西，与地四并。地十成土于中，与天五并也。”后人将其说法浓缩为：天一生水，地六成之，地二生火，天七成之，天三生木，地八成之，地四生金，天七成之，天五生土，地十成之。这种说法流传很广。

（4）纬书《易乾坤凿度》云：“天本一而立，一为数源，地配生六，成天地之数，合而成性，天三地八，天七地二，天五地十，天九地四。运五行，先水次木，生火，次土及金。”②

（5）纬书《河图数》云：“一与六共宗，二与七同道，三与八为明（朋），四与九为友，五与十同途。”③

（6）隋代萧吉《五行大义》对前人论生成数之说进行了综述，并进一步解释：“天以一生水于北方，君子之位，阳气微动于黄泉之下，始动无二，天数与阳合而为一。水虽阴物，阳在于内，从阳之始，故水数一也。极阳生阴，阴始于午，始亦无二。阴阳二气（炁），各有其始，正应言一，而云二者，以阳尊故。尊既括始，阴卑赞和，配故能生，而阳数偶阴，在火中。火虽阳物，

① 扬雄．太玄校释［M］．郑万耕，校释．北京：北京师范大学出版社，1989：293－295.

② 安居香山，中村璋八．纬书集成［M］．石家庄：河北人民出版社，1994：91－92.

③ 安居香山，中村璋八．纬书集成［M］．石家庄：河北人民出版社，1994：330.

义从阴配，合阴始，故从始立义，故火数二也。其余例尔也。”①

（7）宋代刘牧《易数钩隐图》云：“又数之所起，起于阴阳，阴阳往来，在于日道”，“十一月冬至”，“冬，水位也，当以一阳生为水数。五月夏至”，“夏，火位也，当以一阴生为火数。但阴不名奇数，必以偶，故以六月二阴生为火数也”，“正月为春，木位也，三阳已生，故三为木数”，“夏至以及于冬至当为阴进。八月为秋，金位也；四阴以生，故四为金数”，“三月春之季，土位五阴以生，故五为土数”，“故天一与地六合而生水”，“天五与地十合而生土”。

（8）明代万明英《三命通会》论五行生成云：“水，北方子之位也，子者，阳之初一，阳数也，故水曰一；火，南方午之位也，午者，阴之初二，阴数也，故火曰二；木居东方，东，阳也，三者，奇之数，亦阳也，故木曰三；金居西方，西，阴也，四者，偶之数，亦阴也，故金曰四；土应西南长夏，五者，奇之数，亦阳也，故土曰五。”

晚于文字出现的河图图案有多种形状，一般都由如下三部分内容构成：外（地六、天七、地八、天九）、内（天一、地二、天三、地四）和中心（天五、地十）。中心部分“地十”的图案常见的有两种：第一种，十星分为两列，位于正中天五的上方和下方；第二种，十星形成一个圆圈，包住正中的天五（见图4－3左上）。②

① 刘国忠．《五行大义》研究［M］．沈阳：辽宁出版社，1999：160，177．
② 张继禹．中华道藏［M］．北京：华夏出版社，2004：458．

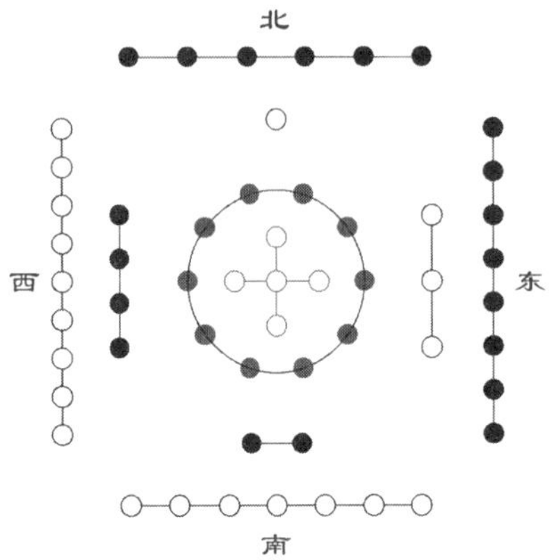

伏羲河图 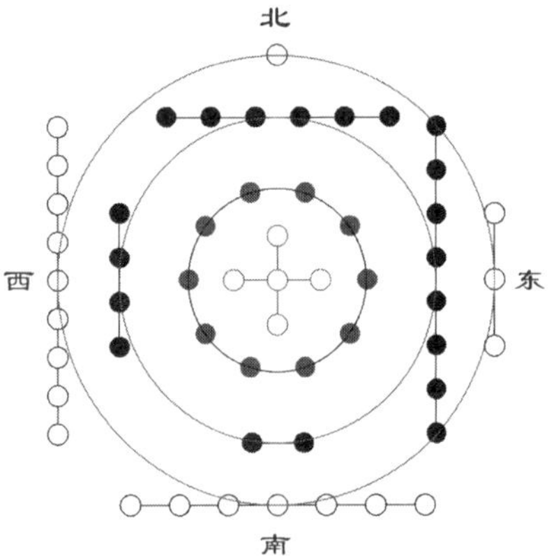　　伏羲河图内外圈重排图

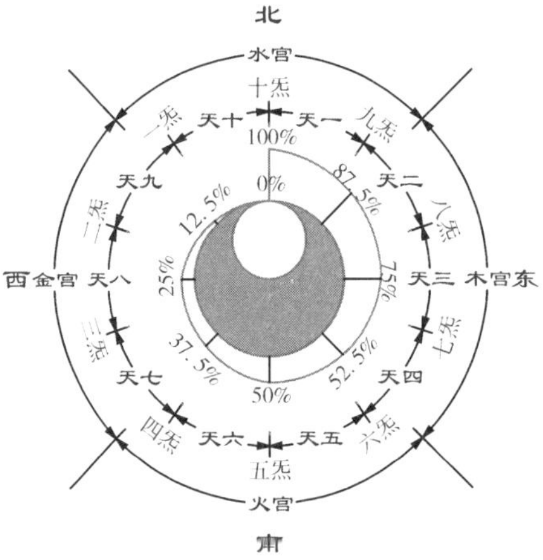

阳炁十分天炁十区图 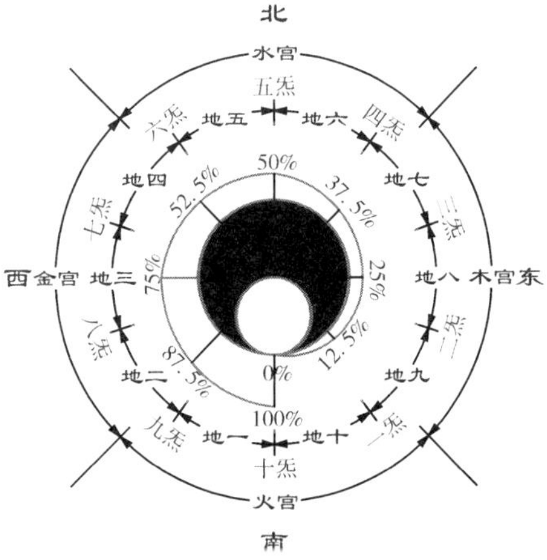　　阴炁十分地炁十区图

图 4-3　河图及其重排

二、 河图解读

基于上述资料，可以发现，解读河图的关键线索在于妥当理解“五行”“天、地”“天数、地数”，以及“生、成”的含义。

（一）河图五行的确切含义

一般认为，河图中的五行即人们通常所理解的五种物质——木头、火焰、土壤、金属、流水。那么，河图里的五行究竟是何义？《太上无极大道自然真一五称符上经》云，“北方”，“其时冬，其（五）行水”，“法太阴之气（炁）”[①]，“太阴气化水精辰星”[②]。据此，再结合扬雄“一六为水，为北方”，即可推出，水亦可指水炁，或太阴之炁，位于北方。值得一提的是，北方（西北到东北）又称为水宫，这是因为古代习惯将五行与“宫”相连，如“木宫”“火宫”[③]，亦有将太阴、少阴之炁等与“宫”连用的做法[④]。由于北方水宫的特征为阴寒之炁，因此河图的“水”应指太阴之炁主宰的“水宫”；“木”应指少阳之炁主宰的“木宫”；“火”应指太阳之炁主宰的“火宫”；“金”应指少阴之炁主宰的“金宫”；“土”应指“土宫”，其主宰之炁详见后文分析。

（二）天、地的含义

天、地二字为多义字，第一种含义是指苍天、大地，这是最普通、最常见的含义；第二种含义是指阳炁、阴炁。阳、阴二炁虽与天、地有关（即阳气升而为天，阴气降而为地），但并不是一回事，不能混为一谈。例如，岐伯曰：“阳者，天气（炁）也，主外；阴者，地气（炁）也，主内。”[⑤] 再如，“清阳之炁升而为天，浊阴之炁降而为地”。[⑥] 郑玄也说，“天地之气（炁）各有五”，“五行各气”，“阴阳各有合，然后气相行，施化行也”。如果按照第一种含义来理解，并没有什么价值可言；如果按照第二种含义来理解，即河图里的天、地是阳炁、阴炁，这样便有了下文进一步的探索。

---

① 张继禹. 中华道藏［M］. 北京：华夏出版社，2004：195.
② 张继禹. 中华道藏［M］. 北京：华夏出版社，2004：193.
③ 张继禹. 中华道藏［M］. 北京：华夏出版社，2004：172.
④ 张继禹. 中华道藏［M］. 北京：华夏出版社，2004：401.
⑤ 张继禹. 中华道藏［M］. 北京：华夏出版社，2004：133.
⑥ 张继禹. 中华道藏［M］. 北京：华夏出版社，2004：316.

（三）天数、地数的含义

“天一”“地二”等这些天数、地数是河图的重要内容，但它们的含义在早期资料（如汉朝郑玄注解）中模糊不清。不过，在后来的资料中可找到两条重要线索来解决这个难题。

第一，由刘牧《易数钩隐图》所云“十一月冬至”，“冬，水位也，当以一阳生为水数。五月夏至”可知，“天一”即指“一阳”。

第二，由《易数钩隐图》所云“夏，火位也，当以一阴生为火数。但阴不名奇数，必以偶，故以六月二阴生为火数也”可知，刘牧清楚“地二”实为“一阴”，之所以不用“地一”而用“地二”，只不过为了遵循《系辞》所云“天尊地卑”“阳卦奇，阴卦耦”的说法而抛弃“一”这个阳数、尊数、奇数，而使用“二”这个阴数、卑数、偶数。也就是说，“地二”指的是“一阴”。《大易象数钩深图》亦是此意：“一阳生于子”，“六阳在巳”，“一阴生于午”，“六阴生于亥”。[①] 显然《大易象数钩深图》将阴阳六分，设十二区。那么，参考《五行之炁及其溯源》中的阴阳比例图，可知无论是阴阳五分十区，还是六分十二区，夏至午时都对应“一阴”。故《五行大义》中“阴始于午”和《易数钩隐图》中“夏至”“一阴”的说法妥当，而《三命通会》中“午者，阴之初二”的说法不妥。

综上所述，“地二生火”应改为“地一生火”；同理，“地四生金”应改为“地三生金”。

在《五行之炁及其溯源》一文中，已经提及中国古代通常对阴阳四时变化进行各种较为粗糙的量化（如六分六区、十二分十二区等），在了解了天一为一阳，地二为一阴之后，容易发现原来的河图不符合阴阳比例，需要根据阴阳比例来进行重构。在重构时（中心的“天五、地十”暂时不管，将在后文详述），将白点全部放在外圈，黑点全部放在内圈。这样一来，即可发现河图

① 张继禹．中华道藏［M］．北京：华夏出版社，2004：576－577.

外圈依次是“天一、天三、天七、天九”，内圈依次是“地二、地四、地六、地八”（见图4-3右上），呈现一种数量上的渐增式演变，也就是说，河图里的“天一、地二、天三、地四”等应该是在表达阴阳二炁的变化规律。由此可知，《龙鱼河图》声称河图的作用为“演阴阳”的说法并非虚构。显然，由于“一阳”生于阴寒的北方，而北方对应的是水宫，因此叫作“水数一”或“天一生水”。

另外，河图“天一”“地二”等天地数里面的数字，与《大易象数钩深图》“一阳”“一阴”“六阳”“六阴”等里面的数字还有区别。河图天地数里的这些数字实际上是一种顺序数，故可以称为“阴阳分段区号”（简称“区段号”），而《大易象数钩深图》里的数字则明显在描述阴阳的强弱，故可以称为“阴阳量”。将天地数叠加在阴阳比例图之上（见图4-3左下、右下）则可发现，天地数实际上是将阳、阴二炁各自分为十个区间，“天一”等于“阳一”“区段号”，其“阴阳量”的范围是从100%到90%；“地一”等于“阴一”“区段号”，其“阴阳量”的范围是从100%到90%。其余同理。

（四）生、成

水从何而来？按照郑玄及《易乾坤凿度》的说法，“天一”为“生”，应该理解为主角；“地六”为“成”，应该理解为配角。而扬雄的“一六为水”、刘牧的“天一与地六合而生水”，则应该理解为“天一”与“地六”地位平等。

由前可知，此处的水，并非河海之水，而是水炁、水宫。水炁性寒，故水宫由水炁或太阴之炁主宰生成。因此，只能说“地六生成水宫”（准确来说，根据图4-3可知水宫实际上由“地五”“地六”的全部，以及“地四”“地七”的部分构成）；至于水宫里的“天一”阳炁，其力量微弱，显然不是生成水宫的主角，只能做配角，故而只能说“天一生于水宫”。其余同理。至此易知，《系辞》、扬雄和刘牧视“一”“六”地位平等的说法不妥，与阴阳二炁消长规律不吻合；而郑玄将“天一”设为主角、“地六”设为配角也是不对的。

综上所述，“天一生水，地六成水”应更正为“天一生于水宫，地六生成水宫”。其余同理（更正后的全文见后）。

（五）土的来源

五行之土如何生成是一个大难题。按前文，有“五五”和“五十”之说。按照第一种，即阳五、阴五合化土炁，或“五五为土”；按照第二种，即阳五、阴十合化土炁，或“五十为土”。到底哪种说法更为合理？与前面分析同理，可以根据阴阳比例的变化情况来检验这两种说法是否妥当。

1. “五五为土”之说

根据图4－3（左下，右下）可以看出，这种说法有很大的不足。其缺点是，阴五、阳五的空间位置并没有重合。阳五位于南偏东36度到正南，而阴五位于北偏东36度到正北，区间范围皆为36度。长夏的含义很多，典型的有季夏说、五均分说这两种说法。按照季夏说，长夏对应的角度范围为从南偏西15度到西南方向，区间范围共30度；按照五均分说，长夏对应的区间范围共72度（五均分说对于角度的起止点没有明确说明。如果木的起点从东北立春算起，则土起于南偏西8度，止于西偏南10度）。易知，这两种长夏的位置和区间范围与阳五有一定的偏差，与阴五则完全不能吻合。因此，从阴阳二炁变化的角度来看，“五五为土”之说，即天五地五或阳五阴五合化土炁之说，并不能成立。

既然从阴阳二炁的变化不能推导出“五五为土”，那么这种说法是怎么形成的呢？大概是由于“一、三、七、九”和“二、四、六、八”两组数列的中间数正好皆为五，这可能是后人从术数角度将更早时期“土位于（宇宙）中央”之说法误解为“土位于（天地奇偶数）中间”，从而将天五、地五认为是产生土的原因，最终演变为“五五为土”之说。

2. “五十为土”之说

据图4－3可知，这种说法亦有不足，其缺点是，二者强弱不同。因为天五实乃五阳，从阳炁强弱来说，是太阳，是阳炁最为强烈的区段（参看图4－3

下方两图内部月牙样图形）；而地十实乃阴炁的“阴十”“区段号”，处于第十区，是最衰弱的区段，阴炁的强度只有一阴。虽然二者与长夏所处区段大致重叠，但二者强度差别太大。若要使强阳之炁与弱阴之炁合生土炁，在逻辑上有困难，因此该说并不妥当。

从上可知，“五五为土”和“五十为土”之说都存在逻辑上的不足而无法成立。相比之下，新近发掘出的“阳和阴”三炁化五（行之）炁之说则天然地没有这种逻辑上的不足。这种说法认为，少阳木炁和太阳火炁归属阳炁，来源于始炁；少阴金炁和太阴水炁归属阴炁，来源于玄炁；和炁或土炁归属和炁，来源于元炁；“始元玄”三炁又同本源于一炁。按照这种说法，木、火之炁为一家，分列东、南；金、水之炁为一家，分列西、北；土炁自成一家，独居正中央，即土宫的主宰之炁为和炁。因为土炁即为和炁，来源于元炁，所以天然地绕过了阴阳如何合化土（土气或土炁）这个偌大的难题，以及干支与土如何匹配的难题（天干为阳所以与阳炁匹配，地支为阴所以与阴炁匹配。土炁非阴非阳，所以并不需要与干支匹配）。

（六）河图的恰当说法和现代数理表达

1. 河图的恰当说法

在充分理解了河图五行、天地、天地数以及生、成含义，并解决了土炁的来源问题之后，可以结合阴阳比例图，重建没有逻辑问题的河图之说。河图按照“区段号”“阴阳量”重新排列的妥当说法应当如下（括号里为郑玄之说，仅作为对比）：

天一、一阳之炁生于水宫（天一生水），

地六、六阴之炁生成水宫（地六成之）。

地一、一阴之炁生于火宫（地二生火），

天六、六阳之炁生成火宫（天七成之）。

天三、三阳之炁生成木宫（天三生木），

地八、三阴之炁生于木宫（地八成之）。

地三、三阴之炁生成金宫（地四生金），

天八、三阳之炁生于金宫（天七成之）。

和炁生成土宫（天五生土，地十成之）。

2. 河图的现代数理表达

根据“阳和阴五行”体系“三炁生五炁”的说法，可以重新建构河图。首先，将最中央的十个黑点更换为第三种颜色——灰色，示意其来源不同（见图4－4左上、右上）；其次，原来的河图，“一”在正北，而事实上，阳炁乃始于正北，其区域为正北到正北偏东30度（根据河图所说将圆周十等分），那么“一”对应的“一阳”应该放在该区间的中间，也就是需要放在正北偏东15度。其余同理，进行相应的调整。再次，将天地数重构为十串由十个黑白小圆点构成的图案：白点在内圈，代表天数之多少或“区段号”；黑点在外圈，代表地数之多少或“区段号”。每串小圆点旁边还有文字标注的“区段号”（见图4－4左上）。最后，根据阴阳二炁的变化规律及其常用的六分法（也就是将阴阳二炁的强度范围设置为从一到六），用十串由六个黑白小圆点构成的图案来表明“阴阳量”或阴阳炁强度的变化及其对比情况（见图4－4右上）。

既然河图是可以量化的，那么自然就可以直接公式化，而无须进行烦琐的文字性解释。由于阴阳二炁皆有生旺衰亡，可以用“$1-\cos\theta$”来表达[①]，那么，以冬至为零点（此处不采用西方的以春分为零点的做法），阳炁的四时变化可表达为“$1-\cos\theta$”，阴炁的四时变化可表达为“$1-\cos(180°-\theta)$”。目前从理论上来看，可推测和炁的四时强度不变，因此可直接定义为“1”。那么，根据上述“阳和阴”三炁的描述，可以作出数理化后的河图（见图4－4）。由公式或图可知，阴阳二炁之和为固定值，恒等于2。

① WANG Y. Re－analysis of tropical cyclone variability from February 1956 to February 2016 over the western North Pacific using the TianGan-DiZhi calendar [J]. Journal of geography and regional planning, 2017, 10 (11), pp: 309－316.

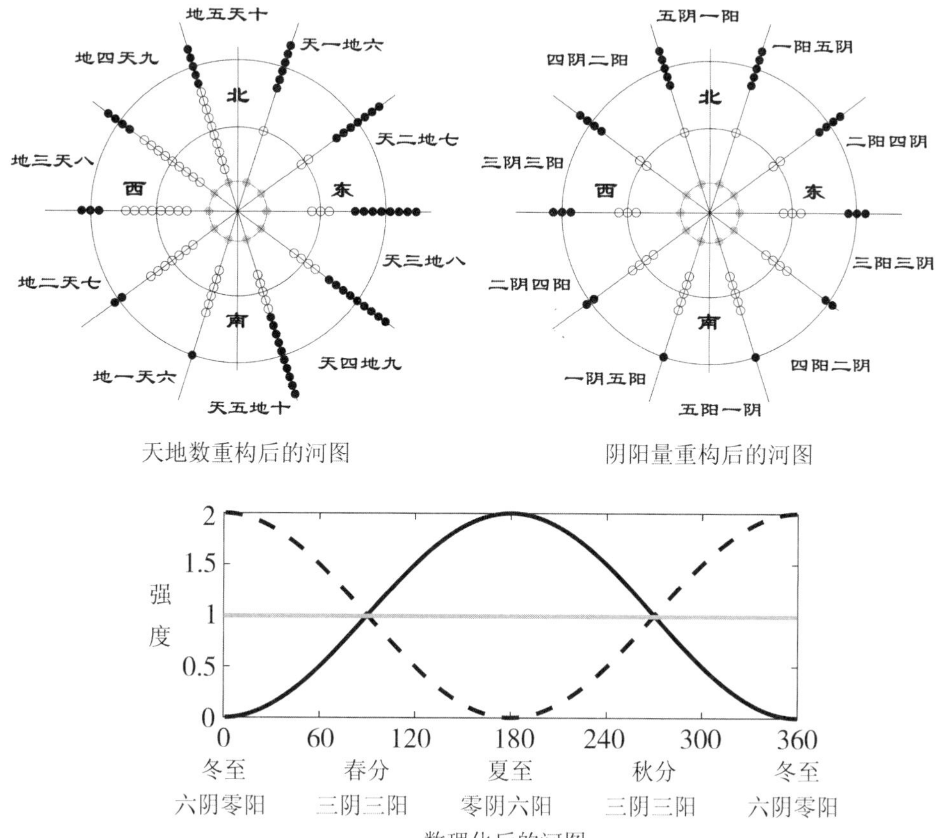

地五天十　天一地六　地四天九　天二地七　地三天八　北　西　东　南　天三地八　地二天七　天四地九　地一天六　天五地十

天地数重构后的河图

五阴一阳　一阳五阴　四阴二阳　二阳四阴　三阴三阳　北　西　东　南　三阳三阴　二阴四阳　四阳二阴　一阴五阳　五阳一阴

阴阳量重构后的河图

强度　2　1.5　1　0.5　0

0　60　120　180　240　300　360

冬至　春分　夏至　秋分　冬至

六阴零阳　三阴三阳　零阴六阳　三阴三阳　六阴零阳

数理化后的河图

图 4-4　河图的数理化

三、 讨论

（一） 河图五行与《天书经》五行之间的异同

1. 五行顺序

从表面上看，二者顺序并不相同：河图五行的顺序为水、火、木、金、土，《天书经》“五炁五行”的顺序为木、火、土、金、水。但从内容来看，二者都可以看作“阳和阴五行”体系的内容体现，并无实质区别。同样可以发现，《易乾坤》“河图五行”的顺序水、木、火、土、金与《天书经》“五炁五行”的顺序木、火、土、金、水本质上相同，仅起点不同。

2. 数字序列

在之前研究中，曾经猜测《天书经》中的“九炁、三炁”“七炁、五炁”描述了阳炁、阴炁的剩余炁量（见图4－3左下、右下，楷书体数字）。那么，将其与重排后的河图天地数（即天一到天十之阳炁，地一到地十之阴炁，见图4－3左下、右下，隶书体数字）进行对比就可以发现，《天书经》以数字降序的方式，“河图五行”以数字升序的方式，都在描述阴阳二炁不断消长变化的规律。简而言之，形式不同，但内容相同。

（二） 土的匹配问题

1. 土与四时的匹配

根据土与四时的关系，容易梳理出两种思想体系。一种是以《管子·四时》为代表，其特点是，土对应四时。另一种是以《管子·五行》为代表，其特点是，四时配五行，将一岁进行五分，土对应其中之一。后来《淮南子·天文训》将土与长夏进行了绑定，可能是第二种思想的一种演变。

在“阳和阴五行”体系中，土为和炁，位于中宫，源自元炁，与阴阳无关，但没有明确土是否也可以同时对应四时之说；在《管子·四时》中，土对应四时，但没有明确土是否对应中央。从理论上看，土对应中央，但可能同时也渗透于四时。

2. 土与干支的匹配

五行与干支的匹配方式在“阴阳五行”“阳和阴五行”两种体系中有不同体现。在“阴阳五行”体系中，土与戊己形成了强有力的绑定。但在“阳和阴五行”体系中，这种绑定并不成立，因为土非阴非阳。

四、 总结

本节对历史上关于河图的各种说法进行了分析，通过对比阴阳二炁变化规律，发现西汉扬雄《太玄经》所载关于河图的说法是较为妥当的，而广为流

传的东汉郑玄的说法则存在问题。依据相关分析，本节对河图进行了重构，并给出了数理表达。河图以数字升序的方式，《天书经》以数字降序的方式，二者以不同表达方式描述“阳和阴”三炁。河图的五行宜理解为五炁，其内容是描述“阳和阴”三炁的简朴说法。

“阳和阴五行”或“阳和阴”是从道经中挖掘出来的一种学说，它认为存在“阳和阴”三种炁，此三炁包含了五行之炁。它与《道德经》的“阳中阴”三气学说以及中医的“其生五，其气三”和中药五味之说相呼应。河图五行与“阳和阴”三炁有关。

第五章 天干地支：干支之渊源与含义

在中国古代人的生活中，天干、地支无处不在。那么，人们很容易想到这样一个问题：干支究竟在何时何地由何人提出？这个问题很难回答，暂时没有确切的答案。所幸，中国古代留下了丰富的神话与传说，从中可以管窥干支的渊源，此为第一节内容。此外，十天干、十二地支，这二十二个字各有含义，在历史上的解读多种多样，现代人也有不同的解读，此为第二节和第三节内容。华夏文化的干支在不同尺度上有着一定数值上的递进关系，而这种关系在美索不达米亚文明的历法中竟然也存在，结构相同只是用词不同，这对研究干支历的起源和历史提供了新的视角，此为第四节内容。

第一节　干支的渊源

天干、地支的确切起源，包括起源时间、起源地点、创建人物等，目前并不确定，多有争论。尽管如此，在浩如烟海的中国古代典籍中，存在着一些关于干支起源的传说或神话，具有一定的参考价值。

一、神话传说中的干支

（一）大挠作干支

《轩辕本纪》记载了黄帝时期的大挠作干支：

于时大挠能探五行之情，占北斗，衡所指，乃作甲乙十干以名日，立子丑十二辰以名月，以鸟兽配为十二辰属之，以成六旬，谓造甲子也。黄帝观伏羲之三画成卦，八卦合成二十四气，即作纪历，以定年也。帝敬大挠以为师，因每方配三辰，立孟仲季，自是有阴阳之法焉。

上述文字认为，黄帝的大臣大挠知晓五星运行的规律（“能探五行之情”），又通晓星象，通过观察、测量北斗的指向（“占北斗，衡所指”）来造立干支。

原文透露出四点至关重要的信息：

第一，提出了造立干支的标准是“占北斗，衡所指”。“占”即“观察”之意，“衡”即“衡量”“测量”之意，因此“占北斗，衡所指”的意思是通过观察、测量北斗的指向来造立干支。这是非常重要的信息。这里需要补充的背景是，北斗所指实际上是（相对）固定的，不过它相对地球上的观察者而言，其在不同时、日、月、岁的指向是不同的（这一点在后文讨论确定干支纪月标准时再展开说明）。

第二，造立干支的目的可能与星空分区有关。从原文中可以推理出，造立干支与北斗指向有关，也就是说可能干支将天空划分为十个、十二个区间。

第三，戊己不对应中央。由原文可以看出，没有特意提出戊己与其他天干存在区别。因为其他天干都位于四方，所以戊己理应也位于四方，这与《淮南子·时则训》的说法明显不同。《淮南子·时则训》认为，土与戊己、中央、季夏存在对应关系。

第四，提及六十甲子产生的故事。首先，大挠给十二辰配上了十二种鸟兽（“以鸟兽配为十二辰属之”）；其次，干支在使用时，每次以一干一支来标记，这样就有了六十个配对（“以成六旬”）。

（二）干支与“十二次”、二十八星宿

在《轩辕本纪》另一段文字中，也有一些重要信息值得关注：

> 黄帝得蚩尤，始明乎天文（据《管子》言之，蚩尤有术，后乃叛）。帝又获宝鼎，乃迎日推策。于是顺天地之纪，旁罗日月星辰，作盖天仪，测玄象，推分星度，以二十八宿为十二次。角亢为寿星之次……翼轸为鹑尾之次。立中外之星，作占日月之书，此始为观象之法也。皆自河图而演之。又使羲和占日，常仪占月，鬼臾区占星，帝作占候之法，占日之书，以明休咎焉。

由这一段文字可以看出，日、月、星、二十八星宿、“十二次”在当时都是非常重要的东西。了解这些的目的则是将其用于“占”“候”。“占”是“观察、观测”之意。“候”，一般理解为“五日为一候”，也有人认为是动植物之“物候”。根据上下文，这里的“候”似乎指短期内的气候，对应于现代意义的短期气象。之所以将“候”解释为气象，是因为从干支历来看，“五日为一候”是不需要“占”就可以确定的事情。那么为何要“占”呢？大概是人们观察、测量天象是为了推测未来。这里还有一个重要信息是，日、月、星的位置的观察和测量都很重要（“羲和占日，常仪占月，鬼臾区

占星”）。这里的科学意味在于日、月的运行位置，星宿自己本身的变化都有可能有所含义。

其他典籍中也有一些类似说法。例如，《黄帝占》云：“玉井星微小如其故，则阴阳和，雨泽时，五谷成，天下安；其星明而动摇，有大水，五谷不成，人民大饥，国不宁。”《荆州占》云：“天井如轮曲，与狼星俱主水旱。”这些都是通过观察星宿的情况来判定气象的。

在前述《轩辕本纪》的第一段文字中，提及干支，在第二段文字中，提及“十二次”与日、月、星、二十八星宿。因为“十二次”与干支有着紧密关系（方向相反），因此，“占候”“占日”可能既利用了干支，也利用了日、月、星、二十八星宿的状态。这是一个可以参考的地方。

（三）分析

1. 大挠及其阴阳五行观

关于大挠的详细信息，历史上的文献资料留存甚少。《轩辕本纪》称“帝敬大挠以为师”，《吕氏春秋》称“黄帝师大挠”。

《轩辕本纪》云：“帝敬大挠以为师，因每方配三辰，立孟仲季，自是有阴阳之法焉。黄帝闻之，乃服黄衣，带黄绅，首黄冠，斋于中宫。”这里透露出阴阳五行在黄帝时代便有了，也透露出大挠时代的阴阳五行观：由“方配三辰，立孟仲季，自是有阴阳之法焉”可知，一岁四时皆有阴阳，且木火金水对应四方，土不对应四方；由“黄帝闻之，乃服黄衣，带黄绅，首黄冠，斋于中宫”可知，土对应中央而不对应四方，土对应黄色。

2. 羲和及其负责事务

《大荒南经》云：

东南海之外，甘水之间，有羲和之国。有女子名曰羲和，方浴日于甘渊。羲和者，帝俊之妻，生十日。

此处羲和变成了一个女子。有研究者指出，“羲和者”“生十日”实际上就是羲和造十日之事的扭曲表达，这种看法是很有道理的。

《吕氏春秋·审分览·勿躬》认为羲和负责“占日”，与《轩辕本纪》所言一致：

大挠作甲子，黔如作虏首，容成作历，羲和作占日，尚仪作占月，后益作占岁。

西汉司马迁《史记》中的羲和则形象不一，其《五帝本纪》篇云：

乃命羲和，敬顺昊天，数法日月星辰，敬授民时。

《夏本纪》篇则云：

太康崩，弟中康立，是为帝中康。帝中康时，羲和湎淫，废时乱日。

《历书》篇则云：

尧复遂重黎之后，不忘旧者，使复典之，而立羲和之官。明时正度，则阴阳调，风雨节，茂气至，民无夭疫。

东汉《大戴礼记·五帝德》云：

羲和掌历，敬授民时。

上述说法不一，但主要还是认为羲和负责掌历法，授民时。另外，需要指出的是，也有很多学者认为羲和是指羲、和两个人。

二、 十天干与“十日”

十天干往往与“十日”有关，《山海经》等典籍里提及了“十日”以及一些相关资料，对于理解天干的渊源、含义以及演变过程有重要的参考作用。

（一）《山海经》

《海外东经》云：

汤谷上有扶桑，十日所浴，在黑齿北。居水中，有大木，九日居下枝，一

日居上枝。

《大荒南经》云：

东南海之外，甘水之间，有羲和之国。有女子名曰羲和，方浴日于甘渊。羲和者，帝俊之妻，生十日。

《大荒东经》云：

大荒之中，有山名曰孽摇頵羝，上有扶木，柱三百里，其叶如芥。有谷曰温源谷，汤谷上有扶木，一日方至，一日方出，皆载于乌。

《海外西经》云：

女丑之尸，生而十日炙杀之。在丈夫北，以右手鄣其面，十日居上，女丑居山之上。

这里的“十日”语焉不详，众说纷纭，此处从略。

（二）《本经训》

《本经训》提及后羿射十日之传说：

昔容成氏之时，……十日并出，焦禾稼，杀草木，而民无所食。……尧乃使羿……上射十日……万民皆喜，置尧以为天子。

此处是说，当时天空出现十个太阳，天下大旱，草木干枯，民众处于极度危险的境地。后来，英雄后羿射下九个太阳，只留下一个太阳，从而拯救了广大民众。这种情况下，“十日”指“十个太阳”。

（三）《左传·昭公七年》

普天之下，莫非王土，率土之滨，莫非王臣，天有十日，人有十等。

杜预注“十日”曰：“甲至癸也。”意思是“十日”指的是十天干。通过类比“天有十日”，才有“人有十等”之说，即人有十个等级。

（四）《庄子·内篇·齐物论》

故昔者尧问于舜曰："我欲伐宗、脍、胥敖，南面而不释然。其故何也?"舜曰："夫三子者，犹存乎蓬艾之间。若不释然，何哉? 昔者十日并出，万物皆照，而况德之进乎日者乎!"

此处"十日并出，万物皆照"并非贬义，而是褒义。

（五）屈原《楚辞·招魂》

魂兮归来！东方不可以托些。
长人千仞，惟魂是索些。
十日代出，流金铄石些。
彼皆习之，魂往必释些。
归来兮！不可以托些。

"十日代出，流金铄石些"是说，白天黑夜都有太阳高悬于空中。十个太阳轮番日夜暴晒，金属石头都熔化变形。《楚辞》这里的"十日"是指十个太阳，但不是同时悬挂，而是轮番出现。

（六）《淮南子·兵略训》

武王伐纣，东面而迎岁，至汜而水，至共头而坠，彗星出而授殷人其柄。当战之时，十日乱于上，风雨击于中，然而前无蹈难之赏，而后无遁北之刑，白刃不毕拔而天下得矣。

这段话中提到，武王伐纣时，"十日"在天空上方起到扰乱的作用。此处的"十日"指"十个太阳"。

（七）《吕氏春秋·慎行论·求人》

昔者尧朝许由于沛泽之中，曰："十日出而焦火不息，不亦劳乎? ……"

此处的"十日"指"十个太阳"。

（八）《论衡》

东汉王充对射日之说的真实性进行了批判。

首先，《感虚》篇认为太阳乃金石之体，不可能被射下，从而对射日之说的真实性进行了批判。进而《说日》篇又对“十日”进行了深入分析，指出“十日”乃“十干”。紧接着，又通过类比五星源自五气而各有光色，指出不可能存在十个太阳，“十日”只是十天干，用来纪日而已。所谓的“十个太阳”应该是“光质如日”的东西从水中投射到树上，让人产生十个太阳的错觉。他进一步指出，一个太阳就已经令人目眩，如果有十个太阳，则无人可直接目视而观察之（“仰察一日，目犹眩耀，况察十日乎?”）。所以他指出，前人所见所云“十日”，应当为类似太阳的东西而已（“海外西南有珠树焉，察之是珠，然非鱼中之珠也。夫十日之日，犹珠树之珠也，珠树似珠非真珠，十日似日非实日也”）。他还从水火不相容的角度分析“十日”不可能与汤谷、扶桑共存（“且日，火也；汤谷，水也。水火相贼，则十日浴于汤谷，当灭败焉。火燃木。扶桑，木也。十日处其上，宜焦枯焉。今浴汤谷而光不灭，登扶桑而枝不焦不枯，与今日出同，不验于五行，故知十日非真日也”）。由此，他总结出前人所见所云“十日”并非十个太阳，而可能是像太阳的东西而已（“汤谷之十日，若日而非日也”）。

王充的论证是较为有力的。在中国古代，其能有如此质疑精神和逻辑思维能力，实属难得。

三、“十日并出”之现代研究

“十日并出”等神话传说也引起了诸多现代学者研究。

1. 酷热干旱说

茅盾《茅盾说神话》认为“十日并出”之说大概与原始时代的生活经验有关。他指出，汤之时的十年大旱，可能是神话“十日并出，焦禾稼，杀草木”的源头。

2. 诸日部族同时称王说

郭沫若《中国史稿》从历史角度解释了“十日并出”。他认为“十日并出”反映了十个民族同时称王。“十日并出”是指十个以太阳为图腾的部落同时称雄，尧命羿射十日隐喻尧部落打败了其他九个以太阳为图腾的部落。

3. 幻日说

英国李约瑟博士从气象学角度出发，指出多日神话可能来源于日晕与幻日。纪晓建进一步列举了当代的一些“多日并出”的现象，并说明这是由特殊的大气条件造成的，气象学称为“幻日”或“假日”，在理想的条件下，也可能出现“十日并出”的天象。据此，他认为多日神话保存了古代先民的原始记忆，是对当时“幻日”这种自然现象的一种扭曲式解释。① 这种幻日之说较为科学合理。

根据以上古代典籍与现代研究的说法，十天干与“十日”的联系很弱，与“十日并出”也没有什么联系。

四、 总结

古代传说中记载了与干支相关的一些传说，这些传说涉及干支的渊源、干支的目的、干支与宇宙之间的关系等，透露出很多重要信息。这些信息对于理解遥远时代的古人（而非秦汉以后的古人）的干支观乃至宇宙观都极为重要。他们关于干支与宇宙之间关系的认识与看法，对于建构合适的数理模型有重要参考价值。

---

① 纪晓建. 多日神话原型及寓意探析［J］. 上饶师范学院学报，2005（1）：56－60.

第二节　干支的含义

对天干、地支的释义，在中国古代，有三派说法。第一派，将天干解释为树干，地支则为树枝；第二派，将干支与阴阳联系起来；第三派，从“生长盛衰亡”角度来释义。

一、天干为干地支为枝

《白虎通·姓名》云：

汤生于夏世，何以用甲乙为名？曰：汤王后乃更变名，子孙法耳。本名履，故《论语》曰：“予小子履。”履，汤名也。不以子丑何？曰：甲乙者，干也；子丑者，枝也。干为本，本质，故以甲乙为名也。

此处将天干解释为树干，是本质的存在；将地支解释为树枝，是次要的存在。这种说法影响很大，流传很广。

二、干支与阴阳

（一）天干为阳、地支为阴

《轩辕本纪》记录大挠作干支时说：

于时大挠能探五行之情，占北斗，衡所指，乃作甲乙十干以名日，立子丑十二辰以名月，以鸟兽配为十二辰属之，以成六旬，谓造甲子也。

在这个传说中，天干与日有关，地支与月有关。尽管此处日、月是指具体的天体，但因为日与阳气有关，月与阴气有关，故而也隐隐透露出“天干为阳、地支为阴”之意。

东汉蔡邕《月令·章句》云：

日，干也；辰，支也。有事于天用日，有事于地用辰。

隋代《五行大义》亦云：

从甲至癸，为阳，为干，为日；从寅至丑，为阴，为支，为辰……
干为阳，属天，支为阴，属地。

（二）干支内部分阴阳

前文已提及，早在战国“日书”中，干支已分阴阳。

《阴阳日》篇将天干区分为阴阳：“凡甲、丙、戊、庚、壬”为“阳日、牡日”，“凡乙、丁、己、辛、癸”为“阴日、牝日”。地支也分阴阳：子、寅、巳、酉为阳日，丑、辰、午、未、申、亥为阴日。

《牝牡月日》篇云：□、□、□、戌、子、寅为牡月（日），□、□、□、未、申、亥为牡（牝）日。

“日书”对干支分阴阳有些混乱，如《阴阳日》篇“辰”“巳”“午”“申”“酉”的位置，《牝牡月日》篇“申”的位置皆不合其理。

到隋代《五行大义》时，干支内部再分阴阳的说法已经完备整齐：甲阳、乙阴、丙阳、丁阴、戊阳、己阴、庚阳、辛阴、壬阳、癸阴；子阳、丑阴、寅阳、卯阴、辰阳、巳阴、午阳、未阴、申阳、酉阴、戌阳、亥阴。

三、“生长盛衰亡”之说

汉代及之前时期，主要从万物“生长盛衰亡”的角度对干支含义进行解释，有忝论之痕迹。主要典籍有《黄帝内经》、西汉司马迁《史记·律书》、东汉班固《汉书·律历志》、东汉王充《论衡》、东汉许慎《说文解字》、东汉刘熙《释名》。

（一）《黄帝内经》

《黄帝内经》是由多个作者跨越较长的时间段最终在西汉结集而成的，其

中有多种理论混杂在一起。此处仅论述与炁论有关的观点。

《素问·六微旨大论》云：

天气始于甲，地气始于子，子甲相合，命曰岁立，谨候其时，气可与期。

《素问·天元纪大论》云：

天以六为节，地以五为制，周天气者，六期为一备，终地纪者，五岁为一周……凡六十岁，而为一周，不及太过，斯皆见矣。

因为“天气始于甲”，且天干是“甲乙丙丁戊己庚辛壬癸”，显然可以推理出“天气终于癸”；因为“地气”始于子，且地支是“子丑寅卯辰巳午未申酉戌亥”，显然可以推理出“地气终于亥”。明代万明英《三命通会》引陈抟的话更加直接、完整地表达了这个意思：“天干始于甲而终于癸”，“地支起于子而终于亥”。

明确“天气始于甲而终于癸”和“地气始于子而终于亥”特别重要。第一，受夏朝干支历将寅月设为一年之始的影响，一些典籍便把寅列为地支的第一个，这容易令人误解成寅是地支序列的第一个。因此，必须正本清源，将甲、子分别列为天干、地支的第一位。只有甲、子的位置放对了，才能对阴阳二气的强度进行适当的量化处理。第二，从《汉书·律历志》所云“故阴阳之施化，万物之终始，既类旅于律吕，又经历于日辰，而变化之情可见矣”能大概地推理出干支是阴阳的表达符号，但阴阳和干支与气并没有明确的联系。相比之下，《素问·六微旨大论》“天气始于甲，地气始于子”之说法则十分明确地将干支视为气，在干支与气之间建立起清晰明确的联系。

对于干支研究来说，如何理解干支可谓一个特别重要的分水岭：将干支视为抽象符号，则难以量化为连续变量；而将干支视为气，具体来说，将干支视为阳、阴二气变化过程中连续发展变化之气，则可以量化成连续变量，走向现代科学实证研究。因此，将干支理解为干支之气，即阳、阴之气，是非常重要的。

既然天干乃天干之气，地支乃地支之气，那么十天干的全名应为“甲气、乙气、丙气、丁气、戊气、己气、庚气、辛气、壬气、癸气”；十二地支的全名应为“子气、丑气、寅气、卯气、辰气、巳气、午气、未气、申气、酉气、戌气、亥气”。

《素问·六微旨大论》将干支视为天气、地气，而阳气成天，阴气成地，故天气、地气可以为阳气、阴气所替代，说明实际上西汉之前已有“天干为阳气”“地支为阴气”之思想，并被《素问·六微旨大论》较为完整地继承。相比而言，同时期及后世其他典籍里对干支的理解未能很好地秉承气论，只是偶尔出现“气”字加以点缀，对干支与阳、阴之间的配对关系一般比较模糊、残缺，甚至有误。这也是笔者将《黄帝内经》放在第一位的原因。

（二）《史记·律书》

《史记·律书》对甲、乙、丙、丁、庚、辛、壬、癸进行了解释，但没有解释戊、己。其文云：

甲者，言万物剖符甲而出也。

乙者，言万物生轧轧也。

丙者，言阳道著明，故曰丙。

丁者，言万物之丁壮也，故曰丁。

庚者，言阴气庚万物，故曰庚。

辛者，言万物之辛生，故曰辛。

壬之为言任也，言阳气任养万物于下也。

癸之为言揆也，言万物可揆度，故曰癸。

对十二地支也进行了解释。其文云：

子者，滋也；滋者，言万物滋于下也。

牛（丑）者，冒也，言地虽冻，能冒而生也。

寅，言万物始生螾然也，故曰寅。

卯，之为言茂也，言万物茂也。

辰者，言万物之蜄也。

巳者，言阳气之已尽也。

午者，阴阳交，故曰午。

未者，言万物皆成，有滋味也。

申者，言阴用事，申贼万物，故曰申。

酉者，万物之老也，故曰酉。

戌者，言万物尽灭，故曰戌。

亥者，该也。言阳气藏于下，故该也。

可以看出，《史记·律书》对天干、地支的描述较为吻合“生长盛衰亡”之过程。

不过，根据第四章内容，此处存在一些问题：

第一，身为阳气的天干庚被认为“言阴气庚万物”，也就是被视为阴气，这显然不妥。这反映了原文作者没有认识到天干为阳气、地支为阴气。

第二，壬被认为是“阳气任养万物于下也”。实际上，壬是厥阳之气，即衰亡之阳气，因此这种说法不妥。

第三，身为阴气的地支巳被认为是“言阳气之已尽也”，也就是被视为阳气，这显然亦不妥。

第四，地支之戌被解释为“万物尽灭”。然而，戌之后还有亥，因此将戌解释为“万物尽灭”并不妥当。

第五，对身为阴气的地支亥论及阳气，这显然不妥。

（三）《汉书·律历志》

《汉书·律历志》从万物“生长盛衰亡”的角度对干支含义进行了比较全面的说明。

关于天干，其文云：

出甲于甲，奋轧于乙，明炳于丙，大盛于丁，丰楙于戊，理纪于己，敛更于庚，悉新于辛，怀任（妊）于壬，陈揆于癸。

关于地支，其文云：

故孳萌于子，纽牙于丑，引达于寅，冒茆于卯，振美于辰，已盛于巳，咢布于午，昧薆于未，申坚于申，留孰于酉，毕入于戌，该阂于亥。

《汉书·律历志》还对干支与阴阳之间的关系进行了说明，其文云：

故阴阳之施化，万物之终始，既类旅于律吕，又经历于日辰，而变化之情可见矣。

从上可以看出三个重要意思：

第一，天干起于甲，终于癸；地支起于子，终于亥。这里论及干支的起始，是妥当的。

第二，天干、地支都有一个“生长盛衰亡”的过程，即“初生、发展、茂盛、衰退、灭亡”的过程。

第三，干支是阴阳变化的表达符号，阴阳施加于万物而产生各种变化，阴阳二气的“生长盛衰亡”导致了万物的“生长盛衰亡”。当然，第三点之意在原文中并不清晰，需要推理才能得出。

可以看出，《汉书·律历志》中描述的十二地支很好地吻合了“生长盛衰亡”的过程，子为初起，辰、巳最茂盛，亥为灭尽（需注意的是，“怀任于壬”并不吻合。按照“生长盛衰亡”，壬对应的是“亡”之前期，而癸是“亡”之后期）。天干只能说较为贴合“生长盛衰亡”的过程，原因见下：

第一，戊、己应该都是最强的，但是实际上己之“理纪”一般解释为“万物起而有形可记”，因此没有最强的意思。

第二，己之“理纪”、辛之“悉新”、壬之“怀任”并不太贴合“生长盛衰亡”的过程。

尽管如此，《汉书·律历志》是最为全面描述天干、地支“生长盛衰亡”

过程的文献。在本书第七章、第八章、第十章中，天干、地支的量化都是基于此说。也正是因为量化后的干支曲线得到了客观世界数据的支持，因此可认为《汉书·律历志》是有重要科学价值的。

（四）《论衡》

根据湖北云梦睡虎地和甘肃天水放马滩出土的秦简可知，先秦时期已经有比较完整的生肖系统存在，涉及十二地支。而最早记载与现代相同的十二生肖的传世文献是东汉王充《论衡》，其相关论述主要见于《物势》篇：

且五行之气相贼害，含血之虫相胜服，其验何在？

曰：寅，木也，其禽虎也。戌，土也，其禽犬也。丑、未，亦土也，丑禽牛，未禽羊也。木胜土，故犬与牛羊为虎所服也。亥，水也，其禽豕也。巳，火也，其禽蛇也。子亦水也，其禽鼠也……

曰：审如论者之言，含血之虫，亦有不相胜之效。午，马也，子，鼠也，酉，鸡也，卯，兔也。水胜火，鼠何不逐马？金胜木，鸡何不啄兔？亥，豕也，未，羊也，丑，牛也，土胜水，牛羊何不杀豕？巳，蛇也。申，猴也。火胜金，蛇何不食獼猴？獼猴者，畏鼠也。啮獼猴者，犬也。鼠，水，獼猴，金也。水不胜金，獼猴何故畏鼠也？戌，土也，申，猴也。土不胜金，猴何故畏犬？

此外，《言毒》篇提及“辰为龙，巳为蛇”。由此，《论衡》完整地提出了十二地支所对应的十二生肖。但是，《论衡》对十二种动物套用五行相胜法则的说法，太过于勉强。

（五）《说文解字》

《说文解字》是系统地分析汉字字形和考究字源的字书，其作者为许慎。《说文解字》根据二十四方位图对天干、地支进行了解释。

1. 对天干的解释

甲：东方之孟，阳气萌动，从木戴孚甲之象。一曰，人头宜为甲，甲象人头。凡甲之属皆从甲。

注："㝎"，张舜徽先生解为"宜"，孙学峰等解为"空"①。"木戴孚甲"中的"孚甲"，是草木萌芽时包裹头部的外皮。在植物萌芽过程中，孚甲会包裹着种子头部率先破土而出，然后伴随着枝叶增大而逐渐脱落。

此外，"东方之孟，阳气萌动"宜读为"东方之孟阳气萌动"。其中的"孟阳"可能是专有名词。"孟"者，"长"也，"初"也，所以"孟阳（之）气"可能指"元阳之气"，意思是"最初起的阳气"。

"甲象人头"可能源于更早的说法，如来源不清且已经失传的《太一经》（非郭店楚简《太一经》；有人认为其名为《大一经》，这种说法可能有误）将天干与人体进行了关联："头玄为甲，甲象人头。丙承乙，象人肩。丁承丙，象人心。戊承丁，象人胁。己承戊，象人腹。庚承己，象人脐。辛承庚，象人股。壬承辛，象人胫。癸承壬，象人足。"

乙：象春艸（草）木冤曲而出，阴气尚强，其出乙乙也。与丨同意。乙承甲，象人颈。凡乙之属皆从乙。

注："乙乙"，难出之貌。"丨"，应为"屯"之残余笔画。"屯"的意思是"困难"。

丙：位南方，万物成，炳然。阴气初起，阳气将亏。从一入冂。一者，阳也。丙承乙，象人肩。凡丙之属皆从丙。

注："从一入冂"指的是"丙"字可以拆分为"一""入""冂"三部分，其上为"一"，指"阳光"；其下为"冂"，指"门"；其中为"入"。这个字的意思是：日光从天而下，射入孔门（古人穴居地室，上有孔而取明）内，则一室昭然明矣。

---

① 孙学峰，王向华.《说文解字》"人头空为甲"辩［J］.信阳师范学院学报（哲学社会科学版），2011，31（6）：106－108.

丁：夏时万物皆丁实。象形。丁承丙，象人心。凡丁之属皆从丁。

戊：中宫也。象六甲五龙相拘绞也。戊承丁，象人胁。凡戊之属皆从戊。

己：中宫也。象万物辟藏，诎形也。己承戊，象人腹。凡己之属皆从己。

庚：位西方，象秋时万物庚庚有实也。庚承己，象人脐。凡庚之属皆从庚。

辛：秋时万物成而孰；金刚，味辛，辛痛即泣出。从一从䇂。䇂，辠也。辛承庚，象人股。凡辛之属皆从辛。

注：“辠”，同“罪”。从自从辛。言辠人蹙鼻苦辛之忧，引申为辛苦、辛辣。䇂，辠之小也。辛，辠之大也。

壬：位北方也。阴极阳生。故《易》曰：“龙战于野。”战者，接也。象人裹妊之形。承亥壬以子，生之叙也。与巫同意。壬承辛，象人胫，胫任体也。凡壬之属皆从壬。

癸：冬时水土平，可揆度也。象水从四方流入地中之形。癸承壬，象人足。凡癸之属皆从癸。

2. 对地支的解释

子：十一月。阳气动，万物滋，人以为偁（称），象形。凡子之属皆从子。

注：张舜徽先生认为，“人以为偁”应为“以人为偁”，因“子”像人（小儿）形，因此“以人为偁”实际上是说“以子为偁”，即“十一月建子”。

丑：纽也。十二月，万物动，用事。象手之形。时加丑，亦举手时也。凡丑之属皆从丑。

寅：髌也。正月。阳气动，去黄泉，欲上出，阴尚强，象宀不达，髌寅于下也。凡寅之属皆从寅。

卯：冒也。二月。万物冒地而出，象开门之形。故二月为天门。凡卯之属皆从卯。

辰：震也。三月。阳气动，靁（雷）电振，民农时也。物皆生，从乙。匕象芒达，厂声也。辰，房星，天时也。从二。二，古文上字。凡辰之属皆从辰。

巳：巳也。四月。阳气巳出，阴气巳藏。万物见，成文章。故巳为蛇，象形。凡巳之属皆从巳。

注：《史记·律书》称：巳者，言阳气之已尽也。因此许慎与《史记·律书》都以“已”训“巳”。

午：啎也。五月。阴气午逆阳，冒地而出。此予矢同意。凡午之属皆从午。

未：味也。六月。滋味也。五行木，老于未，象木重枝叶也。凡未之属皆从未。

申：神也。七月。阴气成，体自申束。从臼，自持也。吏臣餔时听事，申旦政也。凡申之属皆从申。

注：申，为“电”之初文。因为不解“电”之所以，故畏惧为神迹。

酉：就也。八月。黍成，可为酎酒。象古文酉之形。凡酉之属皆从酉。

戌：灭也。九月。阳气微，万物毕成，阳下入地也。五行土，生于戊，盛于戌。从戊含一。凡戌之属皆从戌。

亥：荄也。十月。微阳起，接盛阴。从二。二，古文上字。一人男，一人女也。从乙，象裹子咳咳之形。《春秋传》曰：“亥有二首六身。”凡亥之属皆从亥。

3. 评价

《说文解字》对天干的解释存在几个问题：

第一，说乙时，提及“阴气尚强”，这种说法不妥。根据阴阳二气在一岁里的变化情况，此时阴炁宜称为衰阴之气。

第二，说丙时，提及“阴气初起，阳气将亏”，这种说法不妥。实际上丙对应从东南偏南22.5度到正南偏东7.5度的范围，因此，此方位既不能说是“阴气初起”，也不能说是“阳气将亏”，因为正南才是“阴气初起，阳气将亏”。

第三，说壬时，提及“位北方也。阴极阳生”，这种说法不妥。实际上，壬对应从西北偏北22.5度到正北偏西7.5度的范围。因此，此方位虽然能说是“位北方也”，但不能说是“阴极阳生”，因为正北才是“阴极阳生”。

《说文解字》对地支的解释存在几个问题：

第一，“子：十一月。阳气动，万物滋”这样的说法，很容易被误解为“子”“十一月”“阳气动”三者之间有实质上的关系。而三者之间的关系有些复杂：因为“十一月”一阳生，对应“阳气动”，所以“十一月”与“阳气动”存在本质联系；“子月”与“十一月”没有本质联系，是人为设定的。进一步说，实际上此处“子月”应为“正月”，“子月”与“阳气”也没有本质联系，只是“阳气动”碰巧发生在“子月”。正是因为上面的复杂关系，尤其是“阳气动”碰巧发生在“子月”这一点，很容易让人误解为“子：十一月，阳气动，万物滋”。

第二，说“子”时，称“十一月。阳气动”；说“寅”时，称“正月。阳气动”，两者存在冲突。十一月元阳生，因此“十一月。阳气动”宜改为“十一月。阳气初起”。至于“正月。阳气动”中的“阳气动”，如果理解为“阳气初起”则不妥，理解为“阳气较为明显发动”更为合适。

（六）《释名》

东汉末年刘熙《释名》对干支进行了解释。

1. 对天干的解释

甲，孚也，万物解孚甲而生也。

乙，轧也，自抽轧而出也。

丙，炳也。物生炳然，皆著见也。

丁，壮也，物体皆丁壮也。

戊，茂也，物皆茂盛也。

己，纪也。皆有定形，可纪识也。

庚，犹更也；庚，坚强貌也。

辛，新也，物初新者皆收成也。

壬，妊也。阴阳交，物怀妊也。至子而萌也。

癸，揆也。揆度而生，乃出之也。

2. 对地支的解释

子，孳也。阳气始萌，孳生于下也。于《易》为坎。坎，险也。

丑，纽也，寒气自屈纽也。于《易》为艮。艮，限也。时未可听物生，限止之也。

寅，演也，演生物也。

卯，冒也，载冒土而出也。于《易》为震，二月之时雷始震也。

辰，伸也，物皆伸舒而出也。

巳，已也，阳气毕布已也。于《易》为巽。巽，散也，物皆生布散也。

午，忤也。阴气从下上，与阳相忤逆也。于《易》为离。离，丽也，物皆附丽阳气以茂也。

未，昧也。日中则昃，向幽昧也。

申，身也。物皆成其身体，各申束之，使备成也。

酉，秀也。秀者，物皆成也。于《易》为兑。兑，悦也。物得备足，皆喜悦也。

戌，恤也。物当收敛矜恤之也。亦言脱也，落也。

亥，核也。收藏百物，核取其好恶真伪也。亦言物成皆坚核也。

《释名》对干支与阴阳气之间关系的理解并不准确。现分析如下：

第一，《释名》认为“壬，妊也。阴阳交，物怀妊也。至子而萌也”，实

际上，壬不可以言“阴阳交”，午才可以。

第二，《释名》内部存在矛盾，说“子，孳也。阳气始萌”，很容易让人误解子与阳气有本质联系。

第三，《释天第一》云：“春曰苍天，阳气始发，色苍苍也。”这种说法认为阳气到了春季才开始生发，这显然不妥。

（七）后期衍生之说

1.《素问入式运气论奥》

宋代医家刘温舒认为《素问》的运气学说乃治病之要义，但原文深奥古朴，难以理解，遂著有《素问入式运气论奥》三卷，其中的干支观在前人的基础上有了较大的改进，一定程度上将干支与具体事物进行联系，秉承气论将干支与气进行联系，用气论的思想来进行思考。这种思想值得关注。

（1）《论十干》原文：

天气始于甲干，地气始于子支者，乃圣人究乎阴阳、重轻之用也。……是以东方甲乙，南方丙丁，西方庚辛，北方壬癸，中央戊己，五行之位也。

盖甲乙，其位木，得春之令。甲乃阳内而阴尚包之，草木始甲而出也。乙者阳过中，然未得正方，尚乙屈也。又云：乙，轧也，万物皆解孚甲，自抽轧而出之。

丙丁，其位火，行夏之令。丙乃阳上而阴下，阴内而阳外。丁，阳其强，适能与阴气相丁。又云：丙，炳也，万物皆炳然，著见而强也。

戊己，其位土，行周四季。戊，阳土也，万物生而出之，万物伐而入之。己，阴土也，无所为而得己者也。又云：戊，茂也。己，起也。土行四季之末，万物含秀者，抑屈而起也。

庚辛，其位金，行秋之令。庚，乃阴干，阳更而续者也。辛，乃阳在下阴在上，阴干阳，极于此。庚，更故也。而辛，新也。庚辛皆金。金，味辛，物成而后有味。又云：万物肃然，更茂实新成。

壬癸，其位水，行冬之令。壬乃阳，既受胎，阴壬之，乃阳生之位。壬而为胎，与子同意。癸者，揆也。天令至此，万物闭藏，怀妊于其下，揆然萌芽，此天之道也。以为日名焉。

(2)《论十二地支》原文：

清阳为天，五行彰而十干立。浊阴为地，八方定而十二支分。运移气迁，岁岁而盈虚应纪。上升下降，物物而变化可期。所以支干配合，共臻妙用矣。

子者，北方至阴，寒水之位，而一阳肇生之始，故阴极则阳生。壬而为胎，子之为子，此十一月之辰也。

至丑，阴尚执而纽之。又：丑，阴也，助也。谓十二月终始之际，以结纽为名焉。

寅，正月也。阳已在上，阴已在下，人始见之时，故律管飞灰以候之，可以述事之始也。又：寅，演也，津也，谓物之津涂。

卯，日升之时也。又：卯，茂也，言二月阳气盛而孳茂。

辰者，阳已过半，三月之时，物尽震而长。又谓：辰，言震也。

巳者，四月，正阳而无阴也。自子至巳，阳之位，阳于是当。又：巳，起也，物毕尽而起。

午者，阳尚未屈，阴始生而为主。又云：午，长也，大也。物至五月皆满长大矣。

未，六月，木已重而成矣。又云：未，味也。物成而有味，与辛同意。

申者，七月之辰，申阳所为而已。阴至于申，则上下通，而人始见白露，叶落乃其候也。可以述阴事以成之。又云：申，身也，言物体皆成。

酉者，日入之时，乃阴正中，八月也。又云：酉，緧也。万物皆緧缩收敛。

九月，戌，阳未既也，然不用事。潜藏于戌途中，乃乾位，戌为天门故也。又云：戌，灭也。万物皆衰灭矣。

十月，亥，纯阴也。又，亥，劾也。言阴气劾杀万物，此地之道也。故以此名月焉。

首先，来分析《素问入式运气论奥》论天干时的问题。

第一，《中华道藏》版《素问入式运气论奥》中所言“庚，乃阴干，阳更而续者也”的句读有误。天干若分为阴阳，则奇数阳，偶数阴。庚者，第七位，乃阳干，而非阴干，故上面引文的句读应更正为：“庚，乃阴干阳，更而续者也。”其意思是，庚，阴气强大了，干扰、压制住了阳，从而更换阳的主要地位而继续。后文“辛，乃阳在下阴在上，阴干阳，极于此”意思是“阴气干扰、压制阳气到了极限”，也就是到此阴气完全取代了阳气的地位。如此一来，上下文就变得语义连贯、通顺。

第二，有多处说法与气论不合。

乙：“乙者阳过中”的说法应该是按照二十四方位图而来的。根据此图，乙对应的阳气的确过半。但实际上，二十四方位图本身与阴阳二炁的分布不能吻合，因此这种说法不妥。妥当的说法是乙之阳炁尚弱。

丙：在“丙乃阳上而阴下，阴内而阳外”的说法中，上、下及内、外所指模糊。

丁：“丁，阳其强”的说法显然也不妥。此处所言，明显是将丙丁放在了南方。南方太阳，因此才会说“丁，阳其强”。

戊、己：一方面说“中央戊己”，也就是不参与对应四方，而另一方面又说“戊己，其位土，行周四季”，还说“土行四季之末”，这三种说法有些冲突。另外，“戊，阳土也”“己，阴土也”的说法显然受到了奇阳偶阴之说的影响，这种说法不妥当。

辛：“辛，乃阳在下阴在上”的说法含糊。

壬：“壬乃阳，既受胎，阴壬之，乃阳生之位”之说不妥；“壬而为胎，与子同意”之说不妥。“壬”乃阳炁（宜称厥阳之炁），“子”乃阴炁，二者不可混淆。

其次，来分析《素问入式运气论奥》论地支时的问题。

辰：“辰者，阳已过半”之说不妥，因为辰乃阴炁。

巳：“巳者，四月，正阳而无阴也”之说不妥。无论是根据二十四方位图还是根据阴阳二炁比例图，此时依然有阴气（炁）。“自子至巳，阳之位”宜改为“自子至巳，生阴之位”，最好改为“自子至巳，生阴之炁”。

午：“午者，阳尚未屈，阴始生而为主”之说不妥。比较合适的说法是“午者，阴气始生，但阴气并未为主”。

酉：“酉者，日入之时，乃阴正中，八月也”透露出当时一种不妥的阴阳观。这种观点认为，十一月到四月为阳，且只有阳；五月到十月为阴，且只有阴。因此，此处才认为八月为阴之正中，即五月、六月、七月为阴之前一半，而八月、九月、十月为阴之后一半。

戌：戌乃阴炁，而“戌，阳未既也，然不用事”中提及阳，这显然不妥当。

亥：“十月，亥，纯阴也。又，亥，劾也。言阴气劾杀万物，此地之道也。故以此名月焉。”这里涉及当时一种不当观念：一岁之内，仅四月无阴，十月无阳。

（3）论干支与阴阳、五行之间的关系的问题。

甲之干，乃天之五行，一阴一阳言之。子之支，乃地之五行，以地之方隅言之。故子、寅、午、申为阳，卯、巳、酉、亥为阴。土居四维，王在四季之末。土有四，辰、戌为阳，丑、未为阴，故其数不同也。合而言之，十配十二，共成六十日，复六六而成岁。故《经》曰：天以六六之节，以成一岁，此之谓也。

十二支，亦曰十二律，亦曰十二辰。其辰有属者，乃位中所临二十八宿之主星禽也，故当其生与宿之禽同为所属故也……

由“甲之干，乃天之五行，一阴一阳言之。子之支，乃地之五行”可以看出，此处认为天、地都有五行。一方面，这与中医“五运六气”学说所认

为的“天有五运”“地有六气”之说是很不一样的。另一方面，无论是《三命通会》还是中医“五运六气”学说，都与“阳和阴五行”学说不同。“阳和阴五行”学说以炁来理解五行，即五行为五行之炁，由“阳和阴”三炁生成：木乃少阳木炁，是阳炁的一部分，火乃太阳火炁，也是阳炁的一部分；土乃中和土炁，来自和炁；金乃少阴金炁，是阴炁的一部分，水乃太阴水炁，也是阴炁的一部分。至于干支与阴阳二气，可以从中推理出，天干乃阳炁，因此天干对应但不限于对应木炁、火炁这两行；地支乃阴炁，因此地支对应但不限于对应金炁、水炁这两行；土炁与天干、地支没有关系。

（4）提及阴阳交互作用。

《素问入式运气论奥》所云“庚，乃阴干阳，更而续者也。辛，乃阳在下阴在上，阴干阳，极于此”，“阴干阳”可以理解为强调阴气对阳气的干扰、压制。另外，“然五月夏至，阴气生而反大热；十一月冬至，阳气生而反大寒者，盖气自下生，则推而上之也。故阴生则阳上而愈热，阳生则阴上而愈寒，以今验之，夏井清冻，冬井温和，则可知矣”也从阴阳交互的作用来探讨温度升降的机制。笔者关于热带气旋的研究已经证明干支、阴阳二气之间存在交互作用。因此这方面的研究值得深入探讨。

古代关于阴阳、干支交互作用这方面的资料十分少见。在《淮南子》里，提及了干支之间的交互作用，其文云：“甲子气燥浊……壬子气清寒……壬子干甲子，春有霜。”可以看到，这里的交互作用是发生在干支组合之间的，但并没有提及单个的干与单个的支如何交互作用。《说文解字》《释名》在解释“午”时提到了阴阳相逆，不过二者说法很含糊（其中，《说文解字》云：“午：牾也。五月。阴气午逆阳，冒地而出。”《释名》云：“午，忤也。阴气从下上，与阳相忤逆也。”）。

2.《三命通会》

《三命通会》在中国比较流行，其影响较大，因此它的干支观值得关注。

（1）《三命通会》的干支观。《三命通会》继承了前人大部分说法，又在此基础上进行了发挥，以甲、乙为例，可知：

甲木乃十干之首，主宰四时，生育万物；在天为雷为龙，在地为梁为栋，谓之阳木……乙木继甲之后，发育万物，生生不已；在天为风，在地为树，谓之阴木。

可以看出，上文所述阳木阴木之说已经基本偏离了炁论而走向了随意发挥的道路。

(2)《三命通会》的贡献。《三命通会》自身所做的增添没有什么价值，但是其留存的一些传闻有一定参考价值。

第一，《论支干源流》篇留存了干支来源的传闻，提示干支的源头可能比较古远。

第二，《三命通会》记载了陈抟的干支观，以及干支与天地、五行之间的关系，具有一定的参考价值。其文云：

陈抟曰：天干始于甲而终于癸，河图生成之数也。地支起于子而终于亥，洛书奇偶之数也。阳自复始，六变而乾阳备。阴自姤始，六变而坤阴成。合二六之数而为十二辰也。夫甲丙戊庚壬，阳干也。子寅辰午申戌，阳枝也。乙丁己辛癸，阴干也。丑卯巳未酉亥，阴枝也。

四、 总结

《黄帝内经》有部分文字将干支视为气，但在其他部分并无这种看法。《史记·律书》《汉书·律历志》从万物“生长盛衰亡”的角度来理解干支，但其气论观念并不完整、强烈。到了《说文解字》《释名》，可以看到气论的痕迹更加模糊，而且阴阳与干支之间的对应关系变得混乱，出现了一定的增添。

笔者认为，天干、地支宜理解为表达阳气、阴气变化的一种工具，也就是天干之气、地支之气。据此可以看出，早期典籍中的干支之说实际上比较接近

于干支本义（但也充斥着各种不当之说）。随着时间的流逝，干支的含义逐渐变得玄奥起来，不当之说愈发增多。

进一步来说，仅仅将干支分别理解为阳、阴二气之说还不够，还需要和“生长盛衰亡”之说结合起来，也就是将干支分别理解为具有“生长盛衰亡”之阳、阴二气，才是对干支最合适的理解。这种理解，从理论上看，是合理的；从实证上看，得到了热带气旋（第七章）、太阳黑子（第八章）数据的支持。

第三节　干支字源现代研究

对干支字源的研究，从某种程度上有助于理解干支的渊源和含义。现代的研究人员对干支字源展开了研究，取得了一定的进展。

一、　郭沫若之说

1. 干支之说的来源

郭沫若先生对干支字源进行了深入研究，其《释支干》认为，干支这种说法在东汉以前并不存在。他指出，东汉以前的人不使用“十干”，而使用“十日”；不使用“十二支”，而使用“十二辰”。

郭沫若详细论述了“十日”“十二辰”转变为干支的过程：早期《春秋左氏传》云，“日之数十”“天有十日”；《周官》云，“十有二辰，十日”“十日之号，十有二辰之号”；到了周朝末期，五行生胜之说产生，日辰与五行相配方有母子之称；《淮南子・天文训》云，“数从甲子始，子母相求”；《史记・律书》云，“十母十二子”；再后来，《白虎通》云，“甲乙者干也，子丑者枝也”，从母子之义变成干枝；最后，王充《论衡》云，“甲乙有支干”，将干枝省而为干支。[①]

2. 干支字源解释

关于天干，郭沫若认为，甲、乙、丙、丁源自鱼身之物之象形；戊、己、庚、辛、壬、癸源自器物之象形，其中，辛、壬源自刃器之象形；戊、己、庚、癸均源自戎器之象形。

他还指出，甲、乙、丙、丁与戊、己、庚、辛、壬、癸是两个时期的产物。前四字当出现在渔猎时代，后六字当出现在金石并用时代，应当为殷人所补造。

关于地支，他认为地支主要是由象形而来的。

二、 李裕之说

1997 年，李裕发表《干支字义考原》，该文使用多学科的材料和方法，对干支的文字本义进行了深入翔实的考证。[②] 他认为，干支的称谓并非“借字命名”。相反，干支有自己明确的含义，源于祭祀，久而久之，祭祀名称变成了该祭日的日名。其中，天干主要与祭祀天、太阳有关；地支主要与祭祀求子有关。他还认为，十天干纪日很可能是从尧舜时期开始的，而十二地支可能在商代形成。

三、 成家彻郎之说

成家彻郎《干支的起源》[③] 对干支字源和 60 周期来源进行了研究。成家彻郎首先指出，郭沫若对干支字源的研究“几乎全是基于推测”。他认为，甲骨文里所谓的对应干支的那些文字仅仅用来记录、表示“日”，起到一种符号上的作用，在原义上使用的各个干支并未发现相关卜辞。他认为，探求干支字

① 郭沫若．释支干［M］//刘梦溪．中国现代学术经典·郭沫若卷．石家庄：河北教育出版社，1996：307－314.

② 李裕．干支字义考原［J］．武汉大学学报（哲学社会科学版），1997（5）：72－82.

③ 成家彻郎，王震中．干支的起源［J］．殷都学刊，2001（3）：21－24.

源是不可能的。

成家彻郎类比了干支的周期系统与玛雅历的周期系统，发现两者有共同之处。干支历以 10 和 12 为两种基本周期，根据二者顺序组合，形成 60 周期循环系统。在玛雅历的卓尔金历法里，20 和 13 为两种基本周期，根据二者顺序组合，形成 260 周期循环系统；在玛雅历的哈布历法里，18 和 20 为两种基本周期，根据二者顺序组合，形成 360 周期循环系统。

根据对卜辞里的“旬”进行考察，成家彻郎对干支的起源提出如下看法：商族最初以 10 单位的“旬”来纪日，这是一种与天体无关的纪日体系，体现了一种十进制的观念。这种纪日方法记录十天以内的天数比较方便，而对更长时期的记录则非常不方便。为了记录更长的时期，商族制作了 10 和 12 加以组合而为 60 的周期循环历法。他特别指出，12 这个数，是为了专门得出 60 这个数而特意选择的。他推测，商族可能知道一年大约等于 360 天，如此一来，60 乘以 6 等于 360，因此 60 周期循环历法使用起来非常方便。他总结说，十天和十二地支不是同时出现的。由于十进法，十天首先出现，然后为了凑成 60 周期而选择了 12，才出现了十二支。他还指出了与“60 日”之意相对应的一个甲骨文，并将其解释为“裁”字，其意思是切割、分段。他认为，由于该字未被商族所继承，因此消失了。

四、 总结

干支的字源问题比较复杂，目前学者们没有统一的说法。不过，字源主要还是一个形式问题，而不是内容问题。由于传世典籍中关于干支的内容非常清楚，字源问题清楚与否并不影响干支的量化与验证。

第四节　从干支大周期看干支起源

干支不仅有纪日功能，在中国古代还与大时间尺度有关。美索不达米亚文明中的历法周期，与干支历法有很多类似点，有重要的参考价值。中国古代还有“阳九百六”之说，该说认为每隔数百年或数千年，世上便有水旱灾害发生。笔者经过探索破解了它的计算方法，原来“阳九百六”与干支有关，涉及干支大时间尺度周期。中外历法的类似性，以及干支大周期的存在，为研究干支起源时间、地点提供了重要参考。

一、　中国古代大周期循环思想

（一）　天地生灭大循环

1. 开天辟地与完美历法

根据开天辟地这个传说，开天辟地时的天象为“日月合璧，五星连珠”。至于天地终结时的天象，未见具体说明，但从理论上推测与天地初开时相同。换句话说，这个传说提及了天地生灭大循环。根据相关资料可以推测出开天辟地时日月五星的具体周期数值：一岁三百六十日整，一月三十日整，一日十二时整。显然，日月五星这些周期数值全部为整数，为特殊值，故开天辟地时可以称作“完美状态”，描述这种天象的历法则可以称作“完美历法”。

2. “古六历”里的蛛丝马迹

汉朝以前已存在的六种历法，即黄帝调历、颛顼历、夏历、殷历、周历和鲁历，是目前已知的中国最古老的历法。研究者已经摸索出了“古六历”的一些原则和设定，如下：

第一，一岁（从冬至到下一个冬至）日数为365 日，称为岁实。

第二，一月（从合朔到下一个合朔）日数为29又499/940日，称为朔策。

第三，一岁的月数为12又7/19个月，一年为12个月或加一个闰月（年与岁的区别是：从冬至到下一个冬至的时间长度为岁，而12个朔望月的时间长度为年）。

在“古六历”中，日月五星这些周期数值非整数、非特殊值，可以称作“不完美状态”，描述这种天象的历法则必然是“不完美历法”。这里要特别提出的是，上文中“从冬至到下一个冬至”准确来说是“从冬至子时到下一个冬至前一天的亥时”，只是为避免冗长而简略为“从冬至到下一个冬至”。其他情况同理。

“古六历”还有几个值得注意的重要特点（后三条随各种历法不同而不同）：

第一，一岁的时间分为二十四段，即二十四节气。

第二，每日有一对干支与之对应，从甲子到癸亥，一共六十对，周而复始。

第三，认为“上元”是开天辟地或天地初开的起点。因此，它们的起算点称为“上元”。

第四，每年正月或一月的节气、中气是固定的，即立春为正月节气，雨水为正月中气。闰月的安插，或在岁末，或根据无中气月或无节气月而定。

从上面可以看到，尽管“古六历”的岁、月之时间长度与“完美历法”不同，但是“古六历”中的干支周期和“上元”思想可以说与“完美历法”是相通的。可以猜测，“古六历”有“完美历法”的残留痕迹。

3. 上元积年

天地开辟以来的累积年（岁）数，即“上元积年”。西汉末年，三统历的“上元”为“太极上元”，而唐宋以后，则称为“演纪上元”。值得注意的是，包括三统历在内的这些所谓“上元”或“开辟”，实际是历家依据当时实测的日月五星行度，并参酌自己的算法而推算的一种完美时刻。这个完美时刻的确定一般需要以下条件：日月同度、五星同度，节气在起点的冬至，而且正当一日起点的夜半，日名又值甲子。而且其中最重要的是规定中节气的冬至和日月同度的合朔。由此可以看出，这些所谓的历法尽管有“上元”，却是基于日月诸星“不完美状态”推算的，因此并不是“完美历法”。

4. “日月合璧，五星连珠”之天象

传说中的“日月合璧，五星连珠”到底是什么样的天象呢？不同典籍给出了不同的说法。

《汉书·律历志》云：

宦者淳于陵渠复覆《太初历》晦、朔、弦、望，皆最密，日月如合璧，五星如连珠。

其后引孟康（三国曹魏时著名学者，精通天文、地理，其主要著述为《汉书音义》）曰：

谓太初上元甲子夜半朔旦冬至时，七曜皆会聚斗、牵牛分度，夜尽如合璧连珠也。

《履园丛话》之《日月合璧五星连珠》篇记载：

乾隆二十五年八月，钦天监奏称：明年元日午时，日月合璧，五星连珠。并绘图进呈御览，宣付史馆。案：《汉书》，高祖元年，五星聚东井；《宋史》，开宝元年，五星聚奎。殆千有余年，始一遇也。本朝雍正三年二月初二日，乾隆二十六年正月初一日，嘉庆四年四月初一日，道光元年二月十六日、三月廿八日，俱有日月合璧、五星连珠之瑞。距宋时又已七八百年。今雍正三年乙巳，至道光辛巳，甫九十六年，而瑞应已五见，实我朝亿万年无疆之祥瑞也。

《尚书考灵耀》云：

天地开辟，甲子冬至，日月五星俱起牵牛初，日月若悬壁，仰观天形如车盖，众星累累如连贝。

《尚书中候》云：

天地开辟，甲子冬至，日月若悬璧，五星若编珠。

通过孟康之语，可了解到三国时期已经流行着这样一种说法：在太初上元即天地开辟时，正逢甲子夜半朔旦冬至，日月五星聚集在一起，日月如合璧，五星如连珠。

从理论角度来看，“日月合璧，五星连珠”这种天地初成时的天象，以干支纪则应出现在甲子岁甲子月甲子日甲子时（当然，在更大时间尺度上也必须都是甲子），且正逢朔旦冬至。显然，日月五星排成一条直线是必需的。由于日月必须叠合在一起，日月用“合璧”为宜，而“若悬璧”的意思有些含糊，不宜使用。

根据上述分析，论及天地初开的天象时，《汉书·律历志》《履园丛话》里的“日月合璧”之说妥当，而《尚书考灵耀》《尚书中候》里的“日月若悬璧”之说不妥当。

当然，还需要核验古代“日月合璧”天象说法的真实性。由于科技发展，目前人们已经有先进的星象软件，足不出户就可以查询古往今来的天象。笔者使用的是虚拟天文馆软件（Stellarium Astronomy Software，版本 0.16.1）。此处以《履园丛话》[①] 记录的发生在乾隆二十六年正月初一日的“日月合璧”为例进行核验，软件里的观察地点设定为当时的观象台（今北京建国门立交桥附近）。经查询，乾隆二十六年正月初一日午时（公元 1761 年 2 月 5 日 11—13 时，干支历为辛巳岁庚寅月辛丑日甲午时）的天象为：日月紧紧挨着，但并非重合，因此此时日月的状态宜称为“若悬璧”（即日月很接近但仍有距离，各自高悬如玉璧），不宜称为“合璧”（即日月完全重合）；五星与日月也很接近，水星在日月一侧，木、火、金、土星在日月的另一侧；木、火二星的位置很接近，金、土二星的位置也很接近。由此结果可见，当时五星的状态也不是

① 钱泳．履园丛话［M］．北京：中华书局，1979：356.

严格意义上的连珠，因此此时五星的状态宜称为“若连珠”。综上所述，前述钦天监的用词并不妥当，“日月合璧，五星连珠”应当为“日月若悬璧，五星若连珠”。可以推测，钦天监如此用词可能是为了讨个吉祥。

5. “完美历法”的残留痕迹

在“完美历法”中，一岁三百六十日，一月三十日。“完美历法”的这种设置，在一些少数民族的历法中也能找到蛛丝马迹。

例如，住在云南西南边境的拉祜族和佤族，他们很早就有自己的历法。拉祜族把1年分为12个月，每月30天，没有闰月，用十二生肖纪日，以狗日为首。佤族把一年分为12个月，每月30天，有闰月则叫作怪月。还有一些少数民族直接使用1年360日的历法，将多出的几日视为赘余的日子。这些现象都表现了1年（岁）360日的强烈倾向。这种现象产生的原因可能是：“完美历法”很早就已经开始使用了，当时1岁正好360日，随着时间流逝，1岁已经不再是360日，但远古的传统难以割舍，因此才会出现将多出的几日视为赘余的日子的这种现象。

（二）刘歆《三统历》

1. 刘歆与《三统历》

刘歆，西汉人，其主要成就是在《太初历》的基础上作成了《三统历》。《太初历》所依凭的主要是音律理论，而《三统历》所依凭的则偏重于易学象数理论。所谓“三统”，即天统、地统、人统。其文云：

> 天统之正，始施于子半，日萌色赤。地统受之于丑初，日肇化而黄，至丑半，日牙化而白。人统受之于寅初，日孽成而黑，至寅半，日生成而青。天施复于子，地化自丑毕于辰，人生自寅成于申。

此说中含有天、地、人生成过程中时间先后的意义，即认为天生于子半，地生于丑初，人生于寅初。这是对天先成、地后定、人再后的演化思想在时间上数量化的描述。这里所谓子、丑、寅等十二地支是指大周期的十二辰，每辰时间为 1 969 920 年。

2.《三统历》里的大周期

《三统历》以 19 年为 1 章，81 章为 1 统，3 统为 1 元。经过 1 统即 1 539 年，朔旦、冬至又在同一天的夜半，但未回到甲子日。经过 3 统，即 4 617 年，可以回到甲子日，但岁干支仍不能回到甲子岁。为了求得日月合璧、五星连珠的条件，刘歆提出了总长为 23 639 040 年的大周期，并细分为十二辰，每辰为 1 969 920 年，每经 3 统又回到大周期的起点“太极上元”。

3. 对《三统历》的评价

刘歆的探索是有缺陷的。他对大周期的计算是基于日月五星当时的周期数据，但他未能认识到日月五星已然处于“不完美状态”。显然，根据这种“不完美状态”计算出来的天地大周期数值也必然是不完美的。

刘歆的贡献主要有两点。第一，他认为天地大周期可以按十二辰分为十二部分。这是一个重要的思想，因为这意味着在西汉之前人们就认识到地支在大时间尺度上的存在。第二，他对大时间尺度上太阳颜色变化的描述也非常值得注意和思考。他说，子半时，太阳显红色；到了丑初，太阳开始变成黄色；到了丑半，太阳开始变成白色；到了寅初，太阳开始变成黑色；及至寅半，太阳开始变成青色。太阳每隔 984 960 年发生新一轮的颜色变化。

（三）邵雍《皇极经世》

1. 邵雍与《皇极经世》

邵雍，北宋理学家，著有《皇极经世》《先天图》等。《皇极经世》结合先天八卦、阴阳五行、天干地支等说法，提出了“元会运世”的宇宙观，试图以此架构起一个可以推算历史、预知未来的完整体系。

2.《皇极经世》里的大周期

邵雍在《皇极经世》里提出了 129 600 年的大周期。他认为，129 600 年为一元，每元十二会，每会三十运，每运十二世，一世三十年。元、会、运、世各有卦象表示，每年亦有卦象表示天文、地理、人事的发展变化。

3. 对《皇极经世》的评价

（1）邵雍具有很强的理论把握能力。与中国古代绝大多数侧重数据的人相比，邵雍更加侧重从理论上加以把握。在他的理论体系中，从年开始，世、运、会、元不同时间尺度的换算倍数为 30、12、30、12。这些数字具有理论上的完美性和规律性，体现了邵雍具有很高的理论分析水平。

（2）邵雍的这套体系存在诸多问题。首先，这个大周期总的数值并不大，按现在的知识理解，明显过小。其次，他对“阴阳五行”的理解并不妥当，或者说，他所提及的“阴阳五行”并非前人所论及的“阴阳五行”。《皇极经世》云：

> 动之大者谓之太阳，动之小者谓之少阳。静之大者谓之太阴，静之小者谓之少阴。太阳为日，太阴为月，少阳为星，少阴为辰，日月星辰交而天之体尽之矣。静之大者谓之太柔，静之小者谓之少柔。动之大者谓之太刚，动之小者谓之少刚。太柔为水，太刚为火，少柔为土，少刚为石，水火土石交而地之体尽之矣。日为暑，月为寒，星为昼，辰为夜，暑寒昼夜交而天之变尽之矣。水为雨，火为风，土为露，石为雷，雨风露雷交而地之化尽之矣。

上文中，“少阳为星，少阴为辰”“太柔为水，太刚为火，少柔为土，少刚为石”“水为雨，火为风，土为露，石为雷”，与“木、火、土、金、水”的传统说法明显不同。

二、 美索不达米亚文明历法周期思想

美索不达米亚文明，又称两河文明，是指在底格里斯河和幼发拉底河两河流域之间的美索不达米亚平原（现今伊拉克境内）所发展出来的文明。美索不达米亚平原为人类最古老的文化摇篮之一，公元前 4000 年已有较发达的文明。西亚最早形成的文明是美索不达米亚文明，其先后经历了苏美尔、阿卡德、巴比伦、亚述等众多文明，此后又经过了波斯、马其顿、罗马与奥斯曼等

帝国的统治。第一次世界大战后，其主要部分为伊拉克。

在苏美尔、阿卡德历法中，有度、时、日、月、年（岁）这五个时间尺度，从小到大相邻尺度递进关系为30、12、30、12，呈现30与12交替出现的规律（见表5－1）。此处值得注意的是，这五个时间尺度中的“度”是道经中相应的词，对应现代的4分钟。陈遵妫先生之前使用的是“分”。为了避免与“分钟”混淆，因此本书改用“度”。

表5－1　美索不达米亚文明不同时间尺度及其之间的关系

尺度	苏美尔用词	阿卡德用词	中文	换算关系	换算为日
gesh	mu－eš	geš	度	4分钟	1/360
watch	da－na	bêru	时	1时＝30度	1/12
day	ud	immu	日	1日＝12时	1
month	itud	arhu	月	1月＝30日	30
year	mu	šattu	岁	1岁＝12月	360

苏美尔、阿卡德历法五个时间尺度的换算法则为：1岁360日，1月30日，1日12时，1时30度。巴比伦早期历法的时间尺度则为年（岁）、周、日、时、度，其换算法则为：1年（岁）360日，分为72周，1周5日，1日12时，1时30分，其最小单位度为4分钟。可以认为，巴比伦早期历法与苏美尔、阿卡德历法没有什么本质区别。

笔者2018年发表的《与大时间尺度水旱灾害相关的“阳九百六”及其计算方法》①，从道经中整理出一种古干支历，其在度、时、日、月、岁尺度上的数值及其换算关系（见表5－2，从尺度“度”到“尺度七”），与美索不达米亚文明的历法完全一样。

① 王彦．与大时间尺度水旱灾害相关的“阳九百六”及其计算方法［J］．九江学院学报（自然科学版），2018，33（4）：1－6.

利用相邻时间尺度的换算规律，下面求解在更大和更小时间尺度上的干支周期（见表5-2）。

先看更小时间尺度上的情况。为了方便，特意引进了眇（意为渺小、微小）来作为度之下的时间尺度单位。容易得知，在度时间尺度上，基本单位为4分钟或240秒，那么根据不同时间尺度的递进关系，可以得出在眇尺度上的基本单位为（240/12）秒，即20秒。在眇尺度上，阳气周期为200秒，阴气周期为240秒，阴阳二气最小公倍周期为1 200秒或20分钟。比眇更小的时间尺度可以同理进行无穷类推。

再看更大时间尺度上的情况。根据相邻时间尺度的换算关系，可以得出在尺度八的基本单位为10 800岁。在这尺度上，阳气周期为108 000岁，阴气周期为129 600岁，阴阳二气最小公倍周期为648 000岁。比尺度八更大的时间尺度可以同理进行无穷类推。

表5-2　多时间尺度干支历的不同时间尺度及其之间的关系

尺度	换算关系	阳气周期	阴气周期	最小公倍周期	最小公倍周期换算为岁
……	……	10	12	……	……
眇	20秒	10	12	60眇	1/25 920
度	1度=12眇	10	12	60度	1/2 160
时	1时=30度	10	12	60时	1/72
日	1日=12时	10	12	60天	1/6
月	1月=30日	10	12	60月	5
岁	1岁=12月	10	12	60岁	60
尺度六	1尺度六=30岁	10	12	60尺度六	1 800
尺度七	1尺度七=12尺度六	10	12	60尺度七	21 600
尺度八	1尺度八=30尺度七	10	12	60尺度八	648 000
……	……	10	12	……	……

三、总结

神话故事中有干支渊源之说，其中含有大量有用的信息。干支的含义非常丰富，有三种主要的说法。较为晚近的道经典籍中载有“阳九百六”一说，笔者通过研究，发现多时间尺度干支历与美索不达米亚文明历法的周期结构、数值是一模一样的，这提示二者之间存在某种联系。已知后者的历史极为悠久，因此可以推测，干支历的历史应当也是相当悠久的。现代人对干支字源也有一些研究成果，但目前尚未有定论。

第六章 天干地支：干支之用

天干、地支有什么用途？中国古代人在生活的很多方面里都使用着干支。首先，干支用于纪时，即标记时间，这是最常见的用途，也是最为人所知晓的事实，第一节对此进行了阐述与分析。其次，干支还用于标记方位，可以对地面和天空进行标记，也用于建立天空分区和地面分区的联系，即分野，第二节对此进行了阐述与分析。此外，干支还常常被用于预推人事之吉凶。这些渗透到中国古代人日常的应用，究竟有无道理？第三节对此进行了阐述与理性的分析。

第一节　干支与纪时

干支一般被认为是一种纪时系统，历史悠久。那么，这种纪时系统仅仅是一种记录时间的工具吗？还是有什么其他特别的含义呢？为了得出这个问题的答案，有必要对相关内容进行深入的探究。

一、 对天的认识

在中国古代，干支与天象紧密相关，因此需要先介绍关于天的三种说法、天象与分区等。

（一） 关于天的三种说法

古代人对于天的说法，主要有三种：盖天说、浑天说、宣夜说。盖天说为最早，可能起源于周初；浑天说产生于汉武帝时期；宣夜说可能出现于东汉初期。

盖天说就是把天看作一个大盖子，传说始于黄帝时代。陈遵妫认为，盖天说可能起源于古人对天地相对关系的直观观察，最初认为“天在上，地在下”，接着以车比喻天地，认为天像车盖，地像车底。当天文学比较发达以后，才发展成为“天象盖笠，地法覆槃”的盖天说体系。因此盖天说的思想萌芽可能产生于殷末周初。到了《吕氏春秋・季春纪》，则直接提出了天圆地方之说：“天道圆，地道方，圣王法之，所以立上下。”

浑天说认为天体好像蛋壳，地居天内好像蛋黄，这等于承认大地是球形的，而盖天说只讲到“地法覆槃”，即认为地是拱形的，因此浑天说比盖天说要进步些。

宣夜说认为天是没有形质的，这是一种独创的见解。通过七曜运行的不一致性，该说认为日月众星都是悬空漂浮而不黏附在天体上，这是宣夜说的卓越见解。

（二）天象与分区

人类在远古时代就注意到了日月众星之天象。殷商时，甲骨文里记载了各种天象记录和历法。中国古代最初以黄昏星宿的出没来定一岁四时。到了公元前7世纪末，人们已经用土圭来观测日影，以此确定冬至和夏至。天象及其分区因不同的分法而有所不同，主要有五宫与二十八星宿、三垣与二十八星宿之说。

1. 全天之分区

(1) 五宫与二十八星宿。

周末战国时，出现了占星术，它的核心内容是认为天象变动与人间事件存在特定的关系，著名占星家有齐国甘德和魏国石申。

汉代司马迁著有《史记·天官书》，其内容包括星、气、岁三节，共有九十一个星官，包括五百多颗恒星。通过模拟人类社会的组织，以帝王、百官、人物、土地、建筑物、动植物等名称对星官进行了命名。他把星空分为五宫：北极附近的星宿属于中宫，二十八星宿则分属于东南西北四宫，分别叫作苍龙、朱雀、咸池、玄武。与四宫有关的是四象，分别是苍龙、朱雀、白虎、玄武。

(2) 三垣与二十八星宿。

三垣是围绕着北极和比较靠近头顶天空的星象，分为紫微、太微、天市三区，各区都有东西二藩的星，围绕成墙垣的形状，因此叫作三垣。

紫微垣是中间之垣，居于北天中央位置，所以又叫“中宫”“紫宫垣”“紫微宫”。“紫微”是“皇宫”的意思，所以紫微垣的星名多是皇宫相应的名称。太微垣是三垣之上垣，在紫微垣下的东北角。太微是政府的意思，所以紫微垣的星名多是政府相应的官名。天市垣是三垣之下垣，在紫微垣下的东南角。据《晋书·天文志》所云，天市的含义是“天子率诸侯幸都市也”，所以

天市垣的星名大多为战国时代的国名，以及度量与市场名称。

二十八星宿是天空中的二十八个星宿。中国、古巴比伦、印度和阿拉伯对星宿有类似描述，一般认为同出一源，但具体细节尚未有定论。我国二十八星宿在战国中期就已经建立了，即甘德、石申的年代。自角至轸给出二十八星宿全部名称的最早史书是《吕氏春秋》。现行二十八星宿是按照东、北、西、南的方向来排序的，即：东方之“角、亢、氐、房、心、尾、箕”；北方之“斗、牛、女、虚、危、室、壁”；西方之“奎、娄、胃、昴、毕、觜、参”；南方之“井、鬼、柳、星、张、翼、轸”。

二十八星宿中，虚宿值得特别注意。《石氏星经》把虚叫作天节，陈遵妫先生认为，这个节可能是指冬节，即以夜半时分，虚宿居于南中时为交冬至之节。

此外，还有两点需要额外注意：第一，根据竺可桢、夏鼐、陈遵妫三位先生的研究，二十八星宿是按照赤道划分的；第二，二十八星宿的取星并不是以明亮的星象作为取舍的标准，有很多暗星被选中。

2. 四方之分区

（1）十二辰。

古人很早就将周天均匀划分为十二等分，是为十二辰。以四方点之正北点为中心的那一辰称为“子”，由东向西，依次为丑、寅等，共十二辰。根据这种看法，子的起点实际上为正北偏西 15 度（而根据前述开天辟地时的“完美状态”与“完美历法”，子的起点应当为正北）。

（2）二十四节气。

二十四节气将太阳黄道划分为均匀的二十四等分，称为二十四节气。《尧典》所追述的时期便有二分、二至，直接通过土圭测量日影而定。战国末年，《吕氏春秋·十二纪》记载了孟春、仲春、孟夏、仲夏、孟秋、仲秋、孟冬、仲冬八个月，各自安插立春、日夜分、立夏、日长至、立秋、日夜分、立冬、日短至八节。二十四节气名称，最早见于《淮南子·天文训》，它和现今通用的二十四节气的名称及次序完全相同。

《太初历》把一回归年平分为二十四气，每一气长均为十五天多。它还把从冬至起奇数次的气，称为中气；偶数次的气，称为节气。由此也可以看出，节气与十二地支的关系是，节气为前半月，中气为后半月，但是很多人往往误以为“节气”“中气”只是一天。例如，2020 年立春指的是 2020 年 2 月 4 日到 2 月 18 日，但很多人误认为 2020 年立春即 2020 年 2 月 4 日这一天。

节气的定法有两种：古历用恒气，把岁周平分为二十四等份，每一节气平均为十五天多，又叫平气。因为太阳在黄道上的移动速度不同，所以每一节气的天数也不一样。冬至前后，太阳移动快，因此一气只有十四天多；夏至前后，太阳移动慢，一气达十六天多。后来用定气，以太阳所在的位置为标准，将春分、秋分定在昼夜平分的那一天。

（3）“十二次”。

“十二次”也叫岁星纪年，大概起源于周，盛行于春秋、战国时代。它按照岁星在天空移行的方向，由西向东，依次划分出星纪、玄枵等十二个区间。为了适应十二辰由东向西移动，人们假想出太岁这样一个理想天体，它由东向西，十二岁一周天。

中国古代人认为木星，即岁星，十二年完成一周天，所以把周天划分为“十二次”，用来表示岁星每年之所在。根据史学家的意见，最初是沿着赤道将周天进行等分，到了唐朝才沿着黄道等分。“十二次”的建立，大概在战国中期。

（4）不同分区及其联系。

根据史学家的观点，最初只有十干、十二地支，后来为了方便占星术的使用，于是出现了岁阴、岁阳的叫法。到了汉代《汉书·律历志》则使用“十二次”，废除了用十二地支称呼岁阴的方法。

“十二次”与十二地支表示的十二辰有很大的不同。“十二次”是为了表

示岁星位置而创立的，即按照日月五星的运行方向从东到西划分的，其制定的时间大约为战国时代；十二辰从东到西划分为子、丑等十二等份，其制定的时间可能十分久远。

“十二次”与巴比伦黄道十二宫也有不同。“十二次”是为了表示岁星位置而设定的，沿着赤道划分。“十二次”从星纪算起，冬至点在其中央。十二宫是表示太阳位置而设定的，沿着黄道划分。十二宫从白羊宫算起，以春分点为起始点。

以上多种概念既有区别，也存在特定的对应关系（见表6－1）。

表6－1　十二辰与“十二次”、二十八星宿、十二宫的对应关系

十二辰	十二次	二十八星宿	十二宫
子	玄枵	虚、危	宝瓶
丑	星纪	斗、牛、女	摩羯
寅	析木	尾、箕	人马
卯	大火	氐、房、心	天蝎
辰	寿星	角、亢	天秤
巳	鹑尾	翼、轸	室女
午	鹑火	星、张	狮子
未	鹑首	井、鬼、柳	巨蟹
申	实沈	觜、参	双子
酉	大梁	胃、昴、毕	金牛
戌	降娄	奎、娄	白羊
亥	娵訾	室、壁	双鱼

二、　干支与纪时

干支在岁、月、日、时这四个时间尺度上的纪时并不发生于同一个时间，而且历史上曾有人为改动。所以，一般都认为这四个时间尺度上所对应的干支是人为设定的。下面，对干支系统在这四个常见时间尺度上的纪时进行说明，并且分析岁、月、日、时与干支的对应关系是否有根据，以及评判这种对应关系的标准是什么。

（一）干支纪岁

1. 纪岁背景与起点

提及纪岁，首先要区别岁与年。岁的说法十分古老，年则出现得较晚，大约始于周朝。

根据相关资料，可以做出如下推测：根据开天辟地传说，可以推理出当时的岁是由日月五星状态或干支历来定义的。天地初开时，甲子岁甲子月甲子日甲子时正好逢冬至夜半，一岁 360 日整，故一岁起于子月甲子日，终于亥月癸亥日，或者说从冬至到冬至前一天，这是岁最准确最合理的定义。与此同时，木星一周天应该是整整 12 岁，所以被叫作岁星。此时，无论以干支历来定义岁，还是以岁星来定义岁，其长度都是相同的 360 日整。随着时间流逝，岁逐渐仅仅由岁星来定义（如《说文解字》云：“岁，木星也。越历二十八宿，宣遍阴阳，十二月一次。”）；一岁也不再是 360 日整，从而岁的定义与干支历脱绑（即岁的起点不一定是甲子日，终点不一定是癸亥日），而只能限定为从冬至到冬至前一天。人们随后又发现岁星的周期并不是准确的 12 岁，而是 11.86 岁，因此不到 85 岁后便会出现岁名与岁星所在星次相差整整一次的现象，即岁星超辰现象。西汉武帝太初元年（前 104 年）太岁在丙子，《太初历》用超辰法将其改变为丁丑。汉成帝末年，由刘歆重新编订的《三统历》又把太初元年改变为丙子（太初元年如今为丁丑），把太始二年（前 95 年）从乙酉改变为丙戌（太始二年如今为丙戌）。元和二年（公元 85 年），汉章帝下令在全国推行干支纪岁，因当时年、岁混用，故多称干支纪年。岁的时间范围，因夏朝斗建于寅（即首月为寅月），而变成了从一个立春（寅月首日）到下一个立春前一天。到了如今，岁与年的区别逐渐模糊，人们常常将干支岁与干支年混杂而用（如庚子岁、庚子年）。需要注意的是，目前这种从寅月到寅月的庚子

岁叫法并不规范，岁的妥当定义前文已述。

年的定义是用月相来确定的。月相朔望十二周即为一年，或者说自正月朔到下一年正月朔前一天，即从一年的正月初一到下一年的正月初一前一天的时间，叫作一年。月亮又叫太阴，根据月亮盈亏确定的历法叫太阴历，所以年也叫太阴历年。月相圆缺一周所需要的时间是 29 天多，太阳一周天需要 365 天多，日月周期都不是整数，不能互相除尽，导致太阴历（简称“阴历”）和太阳历（简称“阳历”）不能协调整齐。中国古代大概从公元前五六百年起使用十九年七闰的方法来调节二者，使得阴历、阳历二者天数几乎相同。此外，还有农历、中历的说法，但它们的指代比较混乱，因此本书不予使用。

需要额外提及的是夏朝之岁与周朝之年。《尔雅 · 释天》云：“夏曰岁，商曰祀，周曰年。”周建子，所以周之年更接近岁的本义。据此，庚子岁起于子月第一日，即 2019 年 12 月 7 日，终于亥月最后一日，即 2020 年 12 月 6 日；夏建寅，夏之岁更接近年的意味。据此，则庚子年为 2020 年 2 月 4 日到 2021 年 2 月 2 日；当下流行的年是基于月相的，则庚子年为 2020 年 1 月 25 日到 2021 年 2 月 12 日。庚子年亦被称为庚子岁，但这种叫法不规范。还需要额外提及的是，岁还用于年龄，分为虚岁和实岁，这是由岁的本义（即一周天）衍生出来的叫法。前者的起点，一般是怀孕初成之日；后者的起点，即出生之日。

此外，还有公历，又叫西历、阳历，为了避免混淆，本书一概用公历一词。公历历法的年始于 1 月 1 日，终于 12 月 31 日。

2. 相关记载

干支纪岁时，干支常与太岁、岁阳岁阴搭配出现，而岁阳岁阴在不同典籍中的说法略有不同。

（1）《尔雅 · 释天》。

《尔雅》最早著录于《汉书 · 艺文志》，收集了比较丰富的古汉语词汇，是辞书之祖。“尔”是“近”的意思（后来写作“迩”）；“雅”是“正”的意思，在这里专指“雅言”，即在语音、词汇和语法等方面都合乎规范的标准语。“尔雅”的意思是接近、符合雅言，即以雅正之言解释古汉语词、方言词，使之近于规范。《尔雅·释天》云：

岁阳：大岁在甲曰阏逢，在乙曰旃蒙，在丙曰柔兆，在丁曰强圉，在戊曰著雍，在己曰屠维，在庚曰上章，在辛曰重光，在壬曰玄黓，在癸曰昭阳。

岁名（岁阴）：大岁在寅曰摄提格，在卯曰单阏，在辰曰执徐，在巳曰大荒落，在午曰敦牂，在未曰协洽，在申曰涒滩，在酉曰作噩，在戌曰阉茂，在亥曰大渊献，在子曰困敦，在丑曰赤奋若。

（2）《史记·历书》。

岁阳从甲到癸依次为：

焉逢、端蒙、游兆、强梧、徒维、祝犁、商横、昭阳、横艾、尚章。

岁阴从寅到丑依次为：

摄提格、单阏、执徐、大荒落、敦牂、协洽、涒滩、作鄂、淹茂、大渊献、困敦、赤奋若。

（3）《淮南子·天文训》。

岁阳从甲到癸依次为：

阏蓬、旃蒙、柔兆、强圉、著雝、屠维、上章、重光、玄黓、昭阳。

岁阴从寅到丑依次为：

摄提格、单阏、执徐、大荒落、敦牂、协洽、涒滩、作鄂、掩茂、大渊献、困敦、赤奋若。

岁阳、岁阴用词对现代人而言较为怪异，其来源也有争议。[①] 高诱曾注《淮南子》，兹列如下：

---

① 聂鸿音，黄振华．岁阴岁阳名义考［J］．燕京学报，1998（6）：189－200.

天干纪岁：

阏蓬："言万物锋芒欲出，拥遏未通，故曰阏蓬也。"

旃蒙："言万物遏蒙甲而出，故曰旃蒙也。"

柔兆："言万物皆生枝布叶，故曰柔兆也。"

强圉："言万物刚盛，故曰强圉也。"

著雝："言位在中央，万物繁养四方，故曰著雝也。"

屠维："言万物各成其性，故曰屠维。屠，别；维，离也。"

上章："言阴气上升，万物毕生，故曰上章也。"

重光："万物就成熟，其［光］煌煌，故曰重光也。"

玄黓："言岁终包任万物，故曰玄黓也。"

昭阳："言阳气始萌，万物合生，故曰昭阳。"

地支纪岁（按照从子到亥顺序重新排列）：

困敦："困，混。敦，沌也。言阳气皆混沌，万物牙蘖也。"

赤奋若："奋，起也。若，顺也。言阳奋物而起之，无不顺其性也。赤，阳色。"

摄提格："格，起。言万物承阳而起也。"

单阏："单，尽；阏，止也。言阳气推万物而起，阴气尽止也。"

执徐："执，蛰。徐，舒也。言伏蛰之物皆散舒而出也。"

大荒落："荒，大也。方（言）万物炽尽而大出，霍然落落大布散。"

敦牂："敦，盛。牂，壮也。言万物皆盛壮也。"

协洽："协，和。洽，合也。言阴欲化万物和合。"

涒滩："涒，大；滩，修也。言万物皆修其精气也。"

作鄂："作鄂，零落也。万物皆陊落。"

掩茂："掩，蔽。茂，冒也。言万物皆蔽冒。"

大渊献："渊，藏。献，迎也。言万物终于亥，大小深藏窟伏以迎阳。"

高诱的注解论及岁阳时提及阴气，而论及岁阴时提及阳气：岁阳之上章提及“言阴气上升”；岁阴之困敦、摄提格分别提及阳气、阳，单阏既提及阳气，也提及阴气。可知，高诱没有将十天干全部视为阳，也没有将十二地支全部视为阴。另外，他认为单阏“阴气尽止”，而实际上单阏对应卯，所以这种说法不妥。

3. 岁对应干支的客观标准

（1）如何确定岁的地支，以何作为客观标准？

传说古人将周天划分为十二辰，以四方点之正北点为中心的那一辰称为“子”。但是，周天怎么划分、范围是多少、正北与四方的具体含义是什么等重大问题都模糊不清。

至于“十二次”以岁星（木星）运行方向和速度划分。由于岁星运动方向与地支变动顺序相反，因此岁星也难以成为确定岁对应地支的一个标准。至于太岁这种理想天体，虽然与地支变动顺序一致，但并不清楚其来源与设定的原理。

综合分析下来，其实还存在一种可能。笔者在此提出一个大胆的推测：太岁实际上就是岁星。更准确点来说，太岁就是天地初开时的岁星。天地初开时，日月五星运行处于“完美状态”，其周期数值为整数：太阳一周天为1岁，正好360日整；月亮一周天正好30天；而岁星运行一周天应该正好12岁。此时可用“完美历法”描述：岁、月、日、时正好是整数，即一岁360日（正好是6个甲子。一岁的起点是甲子日，终点是癸亥日），一月30日整（起点是甲日，终点是癸日），一日12时整（起点是子时，终点是亥时）。此时，岁星的位置便是确定岁对应地支的客观标准。也就是说，岁星位于十二辰、十二地支的哪个位置，就意味着该岁对应哪个地支。

总而言之，所谓的太岁可能就是天地初开时的岁星。当天地初开时，岁星运行方向与十二辰次序变化方向相同，一周天12岁，这正是后人所假设的太岁的内涵。随着太阳系上下颠倒，岁星运行顺序方向、运行时长都发生了变化，木星的周期不再“完美”，所以不再是岁星了。这一切发生得很缓慢，以至于岁星运行状态改变了，人们还依然沿袭古老的岁星纪年传统。上文的大胆推测，能同时解释以下这四个问题：岁星为何为岁，岁星周期为何不再符合于一岁，太岁为何如此设定，岁星与太岁的方向为何不同。

由于现在的岁星已然不是曾经的状态，现在确定岁对应的地支的客观标准不可能是现在的岁星。因此，只能把关注点放在太岁身上。而这又必然涉及至少两个问题：第一，太岁的理论研究仍然匮乏，实际操作虽遵循一定的传统方法，但也并不完全清晰。第二，岁的起点界定问题。目前一岁起于寅月（此乃夏朝历法习惯），而真正的岁应该起于子月或冬至。汉朝开始的干支纪岁法，因其岁起于寅月，而非干支历首月之子月，因此宜称为“干支纪年”，而不宜称为“干支纪岁”。如今，子月与冬至已经不在同一个时间点，所以如何来定义岁，是一个在理论上值得深入研究的问题。

总之，如何确定岁对应的地支的问题，目前尚未有最终答案。

（2）如何确定岁的天干，以何作为客观标准？

关于这个问题，目前尚未有定论。

（二）干支纪月

1. 纪月背景与起点

（1）传说中的纪月。

前面已经提及，大挠通过观察北斗指向来确定月份（“于时大挠能探五行之情，占北斗，衡所指，乃作甲乙十干以名日，立子丑十二辰以名月”），这可能意味着纪月的确定标准是“占北斗，衡所指”，即通过观察、测量北斗指向来确定月份，同时也对天空划分区域。一些人认为此处的日的意思是日子，月的意思是月份。这种理解不妥。笔者推测，干支最初与描述天空分区有关，所以此处日、月应该分别是太阳、月亮的意思，也就是说名日、名月是在月时间尺度上描述太阳、月亮的位置，将周天均分为十份、十二份。到了后来，日、月才分别变成了日子和月份的意思（因月份均分周天，所以仍然保留了其均分周天之本义）。同时，在相关的早期典籍如《淮南子》中，土、戊己、中央、季夏存在对应关系，而由上面原文可以看出，戊己与其他天干没有区别。其他天干都位于四方某位置，戊己也应如此，而不应与中央发生对应关系。

（2）历史上的纪月。

干支纪月大概始于西汉，但大约春秋时代就已有地支纪月，叫作月建。月建由斗柄所指，当斗柄指向十二辰中的某一辰时，该月就以这个被斗柄所指的辰名来命名。如斗柄指寅时，这个月就是寅月。星占学家们设想一周天为三百六十度，均分为十二辰，则每辰三十度。北斗星一岁环绕一周天，每天运转一度，行满一辰三十日，正好一个月。于是北斗星成了纪月的时钟，斗柄就像钟面的指针。

在春秋时代，人们提出了把日南至的那个月叫子月。所谓日南至就是冬至，这一天太阳在天空中走到最南点，即在正午时，太阳走到一年中的最低点。定出第一个月后，接着第二个月叫丑月，第三个月叫寅月，依此类推。不过，一岁的首月并不是一直固定的。夏朝的岁首是寅月，商朝的岁首是丑月，周朝的岁首是子月。

需要注意的是，子月从哪个方位开始这点在历史上有变动。按照星次的方法，冬至位于星纪丑宫的中点，大寒位于玄枵子宫的中点，也就是说子始于小寒的中点，终于立春的中点。按照月建的方法，子月始于大雪，横跨冬至，终于小寒前一天。

（3）三种正月。

正月，在历史上并不统一。夏代建寅，以寅月为正月，寅月一日为一年之始，称“夏正”。殷代建丑，以丑月为正月，称“殷正”。周代建子，以子月为正月，称“周正”。从汉起，奉夏历，所以汉之后太阳历正月为寅月。

中国古代有三种正月。第一种，依据炁论，地支为阴气，而子为地支之首，故干支历纪岁的正月应该为子月。《黄帝内经》所言“天气始于甲，地气始于子”便体现了这种观念。为了方便描述，后文把这种理论上秉承炁论的干支历称为理论干支历。容易看出，周正以子月为正月正好吻合理论干支历之说。第二种，秉承夏朝的干支历，其正月从寅月起，这主要是为了适应农业生

产，但这种正月不以子月为首月，所以抛弃了炁论。为了方便描述，后文把抛弃了炁论并以寅月为正月的干支历称为夏朝干支历。第三种，正月还可以指太阴历之首月。太阴历是根据月亮盈亏来定的，每个月大约是 29 天，因此每 19 年中设置 7 个闰月。太阴历正月与夏朝干支历正月往往相隔很近。

这三种正月有必要举例说明并加以细致区别。例如：西历 2020 年，其对应的各种正月如下：

第一种：应用理论干支历，2020 年大体对应庚子岁；庚子岁正月为子月，起于 2019 年 12 月 7 日，终于 2020 年 1 月 5 日。

第二种：应用夏朝干支历，2020 年大体对应庚子年；庚子年正月为寅月，起于立春 2020 年 2 月 4 日，终于 2020 年 3 月 4 日。

第三种：应用太阴历，2020 年对应的太阴历年正月起于 2020 年 1 月 25 日，终于 2020 年 2 月 22 日，其第一日叫正月初一，也叫大年初一。

需要额外指出的是，中国古代典籍中的正月，绝大多数指夏朝干支历之正月，即寅月；而中国当下日常生活中通常所言的正月，是指太阴历之正月，正月初一即大年初一。

（4）干支历纪月方法。

用干支历纪月时，地支是固定的，天干却不固定，其方法为：若遇上甲或己之年，一月为丙寅；遇上乙或庚之年，一月为戊寅；遇上丙或辛之年，一月为庚寅；遇上丁或壬之年，一月为壬寅；遇上戊或癸之年，一月为甲寅（见表 6－2）：

表 6－2　干支历岁、月对应关系

月份	甲、己	乙、庚	丙、辛	丁、壬	戊、癸
一月	丙寅	戊寅	庚寅	壬寅	甲寅
二月	丁卯	己卯	辛卯	癸卯	乙卯

（续上表）

月份	甲、己	乙、庚	丙、辛	丁、壬	戊、癸
三月	戊辰	庚辰	壬辰	甲辰	丙辰
四月	己巳	辛巳	癸巳	乙巳	丁巳
五月	庚午	壬午	甲午	丙午	戊午
六月	辛未	癸未	乙未	丁未	己未
七月	壬申	甲申	丙申	戊申	庚申
八月	癸酉	乙酉	丁酉	己酉	辛酉
九月	甲戌	丙戌	戊戌	庚戌	壬戌
十月	乙亥	丁亥	己亥	辛亥	癸亥
十一月	丙子	戊子	庚子	壬子	甲子
十二月	丁丑	己丑	辛丑	癸丑	乙丑

注意，以上的一月到十二月，是干支历的一月到十二月，由干支历节气来定，一节一中为一个月。一月是寅月，十二月是丑月。平均每个月是30天有余。

2. 相关记载

（1）在《淮南子·时则训》里，提及以北斗指向十二辰而以地支命名该月。

孟春之月，招摇指寅，昏参中，旦尾中。其位东方，其日甲乙……

仲春之月，招摇指卯，昏弧中，旦建星中。其位东方，其日甲乙……

季春之月，招摇指辰，昏七星中，旦牵牛中，其位东方，其日甲乙……

孟夏之月，招摇指巳，昏翼中，旦婺女中，其位南方，其日丙丁……

仲夏之月，招摇指午，昏亢中，旦危中，其位南方，其日丙丁……

季夏之月，招摇指未，昏心中，旦奎中，其位中央，其日戊己，盛德在土……

孟秋之月，招摇指申，昏斗中，旦毕中，其位西方，其日庚辛……

仲秋之月，招摇指酉，昏牵牛中，旦觜嶲中。其位西方，其日庚辛……

季秋之月，招摇指戌，昏虚中，旦柳中，其位西方，其日庚辛……

孟冬之月，招摇指亥，昏危中，旦七星中，其位北方，其日壬癸……

仲冬之月，招摇指子，昏壁中，旦轸中，其位北方，其日壬癸……

季冬之月，招摇指丑，昏娄中，旦氐中，其位北方，其日壬癸……

在这里，《淮南子·时则训》指出根据北斗招摇（sháoyáo，又叫摇光，即北斗七星，或西方所云大熊座 η 星）的指向来确定月份，指向寅则为寅月。北斗的时令指示作用在战国时期的《鹖冠子》中就已经出现："斗柄东指，天下皆春；斗柄南指，天下皆夏；斗柄西指，天下皆秋；斗柄北指，天下皆冬。"

《淮南子·天文训》说法类似，其文云：

帝张四维，运之以斗，月徙一辰，复反其所。正月指寅，十二月指丑，一岁而匝，终而复始。指寅，则万物螾，……指卯，卯则茂茂然，……指辰，辰则振之也，……指巳，巳则生巳定也，……指午，午者，忤也，……指未，未，昧也，……指申，申者，呻之也，……指酉，酉者，饱也，……指戌，戌者，灭也，……指亥，亥者，阂也，……指子，子者，兹也，……指丑，丑者，纽也，……其加卯酉，则阴阳分，日夜平矣。故曰规生矩杀，衡长权藏，绳居中央，为四时根。

在此处，北斗具有指向功能。但是，北斗与天空诸星的位置并不变动，因此这里的十二辰并非对星空本身的十二分区，而应当是用地面的方位分区符号。即将大地正北方向定义为子，那么北斗指向正北时，称之为指子。

(2)《尔雅·释天》提及月阳、月名的名称。

月阳：月在甲曰毕，在乙曰橘，在丙曰修，在丁曰圉，在戊曰厉，在己曰则，在庚曰室，在辛曰塞，在壬曰终，在癸曰极。

月名：正月为陬，二月为如，三月为寎，四月为余，五月为皋，六月为且，七月为相，八月为壮，九月为玄，十月为阳，十一月为辜，十二月为涂。

《尔雅》中月阳、月名（月阴）的用词晦涩，晋代郭璞著有《尔雅注疏》，清代郝懿行在此基础上著有《尔雅郭注义疏》。《尔雅郭注义疏》对前人各种说法进行了汇总梳理，如下：

毕：《史记·历书》云：月名毕聚。《索隐》曰：聚，音陬。是则正月得甲为毕陬也。又云，虞喜云：月雄在毕，雌在訾。訾，则陬訾之宿。今按：月雄月雌，即月阳月阴也。毕陬乃以月阳配月阴。十二月皆然也。

橘：橘同矞。毕橘者，毕星象匕，橘之言矞，以锥穿物之名。

修：犹言柔兆。

圉：犹言强圉。

厉：厉，读为“烈”。月在戊己，盛德在土，生养万物，有功烈。

则：则，训为“法”。土之法则也，含义同上。

室：实、坚实。月在庚辛，盛德在金，物成皆坚实。

塞：意思同上。

终：尽也。

极：尽也。月在癸，盛德在水，物生皆究尽也。

月份用词则多与阴阳、物象有关①：

陬：星名。陬者，虞喜以为“陬訾”是也。按：“陬訾”，星名，即营室东壁。正月（孟春）日在营室，日月会于“陬訾”，故以“孟陬”为名。

如：随从也，万物相随而出，如如然也。

寎：丙也。三月阳气盛，物皆炳然也。

余：李巡云：“四月万物皆生枝叶。故曰余。余，舒也。”一说为“除”。

皋：同“高”，上也。五月阴生，欲自下而上。一说，物皆结实，皋韬下垂也。

① 刘蕴璇. 月名异称考释［J］. 内蒙古社会科学（汉文版），2001（6）：79－83.

且：且者，次且也。次且，行不进也，形容犹豫而不前进的样子。六月阴渐起，欲遂上，畏阳，犹次且也。

相：导也，七月三阴势已成，遂导引而上也。

壮：壮者，大也。八月阴大盛，古人认为人失阳气则死，所以把其改为阳大壮，称为“壮月”，意思是阳大盛。

玄：玄者，悬也，意思是悬于上。意思是阴遂在上也。李巡云：“九月万物毕尽，阴气侵寒，其色皆黑。”孙炎云：“物衰而色玄也。”这里玄为黑色之意。

阳：郑玄云：“十月为阳，时坤用事，嫌于无阳，故以名此月为阳。”

辜：辜者，故也。十一月阳生，欲革故取新也。十月建亥，亥者，根荄也。至建子之月，而孳孳然生矣。

涂：涂者，古本作荼。荼，亦舒也。言阳虽微，气渐舒也。舒、荼，古字通用，又云：涂与除同音。除，谓岁将除也。

月阳月阴说里有几个重要的信息：

第一，根据此处“十一月阳生”“五月阴生”的说明，可知此乃斗建于寅，即正月为寅月，所以此处应用的是夏朝干支历。

第二，关于土。土一般对应戊、己，而戊、己不对应四周而对应中央。而在月阳月阴说中并没有说明，土所对应的戊、己与其他的天干有额外的差异。已知甲与四方某个位置对应（月阳与毕，月阴与陬訾），那么，从逻辑上可以认为，戊、己也应该与四方某个位置对应，而不是与中央对应。进而可以推出，此处干支与四方的对应方法是：十天干均分周天、十二地支均分周天。

第三，月阳与月阴的组合。虞喜认为，“月在甲曰毕”，即月雄在毕，（月）雌在訾（陬訾），所以甲与寅的组合“毕陬”为正月名。郭璞《尔雅注疏》认为，月雄月雌，即月阳月阴也，并且举出如下组合：

设若正月得甲则曰毕陬，二月得乙则曰橘如，三月得丙则曰修寎，四月得丁则曰圉余，五月得戊则曰厉皋，六月得己则曰则且，七月得庚则曰窒相，八月得辛则曰塞壮，九月得壬则曰终玄，十月得癸则曰极阳，十一月得甲则曰毕辜，十二月得乙则曰橘涂。

需要指出的是，这里列举的仅仅是岁天干为戊、癸的月干支组合情况。岁天干为其他情况下的各种组合也可同理得到，此处略过。

3. 月对应干支的客观标准

（1）如何确定月的地支，以何作为客观标准？

由前面提及的神话与历史事实都可以发现，月的地支可由北斗指向得到。北斗斗柄所指，叫作斗建。在古代早期文献里，对如何斗建的问题，只有大致的说法，并不是十分确切。晚期文献里虽然对十二地支有非常确切的分区，但是并不是十二均分周天的，因此无益于准确定位十二地支的分区。

陈遵妫先生认为古代决定十二地支分区的方法是，先连接北斗七星中的招摇和天球北极，形成一个大圆，然后根据这个大圆与赤道圈相交的点来决定分区。当这个点从北极下方来到子午线上的时候，即前大圆和子午线重合的时候，叫作子，往东30度为丑，再往东30度为寅，以此类推。他在其《中国天文学史》第三编第五章“二十八星宿”中，给出了十二地支在黄道附近的分区图。①

需要额外提及的是，陈遵妫先生此处提及的子午线基于古代方位分区，因此是唯一的，而现代天文学的子午线为经线，并不唯一。

在彝族的古代文献里，宇宙意识非常强烈，其中的五行、干支与宇宙的空间方位紧密相关。据此可以做出如下一个推测：最初的天干、地支应当对应整个天空，而不仅仅在黄道附近。

从理论上推导，子的区间应起于正北，终于北偏东30度。当然，此正北的含义并不确定。对正北，第一种理解是地球的正北方向；第二种理解是宇宙

① 陈遵妫. 中国天文学史（上册）[M]. 上海：上海人民出版社，1980：207－257.

之北，则应该指真北极。

总而言之，确定月的地支的客观标准虽有一定资料可以参考，但仍需要进一步研究来探索与核实。

（2）如何确定月的天干，以何作为客观标准？

这个问题是指如何确定真实的天干起点与分区。第一种方法是根据北斗来定位。如《淮南子·时则训》所云："孟春之月，招摇指寅，昏参中，旦尾中。其位东方，其日甲乙……季夏之月，招摇指未，昏心中，旦奎中，其位中央，其日戊己，盛德在土……"便是根据招摇指向来定位天干方位的。不过，通过核实天象可知，该文中的日是指太阳，所以"其日甲乙"是指太阳位于甲乙区间，其余同此类推。那么，这样一来，就会有矛盾：根据原文，未月戊己对应中央，而实际上根据天象，未月太阳位于南方某区间，也就是戊己必须要对应南方某区间。显然，戊己不可能既对应中央又对应南方某区间。第二种方法是用五方来配对十天干。如《淮南子·天文训》所云："何谓五星？东方，木也，……其日甲乙。南方，火也，……其日丙丁。中央，土也，……其日戊己。西方，金也，……其日庚辛。北方，水也，……其日壬癸。"此种方法虽与《淮南子·时则训》出发点不同但结果是一样的。

探索此问题的原则，应当是坚持天干均匀四方的思路。《尔雅》中的月阳说将天干均匀分布在周天中，这是一个极为重要的信息。从逻辑角度来看，地支既然均分周天，那么，天干应当也如此。显然，月阳说用天干均分周天的做法看起来更为合理，而四方剔除戊己的做法看起来不合理。

总而言之，确定月的天干的客观标准已经有一定原则可以遵循，但仍需要进一步研究。

（三）干支纪日

1. 干支纪日历史

干支纪日起源甚早，从甲骨文可知，商朝武丁至帝辛都以干支纪日。一般的说法是，干支纪日从鲁隐公三年（公元前 720 年）二月己巳开始，到清朝宣统三年（1911 年）止，有 2 600 余年的历史。此后，西历成为主流纪时方法，干支历记录时间的方法依然存留和体现在中国人的生活之中。

2. 日对应干支的客观标准

（1）如何确定日的地支，以何作为客观标准?

关于这个问题，目前尚未有定论。

（2）如何确定日的天干，以何作为客观标准?

关于这个问题，目前尚未有定论。

（四） 干支纪时

1. 干支纪时历史

早在“日书”里，就已经有将一日划分为十段、十二段的十时制、十二时制。《孔简》之《击》篇叙述一年十二个月中，每月十二支日北斗所击的时段。所谓击，就是指的意思。意思是根据北斗所指的方向来分出十二时，与十二支相应，其名称为“昏、夕、人郑、夜半、夜过半、鸡鸣、平旦、日出、食时、日中、日失、日入”。十时制见于《孔简》之《日时》篇，该篇将十天干与一日之时辰相配：“到隅中丁，日中戊，日失已，日失到夕时庚，夕时到日入辛，日入到人郑壬，人郑到夜半癸。”

不过，也有人认为，当时尚未明确地、系统地用干支来纪时，大约从《南齐书·天文志》起才开始有明确的以地支纪时的记录，而干支同时纪时则始于唐代星命家。

2. 时对应干支的客观标准

（1）如何确定时的地支，以何作为客观标准?

古代确定时的地支的方法有两种。第一种是通过十二等分每日太阳周日运动长度求得。以每日太阳相对垂直标杆上投影最短时为午正之时。午正与子正中分为卯正和酉正之时，如是即可分出每日十二辰。但是，目前尚不清楚这种方法是不是最早的方法。第二种是查看北斗指向地面的方位，该方位对应的地支便是该时之地支。这两种方法各有其道理，但其结果不同。从理论上看，第

一种主要考虑太阳相对地球的位置，第二种则考虑宇宙与地球的关系，也依稀看出炁论之痕迹，所以第二种可能更加合理。

（2）如何确定时的天干，以何作为客观标准？

关于这个问题，目前尚未有定论。

第二节　干支与分野及方位

按照史学家的看法，分野，指古代占星术将天上各个区域的星宿按照特定规则对应于地上的各个区域。详细来说，占星家认为，天上特定区域的星宿的变化，昭示着地上某个区域将发生特定的变化。分野作为中国古代的一种重要思想，且常常与干支有密切联系，需要对其展开分析。

一、　分野

分野的起源，按照史学家的看法，大概是在战国时代。具体的分野方法，各种史料记载的并不相同。亡失之书《周礼》曾提及，九州与封域各对应着天上的主星。早期的分野方法，与后期的分野方法也有所不同。

从分野的根据来看，常见的有干支分野法与其他分野法（方位分野法、二十八星宿分野法、五星分野法、北斗七星分野法），这些分野法往往夹杂在一起出现。

（一）　干支分野法

《淮南子·时则训》提出干支与五方对应，这可以理解为一种较为粗糙的分野说。其文云：

孟春之月，招摇指寅，昏参中，旦尾中。其位东方，其日甲乙……

《淮南子·天文训》也有类似的说法，其文云：

何谓五星？东方，木也，……其日甲乙……

正月指寅，十二月指丑，一岁而匝，终而复始。指寅，则万物螾螾也，律受太蔟。太蔟者，蔟而未出也……指丑，丑者，纽也，律受大吕。大吕者，旅旅而去也。其加卯酉，则阴阳分，日夜平矣。

《前汉书·天文志》提出了两种干支与分野的对应关系。

第一种说法是：

甲乙，海外，日月不占。丙丁，江、淮、海、岱。戊己，中州河、济。庚辛，华山以西。壬癸，常山以北。

第二种说法是：

甲齐，乙东夷，丙楚，丁南夷，戊魏，己韩，庚秦，辛西夷，壬燕、赵，癸北夷。子周，丑翟，寅赵，卯郑，辰邯郸，巳卫，午秦，未中山，申齐，酉鲁，戌吴、越，亥燕、代。

《史记·天官书》则云：

甲乙，四海之外，日月不占。丙丁，江、淮、海岱也。戊己，中州、河、济也。庚辛，华山以西。壬癸，恒山以北。

（二）其他分野法

《吕氏春秋·有始览》提出了“九野对应九州”说。它按照中央及八方位把天分为九野，并按顺序分配二十八星宿，其中北方配四宿，其他八野各配三宿，与地上九州对应。

《淮南子·天文训》也有天之九野，名字略有不同。它的分野方法也不同，将二十八星宿分配于春秋战国时代的十三国。

《汉书·地理志》的分野方式也不同，如：韩地，角、亢、氐之分野也……

《史记·天官书》有两种分野方式，第一种方式与四时挂钩，对应齐、楚、汉、中国；第二种方式将二十八星宿与十二州对应。

（三）分析

1. 分野说的局限

中国古代典籍中关于分野的论述存在明显的逻辑问题。由于二十八星宿位于四方且大致呈圆形，因此将二十八星宿中部分星宿对应中央的做法不合理，如《吕氏春秋·有始览》《淮南子·天文训》将东方七宿中的角、亢、氐三宿分配于中央钧天；又如《淮南子·天文训》《汉书·地理志》以周为中央，南方七宿的柳、星、张三星宿与中央对应。另外，在《史记·天官书》中，将仲冬冬至与中国呼应，也不合逻辑。

2. 分野说的参考意义

从中国古代相关典籍中可以总结出以下几个要点：第一，天（星空）的变化可以影响地（气候、自然灾害）、人（社会状态、人事变动）。用现代的语言来说，宇宙不同空间区域可以对地球不同区域产生影响。第二，产生这种影响的方式是投影式的一一对应。

根据秉承炁论的“阳和阴五行”学说，天、地、人都受到同一种本源性力量的支配影响，所以从理论上推导，随着这种本源性力量的变化，天之中央三垣与四方二十八星宿、大地、人类社会自身可能会同步发生变化。

不过，分野说本身执行的是投影式一一对应法则。按照这一法则，大地之中央（中国）应该与天之中央构成对应关系。但是在前文诸多典籍中，大地之中央往往与四方的一些星宿而不是天之中央构成对应关系。这是分野说的一个重大缺陷。

二、干支与方位

（一）“日书”里的说法

在《放马滩秦简》“日书”里提及干支与方位禁忌。天干与五方存在以下对应关系：甲乙东，丙丁南，戊己中央（因土与中央对应），庚辛西，壬癸北。地支与四方存在大概的对应关系：亥、子、丑对应北，寅、卯、辰对应南，巳、午、未对应东，申、酉、戌对应西。但是，其关于干支的说法有些逻辑混乱，举例说明：由于每一天配对一个干支组合，那么很容易发现干支凶吉不一。如，甲子，根据天干，不要东行（甲、乙毋东行），而根据地支，则东行吉（子：……东吉）。

（二）二十四方位

1. 背景知识

在提及二十四方位之前，需要叙述一下坐标体系、子午线、岁差这些作为背景知识的概念。

（1）坐标体系。

根据历史学家的说法，中国古代最初用日月五星行至二十八星宿某一宿来说明其大致的位置。随着天文学的发展，这种粗糙的方法逐渐显得不够用，于是产生了用度数表示天体位置的做法，观测天象的坐标体系由此建立。中国天文学上常用的三种坐标体系是地平坐标、赤道坐标、黄道坐标。

以地平线为基本圈，正南方基点为起点的天体坐标叫作地平坐标，它用地平经度和地平纬度来表示天体位置。地平经度或平经，是子午圈与地平经圈（通过天顶、天底和天体所作的大圆）的夹角，从正南开始，往西周天360度。值得注意的是，地平坐标也是逐步发展起来的。最初以日晷测量太阳的出没运行时，以方位角定位太阳位置，实际上就已经在使用地平坐标了，因为方位角就等同于地平坐标的地平经度。不过，当时只有地平经度，没有地平纬度。到了唐朝，一行创造了使用覆矩图以测量北极出地高度的方法，地平坐标的两个坐标（即地平经度或方位角，以及地平纬度或高度）才算完备。直到元代郭守敬创造了立运仪之后，才有了可以同时测量地平经度和地平纬度的地平经纬仪。

赤道坐标、黄道坐标就是分别以赤道、黄道为基本圈的坐标体系。由于干

支主要与地平坐标紧密相关，其他两个坐标体系不予详细论述。

（2）子午线。

在某一天体的视运动过程中，地球表面上某些点观测到该天体在上中天（午）或下中天（子）出现的时刻是相同的，这些点连接起来的线即为子午线。从本质上看，子午线就是经线，和纬线一样是人类为度量方便而假设出来的辅助线，其连接地球的南北两极，指示南北方向。观测者当地所在的子午线为测者子午线，在天文导航中用于表示观测者所在的经度信息。经度为 0 的子午线为本初子午线，用于划分东西半球，同时也是各地时间的参考基准。

（3）岁差。

地球自转轴的方向随着时间的变化而不断发生变化，通过目前得到的数据，估计赤极绕黄极旋转一周约 26 000 年，这个现象，就叫作岁差。

中国古代以冬至为基点，因此历代记载了冬至点的移动变化情况。不过，在早期，人们虽然记录但是并没有细细追究这种变化的含义，换句话说，人们当时认为太阳一周天（即天）等同于冬至一周天（即岁）。天与岁的差异，直到晋成帝时代，才被虞喜完全区分开来。他把古代星宿位置与当时星宿位置进行对比，发现并不相同，于是才了解到太阳一周天并不等同于冬至一周天。换句话说，太阳从第一年的冬至环行一周天，到第二年冬至的时候，还没有回到原点，这就是岁差，古代叫作节气西退。

2. 干支与二十四方位

干支不仅具有时间属性，还具有空间属性，即与一定方位、空间区域存在特定联系。一旦论及干支的空间属性，不可不提二十四方位。

王尔敏先生对二十四方位进行了深入研究。[①] 关于二十四方位的最初形成时间，王尔敏先生根据《逸周书·周月》《吕氏春秋·十二纪》《礼记·月令》等书的记载，指出“二十四方位观念形成于公元前 3 世纪之前”。至于二十四

① 王尔敏. 先民的智慧：中国古代天人合一的经验［M］. 桂林：广西师范大学出版社，2008：41－69.

方位的形成过程，王尔敏先生认为，上古便有八方九野之说，然后出现四方，继而出现五方。《吕氏春秋·十二纪》《礼记·月令》等将五方与十天干搭配，而《淮南子·天文训》则进一步将八天干、十二地支、四维与二十四节气搭配，从而形成了二十四方位之说。其中，八天干即甲、乙、丙、丁、庚、辛、壬、癸，剔除掉了戊、己；十二地支即子、丑、寅、卯、辰、巳、午、未、申、酉、戌、亥；四维即报德之维（东北）、常羊之维（东南）、背阳之维（西南）、号（此处为繁体字“號”，亦有人说应为“蹏”）通之维（西北）。随后，在《淮南子·天文训》的基础上，汉代人为了制作占天地盘式，不得不用单一文字，于是又用后天八卦中的乾（西北）坤（西南）艮（东北）巽（东南）代替了原有的四维，从而形成了后世常见的由八天干、十二地支、四卦构成的二十四方位。

在二十四方位成形的过程中，《淮南子·天文训》是关键的过渡环节。

最后，八天干，十二地支，加上表示四维的四卦，便正好二十四，于是可以与二十四节气一一对应：冬至子（坎），小寒癸，大寒丑，立春艮，雨水寅，惊蛰甲，春分卯（震），清明乙，谷雨辰，立夏巽，小满巳，芒种丙，夏至午（离），小暑丁，大暑未，立秋坤，处暑申，白露庚，秋分酉（兑），寒露辛，霜降戌，立冬乾，小雪亥，大雪壬。

3. 分析

从历史角度来说，《淮南子·天文训》是二十四方位的重要来源。但是，《淮南子·时则训》与《白虎通·五行》同样涉及干支与方位，但二者的说法明显不同于《淮南子·天文训》。

《淮南子·时则训》中，地支均分周天，每个地支占十二分之一。而天干，有两种理解，一种是均分周天，每个天干占十分之一，但面临要解释“其位中央”的困难；另一种是剔除掉戊己，剩余天干均分周天，每个天干占八分之一。结合天象的实际情况，笔者认同第一种理解，即十天干均分周天。至于“其位中央”之说，则只是为了满足土对应中央之说，“其位中央”是指土而并不是指戊己，可以完全忽略。

《白虎通·五行》的说法与《淮南子·时则训》类似，额外还包含了少阳、太阳、少阴、太阴。将《白虎通·五行》中的准确对应关系梳理如下：

木—少阳—寅、卯、辰—甲乙—春—东方—青—角—青龙

火—太阳—巳、午、未—丙丁—夏—南方—赤—徵—鸟

金—少阴—申、酉、戌—庚辛—秋—西方—白—商—白虎

水—太阴—亥、子、丑—壬癸—冬—北方—（黑）—羽—玄武

土—戊己—中央—宫

对比可以发现，在《淮南子·天文训》中，每个天干（剔除戊己）占二十四分之一，每个地支占二十四分之一，每个四维占周天二十四分之一；而《淮南子·时则训》中，天干均分周天，每个天干占十分之一，地支均分周天，每个地支占十二分之一。

笔者认为，干支均分周天的设定更为妥当，容易量化为连续变量。二十四方位只是在应用方面具有一定的实用性，在理论上比较混乱，没有理论指导意义。

第三节　干支与吉凶

一、“日书”里的干支择日

在《放马滩秦简》“日书”里，干支具有一定属性，被进行了各种分类，因此当人们做出各种选择时需要注意干支日的属性。

（一）干支日之分类

1. 男女日

男日为子、卯、寅、巳、酉、戌；女日为午、未、申、丑、亥、辰。

2. 牝牡月日

牡日为子、寅、卯、巳、酉、戌；牝日为丑、辰、午、未、申、亥。

牡月为十二月、正月、七月、八月；牝月为三月、四月、九月、十月。

3. 阴阳日

阳日、牡日为甲、丙、戊、庚、壬、子、寅、卯、巳、酉、戌；阴日、牝日为乙、丁、己、辛、癸、丑、辰、午、未、申、亥。

有两点值得注意。第一点，在“日书”里，男女日或牝牡日多以地支日划分，仅有一例以天干日划分。第二点，虽然天干的阴阳归类与后世做法一样，但是地支的阴阳归类却与后世做法不完全相同。后世一般认为地支的阳支为子、寅、辰、午、申、戌，阴支为丑、卯、巳、未、酉、亥，对比可以看出，只有子、寅、戌，以及丑、未、亥的归类与“日书”相同。

（二）拜见重要人物择日法

《禹须臾·所以见人日》对在不同支日的“旦、安（通‘晏’）食、日中、日失（昳）、夕日”时间点拜见重要人物的吉凶给出了断定：

子，旦吉，安食吉，日中凶，日失吉，夕日凶。

…………

亥，旦吉，安食吉，日中凶，日失吉，夕日凶。

《吏》篇则判定了每日旦（天亮）、安（一说为晏食，即晚食，约酉时之初）、昼（中午）、夕（傍晚）四个时段（也有其他资料分为五个时段，此处从略）求见长官或献策的不同结果，目的是方便下级官吏选择求见上司的时机，并预测了不同时间求见时上司对自己的反应（“听”：采纳；“许”：准许；“不听”：不采纳；“不说”：不高兴；“怒”：发怒）。其文云：

子：旦，有言，听；安，不听；昼，得美言；夕，得美言。

…………

亥：旦，有美言，得后言；安，不听；昼，有求，后见之；夕，有求，后见之。

上面两篇的说法并不一致，且没有给出判断的理由，难以令人信服。古代除了择日见人外，还有择日穿新衣、堵塞鼠穴灭鼠、焚烧狗粪驱狗、筑门求吉等。

（三）干支中分

干支中分在中国古代典籍中是比较少见的：

日分：甲以到戊，己以到癸；辰分：子以到巳，午以到亥。

在这里，十干和十二支出现中分，即对半分为两部分，把十干分为甲、乙、丙、丁、戊和己、庚、辛、壬、癸两组，把十二支分为子、丑、寅、卯、辰、巳和午、未、申、酉、戌、亥两组。

孙占宇认为这种划分有两种可能。第一种可能是与“数”有关，即：甲九木，乙八木，丙七火，丁六火，戊五土，己九土，庚八金，辛七金，壬六水，癸五水；子九水，丑八金，寅七火，卯六木，辰五水，巳四金，午九火，未八木，申七水，酉六金，戌五火，亥四木。第二种可能是与音律附会日辰有关。

笔者认为，此处干支中分可能与生气、死气的观念有关。这种观念亦可见于少量的道经之中。即，阳气可分为生阳之气与死阳之气，生阳之气为甲气、乙气、丙气、丁气、戊气，死阳之气为己气、庚气、辛气、壬气、癸气；阴气可分为生阴之气与死阴之气，生阴之气为子气、丑气、寅气、卯气、辰气、巳气，死阴之气为午气、未气、申气、酉气、戌气、亥气。

二、　地支与建除

建除术是我国古代术数中的一个重要流派，起源颇早。《协纪辨方书》云：“盖其说与诸家同起战国时，而并记之黄帝云。”汉朝建除术颇受统治者推崇。《史记·日者列传》中提到汉武帝召会包括建除家在内的各派占家选择娶妇吉日的事例。

“建、徐（通‘除’）、盈（后世作‘满’）、平、定、执、彼（后世作‘破’）、危、成、收、开、闭”，为建除十二神名目，又叫建除十二直、建除十二名、建除十二客。

根据历史学家的观点，目前出土文献所见建除术可大致分为秦系建除和楚系建除。这两大系统的建除术的十二神名目、所值日支、宜忌内容差异较大。下面仅举两个例子进行简单介绍与分析。

1.《放马滩秦简》

“日书”的乙种竹简《建除》篇云：

正月：建寅，除卯，盈辰，平巳，定午，执未，彼申，危酉，成戌，收亥，开子，闭丑。

…………

十二月：建丑，除寅，盈卯，平辰，定巳，执午，彼未，危申，成酉，收戌，开亥，闭子。

2.《淮南子·天文训》

《淮南子·天文训》对十二神名目与日支的配置有简略的说明。其文云：

寅为建，卯为除，辰为满，巳为平，主生。午为定，未为执，主陷。申为破，主衡。酉为危，主杓。戌为成，主少德。亥为收，主大德。子为开，主太岁。丑为闭，主太阴。

3. 分析

容易看出，十二地支与建除十二神名目并不存在固定的对应关系。十二地支与建除十二神名目轮流对应，从而每个地支的吉凶轮流变化。而如果按照炁论来理解，则十二地支乃阴气的十二之气，因此其属性应该是固定不定的。另外，干支是二维体系，而建除系统只挂靠地支而不挂靠天干，是一维体系。结

合这两点来看，建除之论难以令人信服。

干支并不只是纪时的工具，它实际上具有时空一体性的特点，意味着理解干支时要考虑到其时空属性到底是怎样的。分野说使得干支空间特性具体化，对于构建妥当的数理模型大有启发。关于干支与吉凶、建除之间关系的诸多说法，都存在问题。

下编

古代如此多的学说，到底谁优谁劣？哪种学说具有科学价值？阴阳学说本身很难直接量化，五行学说中的五行作为离散变量，与客观世界的连续变量性质难以吻合。如此一来，必须要选对突破口和工具，方能在重重黑暗之中开辟出一条光明大道。经过在理论逻辑性、完备性、通顺性、可量化性等各方面的考核与筛选，笔者选择了天干、地支作为突破口，将天干、地支量化为干支曲线后，将其与客观世界数据进行相关分析。结果出乎意料，此路可行：客观自然世界居然跟天干、地支真的存在显著相关性。呜呼！数年光阴磨一剑，光明大道现眼前！

第七章 干支与热带气旋

2015年的夏天，笔者在阅读中国传统文化典籍时，偶然间，脑海中闪现一个念头：我看的这些东西有什么实际用途吗？如果有的话，能否被证明？

环顾四周，蓦然发现，在电脑桌上有一本黄历，上面记载着天干、地支等中华传统文化内容。随即，笔者心血来潮地想到：能否用干支预测一下气象呢？于是，2016年3月，笔者利用自己对干支的理解，将天干理解为阳，地支理解为阴，通过一定的计算方法，对九江气象进行为期三个月的预测。事后，与实际气象结果进行对比，发现有一定的准度。由此，点燃了笔者使用干支来研究气象的热情。

但是，由于当时无法得到精确的气象数据，难以开展真正意义上的量化研究，笔者转而研究热带气旋，因为它有公开的详细数据。

本章第一节展示如何量化干支，以及干支历。第二节介绍热带气旋的基本情况，展示使用量化干支历分析热带气旋数据以及结果。本章主要内容编译自笔者2017年以英文发表的论文①。第一节来自该论文中的材料与方法，补充了当时的思考过程以及最终思路形成的内容，删改了一部分与前面章节重复的内容。第二节来自该论文的其他部分内容，并增加了关于热带气旋的背景知识、两个新的结果及其分析，还补充讨论了本研究的意义。

第一节　天干地支与干支历的量化

在社会与自然科学研究中，自变量一般都要求量化，无论是离散型还是连续型。对很多自然现象而言，自变量是连续型变量。

一、 天干地支的量化

（一） 妥当思路的产生

科学研究，离不开数字。在中国传统文化中，的确有一些数字，不过，它们大多是人为设定，任意性很大。这种做法由于没有可靠的理论依据，从而使得后续的工作没有意义，因此笔者没有做进一步的探索。

通过对中国古代诸多学说进行理论上的思考后，笔者得出这样的思路：一方面，“干阳阴支”说将十天干看作阳气，将十二地支看作地支，这种学说十分简单，缺乏量化的可能。另一方面，干支“生长盛衰亡”说在数学上具有几何画面感，因此具有可量化的可能。但在这种学说里，无论是天干还是地支，都有阴与阳的混杂，十分混乱。

① YAN W. Re－analysis of tropical cyclone variability from February 1956 to February 2016 over the western North Pacific using the TianGan－DiZhi calendar［J］. Journal of geography and regional planning，2017，10（11）：pp. 309－316.

因此，笔者结合了此二说的优点，最终形成一个较为妥当的思路：十天干、十二地支可量化为两条类似抛物线或与翻转后的余弦波类似的曲线。

（二） 干支的量化

基于上述分析，可以通过以下一系列步骤量化干支与干支历。由于十天干和十二地支都是均匀分割一个圆，可以轻易求出每个成分占有的角度范围。由于数学上的零度是从第一象限开始的，因此作图时零度放在东方，角度逆时针增加（见图7－1）。

首先，每个天干的范围为36度，每个地支的范围为30度。其次，可以使用三角函数$1-\cos\theta$模拟“生长盛衰亡”的过程。为何是这个函数而不是其他函数呢？笔者在确定使用什么函数来模拟“生长盛衰亡”过程时，花费了一定时间。一个合适的函数必须满足以下特征：第一，在中华传统文化中，干支涉及周天变化，而周天为360度。因此，此函数必须以角度变化值为自变量。第二，此函数的几何图必须能很好地拟合“生长盛衰亡”的过程。第三，“生长盛衰亡”的过程应该起于0度，中间皆为正值，终于0度。由第一个条件，可以得出它应该是三角函数，进而考虑加上第二、第三个条件，则可以发现，众多三角函数中正弦函数$1+\sin(\theta-90°)$和余弦函数$1-\cos\theta$可以胜任。尽管二者波形一样，但是，从理论上讲，$(\theta-90°)$的意义不明。因此综合考虑后，笔者最终确定了把余弦函数$1-\cos\theta$作为拟合“生长盛衰亡”过程的三角函数。

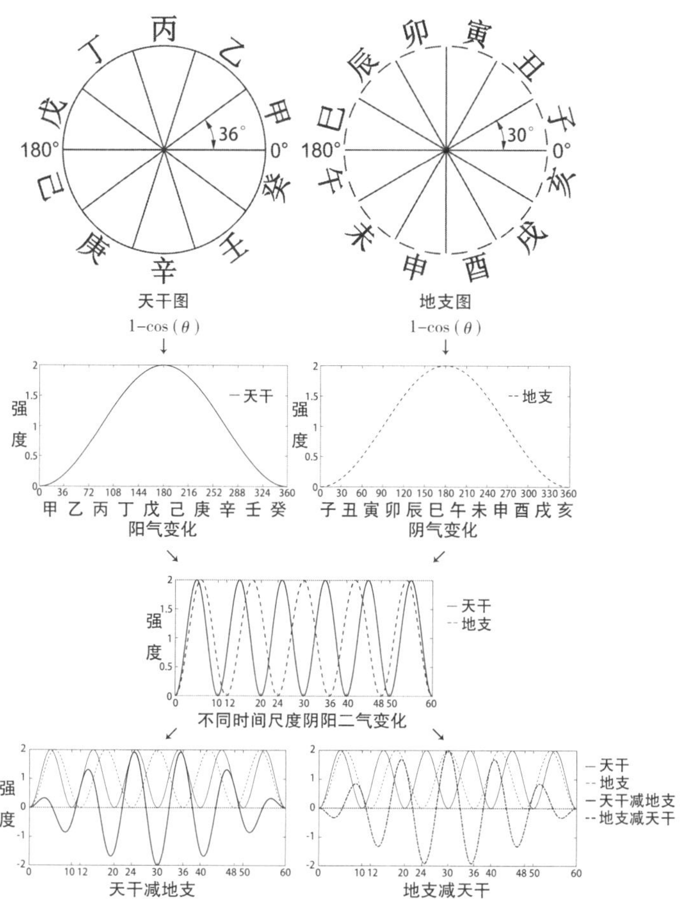

图 7-1　天干和地支的量化

注：十天干均匀分割一个圆，故每个天干的范围为 36 度，而十二地支同样均匀分割一个圆，故每个地支的范围为 30 度。天干或地支分别围绕在圆的外围相应位置（第一排）。天干、地支的强度由 $1-\cos\theta$ 进行描述（第二排）。天干十和地支十二的最小公倍数为 60（此时干支曲线设为 $1-1.2\times\cos\theta$ 以对应其角度更快的现象）（第三排）。天干与地支强度的差异："天干减地支"或"地支减天干"，灰色曲线是天干和地支曲线（第四排）。

由于天干、地支变化速度不一样，因此天干、地支变化分别用三角函数 $1-\cos(1.2\times\theta)$、$1-\cos\theta$ 来表示。通过这种方式，天干、地支变成了连续曲线，十天干、十二地支皆有自己相应的范围。

干支变化速度不同，这个现象可以用角速度不同来描述。天干的角速度显然为36度/时间单位（此时间单位可以是任意时间尺度，如岁、月、日、时），地支的角速度显然为30度/时间单位。二者最小公倍数为1 800度，即六十甲子或基本周期。在一个六十甲子里，最初，天干、地支都是0度，其取值都是0，二者相等。等到二者再次相等为0时，位于1 800度，此时天干循环了6个周期，地支循环了5个周期。由于天干和地支的角速度不同，在60个时间单位的基本周期内，大部分时间天干的力量与地支的力量都是存在差异的，这种差异可以用连续曲线表现出来，如“天干减地支”或“地支减天干”。

二、 干支历的量化

干支历中的时间定义方式与格里高利历中的时间定义方式大不相同。天干有10个组成部分，地支有12个组成部分，对不太熟悉中华文化的外国人来说，十天干名称过于复杂，难以记忆。因此，为了便于外国人理解，十天干被称为“T1”到“T10”，其中“T”是“Tian”的首字母，代表天干，数字代表顺序。十二地支同理，可以被称为“D1”到“D12”，“D”是“Di”的首字母。在中国古代，将十天干中的一个和十二地支中的一个配成对使用，以标记不同时间尺度的时间。小时（为了区别古代等于现代两个小时的时辰之“时”，此处特意使用小时）、日、月、季节和年份在TD历法中的定义不同，如干支小时、干支天、干支月（例如，干支历第一个月，或子月，一般从12月7日开始）、干支季节（例如，干支夏定义为巳、午和未这三个干支月份，一般为5月5日至8月6日）和干支岁（一般为一年的2月4日至次年的2月3日）。

由于60是天干（周期为10）和地支（周期为12）的最小公倍周期，因此60对不同的天干和地支对构成时间序列的基本周期（或六十甲子，英文对应的是sexagenary circle）。因此，天干和地支在60个干支小时（或5个干支天）、60个干支天（或2个干支月）、60个干支岁时间尺度上周期循环。由于六十甲子由十天干和十二地支配对而成，因此基本周期或六十甲子内的所有时间点（在岁、

月、日、小时这四个时间尺度上的任意一个都成立）是互相不同质的；六十甲子每经过60个时间点就重复一次，故相隔60的时间点是同质的。举例说明：在一个六十甲子中，甲子岁是第一对，对应岁时间尺度的第一个时间点；乙丑岁是第二对，对应岁时间尺度的第二个时间点。那么该六十甲子中的甲子岁与其后的乙丑岁不同质，而与另一个六十甲子中的甲子岁同质。

由公历转换为量化的干支历需要五个步骤（见表7－1）。第一步，找到与公历时间对应的天干和地支的名称。第二步，将天干或地支转换为相应的度数范围。第三步到第五步，通过不同的公式计算出准确的取值。这些公式的逻辑是，要想得到干支在一个时间尺度的准确度数，必须考虑在更低级别时间尺度上花费的时间所产生的偏差。例如，计算第T1天中不同时间点的度数的具体值。由于T1的范围是从0度到36度，因此当天花费的小时数将影响第T1天的最终取值。因一日有24小时或12时辰，故第一个时辰的取值范围是［0，1），对应于［（0＋36×0）/12），（0＋36×1/12））或［0，3）这样一个取值范围。同理，第六个时辰（从T1的9：00到11：00）对应于［（0＋36×5/12），（0＋36×6/12））或［15，18）的范围。

表7－1　公历转换为量化的干支历的五个步骤

公历年		公历月		公历日		公历时	
1983		6		23		12	
第一步：找到对应干支							
年干	年支	月干	月支	日干	日支	时干	时支
T10—癸	D12—亥	T5—戊	D7—午	T9—壬	D7—午	T3—丙	D7—午
第二步：找到干支对应范围的起点度数							
T10	D12	T5	D7	T9	D7	T3	D7
324度	330度	144度	180度	288度	180度	72度	180度

（续上表）

第三步：找到干支各自对应的等级和总数							
t3	r3	t2	r2	t1	r1	N/A	N/A
365	140	32	18	12	6	N/A	N/A
第四步：使用以下公式来转换							
T10＋［（r3－1＋r1/t1）/t3］×36		T5＋36×（r2－1＋r1/t1）/t2		T9＋36×r1/t1		N/A	N/A
D12＋［（r3－1＋r1/t1）/t3］×30		D7＋30×（r2－1＋r1/t1）/t2		D7＋30×r1/t1		N/A	N/A
第五步：计算出最终的准确角度值							
年干	年支	月干	月支	日干	日支	时干	时支
337.76 度	341.47 度	163.69 度	196.41 度	306 度	195 度	72 度	180 度

表中，T 代表天干；D 代表地支；t 是 total 的首字母，代表总数；r 是 rank 的首字母，代表等级；y 是 year 的首字母，代表年时间尺度；m 是 month 的首字母，代表月时间尺度；d 是 daily 的首字母，代表日时间尺度；h 是 hourly 的首字母，代表时时间尺度。以上字母可以组合，如年干用 yT 表示，其余同理。t1、t2、t3 和 r1、r2、r3 表示某时间点在不同时间尺度上的总数和等级，其详细计算方法举例如下：一天中总共有 12 个时辰，所以 t1 等于 12。因此，公历时在 t1 为 12 的情况下等级为 6（12/2 等于 6，即 r1）。同样，t2 代表干支月份中所有干支天数的总和；r2 代表干支月份在当前干支的等级；t3 代表干支岁中所有干支天数的总和；r3 代表干支岁在当前干支的等级。公历时那一列下面，在第三步、第四步没有对应的内容，因为这个级别是干支历中所有时间尺度的最低级别。

第二节　使用量化干支历分析热带气旋频次变化

提起热带气旋，人们一般不太熟悉。但提起台风，几乎人人皆知。热带气旋按照强度分为很多种，台风就是一种非常强大的热带气旋。

热带气旋，英文是 Tropical Cyclone（简称 TC），是指在热带或副热带暖洋面上产生的暖心低压的强烈大气涡旋。热带气旋常可引发大风和暴雨，以及次生灾害如洪水、内涝等，常造成重大生命与财产损失，是对人类威胁最严重的自然灾害之一。因此，一直以来，热带气旋受到全世界的大气科学家的极度重视与大力研究。

一、背景知识

（一）热带气旋等级

热带气旋的等级划分，国际上有不同标准。我国曾依据热带气旋中心附近两分钟内平均最大风速将热带气旋分为四个等级：热带低压（10.8～17.1 m/s）、热带风（17.2～24.4 m/s）、强热带风暴（24.5～32.6 m/s）、台风（大于32.6 m/s）。2006 年出台的《热带气旋等级》国家标准（GB/T 19201－2006），又将台风等级细分为台风（32.7～41.4 m/s）、强台风（41.5～50.9 m/s）和超强台风（大于 50.9 m/s）三个等级。

美国也有自己的等级划分标准，名称亦有所不同。

（二）热带气旋统计数据

由于各种原因，1950 年之前几乎没有可靠的热带气旋数据。科罗拉多州立大学大气科学系 William M. Gray 教授的《热带气旋的生成》（*Tropical*

Cyclone Genesis）对 1952—1971 年这 20 年的热带气旋形成数据进行了统计①，其中发生在北大西洋和西印度洋的热带气旋总共 234 个，占比 12%，年均数约 12 个。

（三）热带气旋形成机制探讨

1. 早期探索

早期，海上观测资料比较缺乏，研究热带气旋形成机制非常困难。Gray 教授总结出与热带气旋生成有着紧密关系的 6 个季节性因素，它们分别是：适当的科里奥利力（Coriolis Force）、适宜的低层高相对涡度区、初始扰动区水平风速垂直切变比较弱、海表到海里 60 米深的区域的水温要达到 26℃以上、海平面到 500 百帕（hPa）气压高度这一区域存在条件性不稳定大气、对流层中层相对潮湿。

当时人们发现这些季节性因素或环境条件被满足之后，热带气旋才会产生，从而说明大尺度气候背景对热带气旋生成过程起到重要影响作用。不过，近年的研究表明这 6 个季节性因素并非独立的因素，也发现了一些不满足这些因素的例外情况。

2. 研究进展

随着科技的进步、观测手段的改善、数值模拟条件的提高，气象学家在不同时空尺度上对热带气旋的生成机理做了大量探索，取得了一些重要成果②③。

二、问题的提出

一般来说，研究者认为世界各地热带气旋的频次变化与各种因素有关④，其中经常提到以下因素：厄尔尼诺—南方涛动（El Nino - Southern Oscillation,

---

① WILLIAM M G. Tropical cyclone genesis ［M］. Colorado：Colorado State University，1975.

② 张庆红，郭春蕊. 热带气旋生成机制的研究进展［J］. 海洋学报（中文版），2008（4）：1 - 11.

③ 张文龙，崔晓鹏. 热带气旋生成问题研究综述［J］. 热带气象学报，2013，29（2）：337 - 346.

④ LANDSEA C W. Climate variability of tropical cyclones：past，present and future ［M］//PIELKE. Storms. New York：Routledge，2000：pp. 220 - 241.

ENSO）、准两年振荡（Quasi - Biennial Oscillation，QBO）、季节内振荡（Madden - Julian Oscillation，MJO）。

再来看一些最近的研究。有人发现太阳活动与热带气旋频次变化之间存在联系①②，太阳黑子的数量与周期为22年的飓风频次显著相关③④。

太阳对热带气旋的影响之研究自然地涉及中国的干支历。干支历的一个重要内容是，在岁时间尺度上，天干周期为10岁（恒星年），地支周期为12岁，这意味着二者平均值（11岁）非常接近太阳黑子活动周期（约11年）。而且干支历目前仍用于中国传统医学研究⑤和一些气候研究⑥。

到目前为止，仍然没有发现热带气旋变化活动明确的规律、模式⑦，这是一个令人沮丧的局面。面对这种局面，很容易让人心生疑惑：世界万事万物都是有规律的，为何热带气旋变化找不出规律？问题出在哪里？是因为当前的理论本身就存在问题吗？也许是这样，但当前所有的理论都有或多或少的证据支持。那么，问题有没有可能出在源头，即原始数据呢？这个猜测可能初听起来很疯狂，但是在认真考虑之后，这种可能性不能被排除。由于原始数据是按格

---

① ELSNER J B，JAGGER T H. United States and Caribbean tropical cyclone activity related to the solar cycle［J］. Geophysical research letters，2008，35（18）：L18705.

② HODGES R E，JSGGER T H，ELSNER J B. The sun - hurricane connection：Diagnosing the solar impacts on hurricane frequency over the North Atlantic basin using a space - time model［J］. Natural hazards，2004，73（2）：pp. 1063 - 1084.

③ MENDOZA B，PAZOS M . A 22 yr hurricane cycle and its relation with geomagnetic activity［J］. Journal of atmospheric and solar - terrestrial physics. 2015，71（17 - 18）：pp. 2047 - 2054.

④ PAZOS M，MENDOZA B，GIMENO L. Analysis of precursors of tropical cyclogenesis during different phases of the solar cycle and their correlation with the Dst geomagnetic index［J］. Journal of atmospheric and solar - terreattial physics，2015，133：pp. 54 - 61.

⑤ 汤巧玲，张家玮，宋佳，等. 近10年五运六气与疾病发病及防治的相关性研究进展［J］. 现代中医临床，2016，23（1）：58 - 61.

⑥ 汤巧玲，宋佳，张家玮，等. 五运六气与气候关联性研究的现状分析［J］. 中医杂志，2015，56（12）：1069 - 1072.

⑦ CAMARGO S J，SOBEL A H，BRANSTON A G，et al. The influence of natural climate variability on tropical cyclones，and seasonal forecasts of tropical cyclone and seasonal forecasts of tropical cyclone activity［M］//CHAN J C L，KEPERT J D. Global perspectives on tropical cyclones：from Science to Mitigation. Singapore：World scientific publishing company，2010：pp. 325 - 360.

里高利历进行记录的，那么后续的统计分析，如求年、月平均值时，显然会受到这种数据组织方式的巨大影响。可以假设，格里高利历对数据的组织方式可能会产生影响甚至扭曲数据的性质，从而阻碍规律被发现。数据采用格里高利历进行组织已经有很长的历史，是默认的数据记录和组织方式，因此这种可能性通常被忽略。也正因为如此，如果这种默认法则确实存在问题，那么对原始数据的重组和探索会是令人兴奋的一个过程，它充满未知，充满挑战，也充满希望。

三、 科学假设的提出

根据理论推导，阴阳二气或"阳和阴"三气乃是支配天、地、人万事万物发展变化的本源性力量。那么，包括热带气旋在内的各种气象活动应当与之有关。由于天干、地支是描述阴阳二气的符号，可以做出如下一个科学假说：热带气旋原始数据全部以格里高利历进行标记，这可能影响到数据分析结果，从而妨碍发现潜在数据中的规律。热带气旋数据按照干支历进行重组后，可能与量化后的干支曲线相关。

四、 研究材料和方法

世界上大约三分之一的热带气旋发生在西北太平洋中，并且有许多学者对此进行了研究探讨①②③④，因此本书选择这个地方进行研究。其热带气旋数据

① CHEN T C，WENG S P，YAMAZKI N，KIEHNE S. Interannual variation in the tropical cyclone formation over the western North Pacific ［J］. Monthly weather review，1998，126：pp. 1080－1090.

② CHEN J C L. Tropical cyclone activity over the western North Pacific associated with El Niño and La Niña events ［J］. Journal of climate，2000，13：pp. 2960－2972.

③ CHEN T C，WANG S Y，YEN M C. Interannual variation of the tropical cyclone activity over the western North Pacific ［J］. Journal of climate，2000，19：pp. 5709－5720.

④ YUAN J N，LIN A L，LIU C X. Spatial and temporal variations of tropical cyclones at different intensity scales over the western North Pacific from 1945 to 2005 ［J］. Journal of meteorological research，2009，23（5）：pp. 550－561.

来自“CMA－STI 北太平洋西部热带气旋最佳轨迹数据集”，取自官网 tcdata. typhoon. org. cn。

“CMA－STI 北太平洋西部热带气旋最佳轨迹数据集”提供了自 1949 年以来西北太平洋（含南海，赤道以北，东经 180°以西）海域热带气旋每隔 6 小时一记录的位置和强度（具体来说分别是 0 点、6 点、12 点、18 点），按年份分别放在单独的文本文件中。

强度标记，以正点前 2 分钟至正点内的平均风速为准，参见《热带气旋等级》国家标准（GB/T 19201－2006）：

0——弱于热带低压（TD）或等级未知；

1——热带低压（TD，10. 8～17. 1m/s）；

2——热带风暴（TS，17. 2～24. 4 m/s）；

3——强热带风暴（STS，24. 5～32. 6 m/s）；

4——台风（TY，32. 7～41. 4 m/s）；

5——强台风（STY，41. 5～50. 9 m/s）；

6——超强台风（Super TY，≥50. 9 m/s）；

9——变性，第一个标记表示变性完成。

本研究共使用了自 1956 年 2 月 5 日至 2016 年 2 月 3 日期间（共 60 岁）的 2 008 个热带气旋。在 2 008 个热带气旋的所有每隔 6 小时一次的记录中，共有强度标记为“1”至“6”的记录 48 134 条，而强度标记为“0”或“9”的记录都被剔除。

五、 统计分析

（一） 预处理数据

数据都是使用公历（格里高利历）记录和分类的，因此需要使用干支历进行重组，以便进一步分析。

（二） 统计分析

因为在任一时间尺度基本周期内，所有的时间点是不同质的，而相隔60的任意两个时间点才是同质的，所以热带气旋数据需要按照干支历的法则进行重组，全部安置在六十甲子基本周期之内（也就是说，横坐标设定为从1到60）。

数据分析使用的软件是Prism（版本5.0），数据分析的内容是对热带气旋各种变量数值（频次、强度、纬度、经度、最小压力，以及两分钟平均最大持续风速）与量化后的干支变量强度数值进行相关分析。

六、 结果

（一） 两种历法体系下的数据及其差异

热带气旋数据在两种历法体系下有没有什么明显区别？这是令人感到好奇的地方。为了探讨这个问题，需要对公历和干支历中的热带气旋数据进行比较。首先，比较热带气旋的个数在两种历法体系下是否有明显不同。从图7-2中可以看到，公历体系下的60年（1956年1月1日到2015年12月31日）（图7-2A）的热带气旋数量，与干支历体系下的60岁（从1956年2月5日到2016年2月3日）（图7-2B）的热带气旋数量，二者之间存在一定差值（图7-2C），但差异不显著（配对t检验）。需要提及的是，图7-2C的差值是这么算出来的：它被定义为两种历法中两个相关值之间的差值除以公历体系中的值。两种历法体系之间的热带气旋数量差值范围为-10%~9.524%，标准差为3.293%。

其次，又比较了每隔6小时一记录的热带气旋频次。公历体系中的数据（图7-2D）类似于干支历体系中重新排列的数据（图7-2E）。两种历法体系的每隔6小时一记录的热带气旋频次存在一定差值（图7-2F），但差异不显著（配对t检验），其差值范围为-6.046%~6.597%，标准差为2.715%。

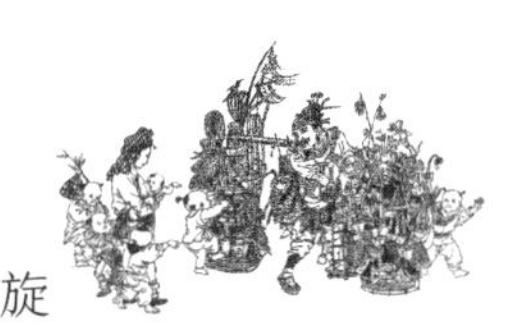

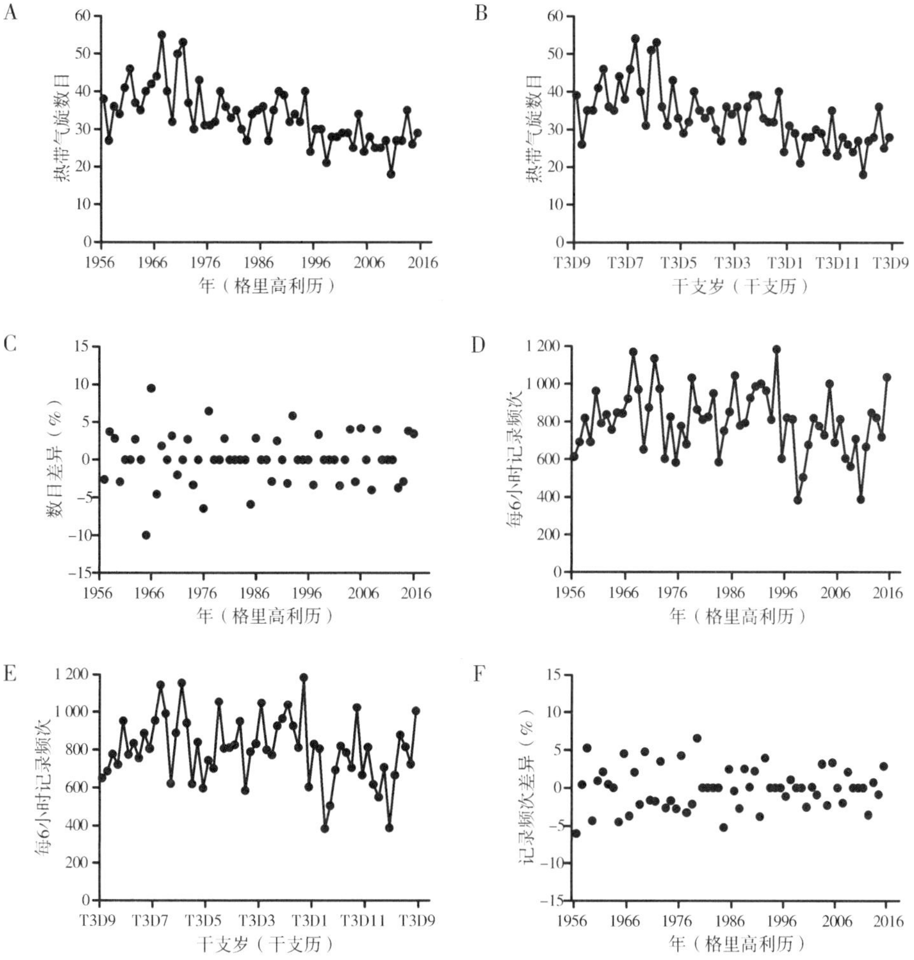
A
热带气旋数目
年（格里高利历）
B
热带气旋数目
干支岁（干支历）
T3D9
T3D7
T3D5
T3D3
T3D1
T3D11
C
数目差异（%）
年（格里高利历）
D
每6小时记录频次
年（格里高利历）
E
每6小时记录频次
干支岁（干支历）
F
记录频次差异（%）
年（格里高利历）

图7－2　两种历法体系下热带气旋数据的差异

注：（A）公历1956年1月1日至2015年12月31日的热带气旋数量。（B）干支历1956年2月5日到2016年2月3日的热带气旋数量。（C）两种历法体系下热带气旋数量之间的差异不显著。（D）公历和（E）干支历体系下每隔6小时一记录的热带气旋频次。（F）两种历法体系下热带气旋频次之间的差异不显著。

（二） 基本周期内数据与干支变量之间的相关性

六十甲子基本周期由60个干支配对所组成，其中时间点甲子或T1D1排名第一，时间点癸亥或T10D12排名最后。按照这种法则，所有热带气旋数据都重新排列到了六十甲子基本周期中（图7－2B和图7－2E）。纵坐标的“1”对应的就是排第一的甲子或T1D1，纵坐标的“60”对应的就是排最后的癸亥或T10D12。

然后将对热带气旋的各种参数与量化后的干支历变量进行相关分析。量化后的干支历变量有：量化后的天干、量化后的地支及其量化后的干支相互作用（即“天干减去地支”或“地支减去天干”）。结果表明，通过干支历重组后的热带气旋数量与量化干支历变量无显著相关；通过干支历重组后的每隔6小时一记录的热带气旋频次与量化干支历变量亦无显著相关。

以上结果是令人沮丧的。这不禁令人心生困惑：难道量化后的干支真的与热带气旋没有任何相关吗？

（三） 数据重新分拆为干支历四季后的结果

经过一段时间的思考，笔者决定按照新的思路做出一些新的尝试。这个思路的逻辑就是，尽管总体来看没有差异，但将数据分拆为四个季节会不会有新的发现？于是，按照这样的思路，开始执行以下步骤：

1. 重拆数据

首先，每隔6小时一记录的热带气旋频次按照干支历的方法分解为干支历四季，即春季（立春到立夏前一天）、夏季（立夏到立秋前一天）、秋季（立秋到立冬前一天）和冬季（立冬到立春前一天）。其次，在岁时间尺度上，每个TD岁的热带气旋的6小时记录按照六十甲子基本周期进行重组，其中，甲子岁或T1D1岁（1984年2月至1985年2月）位于基本周期的第一位，最后一位是癸亥岁或T10D12岁（1983年2月至1984年2月）（见图7－3A）。值得注意的是，为了更好对比两种历法的不同，在干支历纵坐标的下方，安排了

相应的公历纵坐标，这两种纵坐标存在上下一一对应关系。同样，每个干支岁的每 6 小时数据也按照 TD 月（见图 7 - 3B）和 TD 天（见图 7 - 3C）重新排列，纵坐标第一个是甲子月（或 T1D1 月）或甲子日（T1D1 日），最后一个是癸亥月（或 T10D12 月）或癸亥日（或 T10D12 日）。

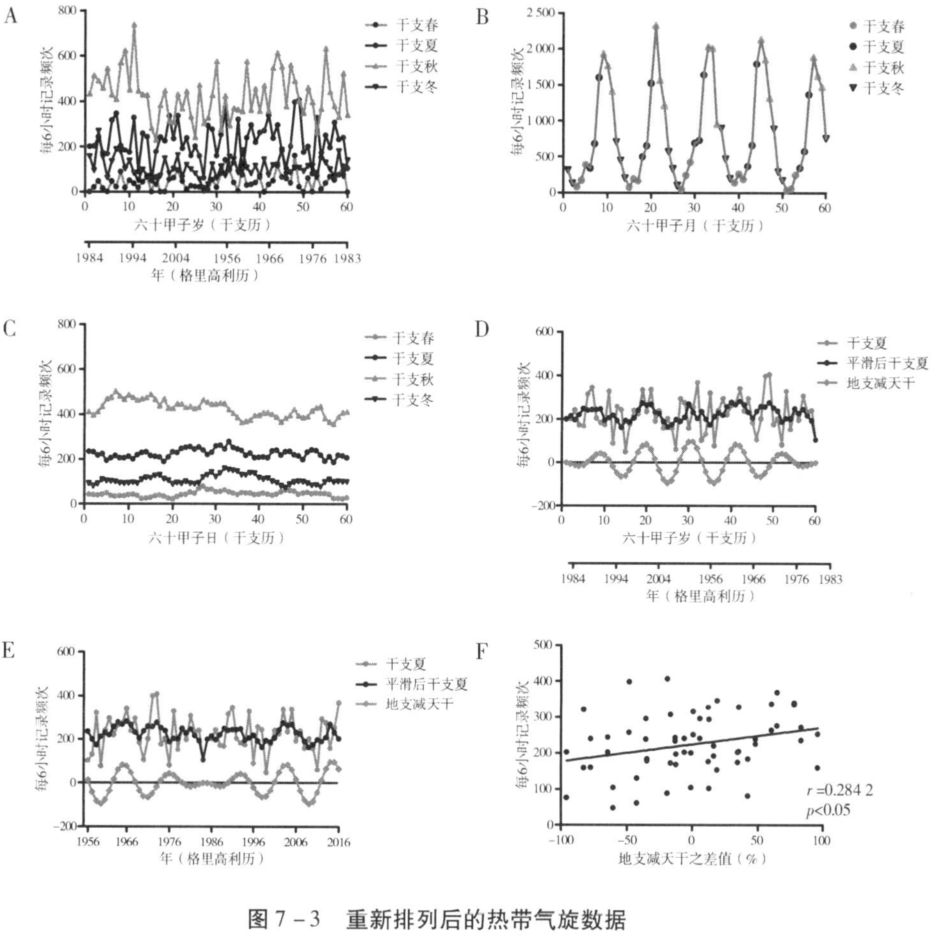

图 7 - 3　重新排列后的热带气旋数据

2. 结果

由于在中华文化传统中，天干为阳，地支为阴，而阴阳二者之间的关系是此长彼消的，因此天干和地支相互作用。首先对热带气旋的各种属性与干支以及干支相互作用（即“地支减天干”或“天干减地支”）进行相关性分析。

（1）重拆后的结果显示，干支历夏季的热带气旋记录曲线的形状，无论是在干支历体系中（见图7－3D），还是在更为人所熟悉的公历体系中（见图7－3E），都非常类似于“地支减天干”曲线（此处为了更好地比较，该曲线已经乘以100）。需要特别指出的是，图中加粗线条是平滑后的曲线，与“地支减天干”曲线十分类似。相关性检验表明，干支历夏季热带气旋的每隔6小时一记录的数据与“地支减天干”曲线存在显著相关（见图7－3F），$p<0.05$。

（2）在干支月份（见图7－3B）或天数（见图7－3C）中重新排列的热带气旋的每隔6小时一记录的数据与量化干支历变量没有显著相关。

（3）看似不规则的每隔6小时一记录的数据按干支历重组后显示出规律。该数据以干支岁、干支月、干支天时间尺度呈现。无论在干支历（见图7－3D）或公历（见图7－3E）中，干支历夏季每隔6小时一记录的数据的原始形状（上部细线）和平滑后的形状（上部粗线），都与六十甲子基本周期中的“地支减天干”曲线相似。相关分析表明，“地支减天干”的强度曲线与干支夏季热带气旋的每隔6小时一记录的数据显著相关，$p<0.05$（见图7－3F）。

（4）热带气旋的其他属性与量化干支历不同变量的相关分析也在日时间尺度上进行。干支历季节6小时数据中的纬度（见图7－4A）、经度（见图7－4B）、热带气旋中心附近最小气压（见图7－4C）、2分钟平均最大持续风速（见图7－4D）与量化干支历不同变量无显著相关。纬度与“地支减天干”曲线无显著相关。“地支减天干”曲线与干支历春季（$p<0.05$）、干支历秋季（$p<0.01$）的6小时数据中的经度存在显著相关；也与干支历冬季最小气压（$p<0.01$）、干支历夏季2分钟平均最大持续风速（$p<0.01$）存在显著相关，如图7－4E、图7－4F、图7－4G、图7－4H所示。

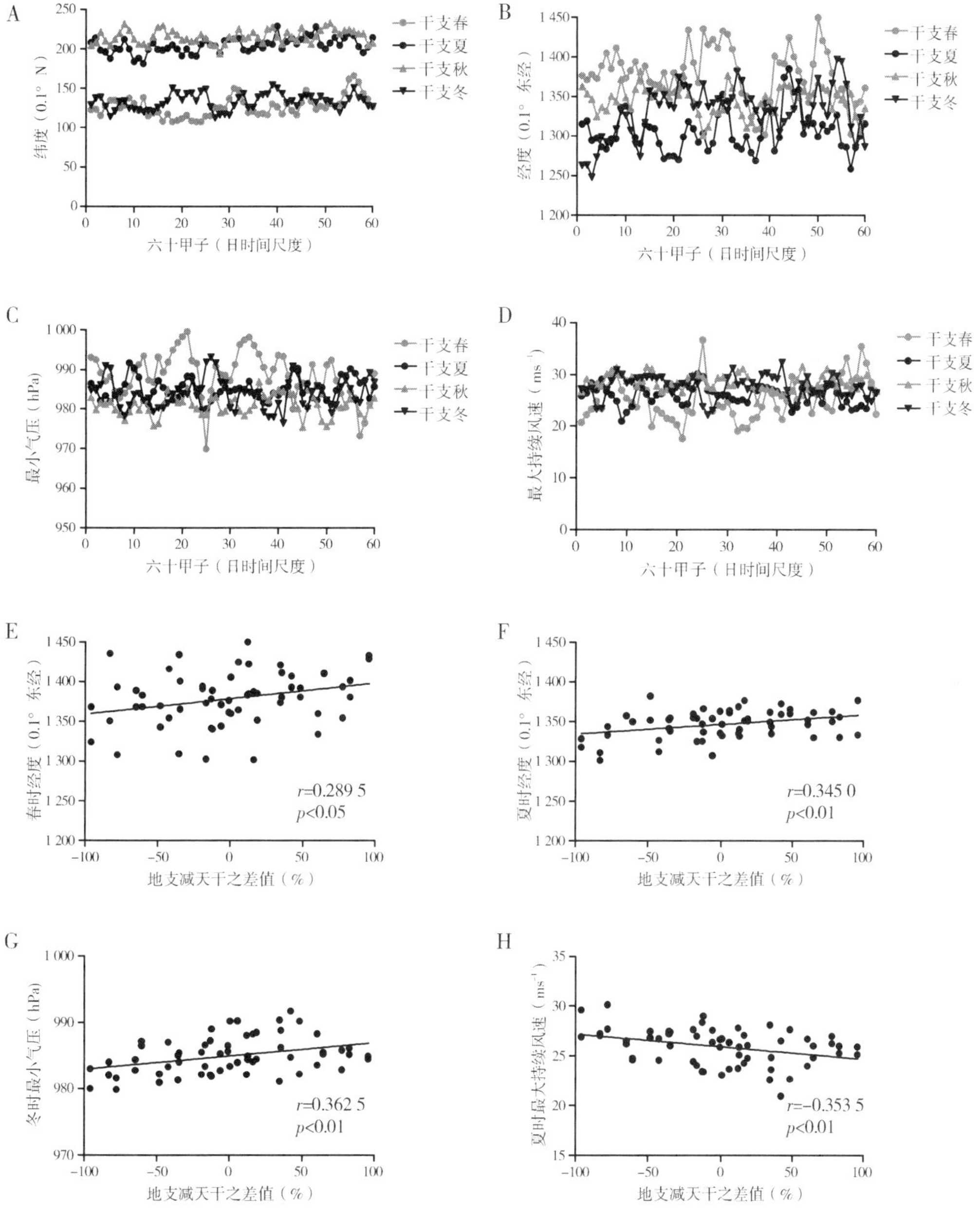

图 7－4　热带气旋不同属性与量化干支历变量的相关性

笔者对上述属性与单独的天干或者地支的强度进行了相关分析。在日时间尺度上，天干的强度与干支历夏季的经度（$r=-0.3044$，$p<0.05$）、干支历春季热带气旋中心附近最小气压（$r=-0.3570$，$p<0.01$）、干支历春季（$r=0.3152$，$p<0.05$）和干支历冬季（$r=-0.2987$，$p<0.05$）2 分钟平均最大持续风速都有着显著相关。

同时，地支的强度与干支历春季的纬度（$r=0.2954$，$p<0.05$）、干支历夏季的热带气旋中心附近最小气压（$r=0.3931$，$p<0.01$）、干支历夏季的 2 分钟平均最大持续风速（$r=-0.3636$，$p<0.01$）存在显著相关。

（5）笔者还对数据进行了详细查看与分析，结果又新发现了两个重要结果：

第一，在日时间尺度上存在显著相关。如图 7－5 所示，表面上看，在六十甲子日时间尺度上，干支历夏季热带气旋 6 小时记录频次与“地支减天干”曲线并不相关；然而，将前面 20 天（六十甲子的前二十个）去掉之后（见图 7－5B），结果发现剩下的数据与“地支减天干”曲线显著相关。这种现象，笔者解释为，前 20 天因为有其他影响因素与干支共同起作用，所以相关性不显著，后 40 天主要是干支在起作用，故而相关性显著。

这个结果是极为重要的。因为，在前面只发现在岁时间尺度上存在显著相关，现在这个结果说明在日时间尺度上也存在显著相关。这就强烈表示，干支应该在所有时间尺度上都起作用。

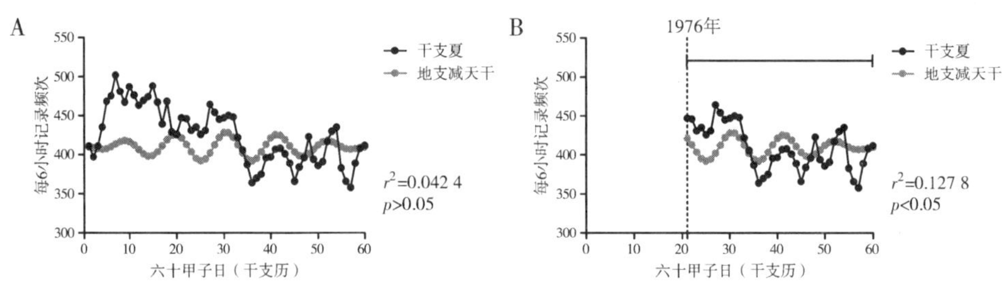

图 7－5　部分区间干支夏数据与“地支减天干”曲线显著相关

第二，六十甲子岁里有干支交替显著相关之现象。如图 7－6 所示，通过将“天干减地支”“地支减天干”两条曲线叠加在数据上（见图 7－6A）观察，发现以 1968 年为界，之前的干支夏数据与“地支减天干”曲线吻合得较好，而之后的数据与“天干减地支”曲线吻合得较好。故而以 1968 年为界，各自留下两条曲线高相关的部分，从而拼接为一条曲线。这条曲线与干支历夏季数据相关程度（$p < 0.01$，见图 7－6B）高于单纯的“地支减天干”曲线与之的相关程度（$p < 0.05$，见图 7－3）。这说明存在干支交替显著相关之现象。这条拼接曲线如果与平滑后的干支历夏季数据进行相关分析，则两者相关显著性极强（$p < 0.000\,1$，见图 7－6C）。

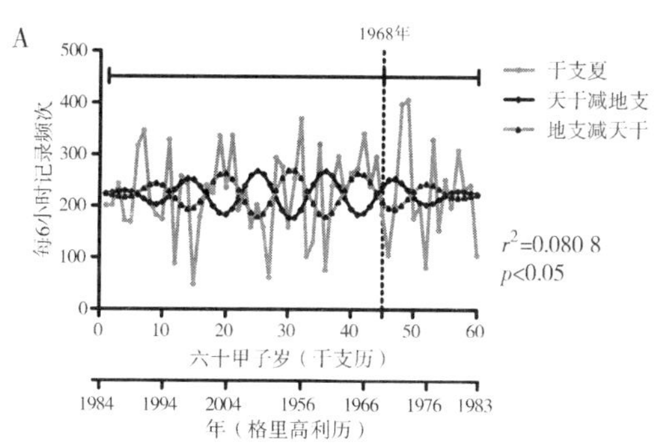

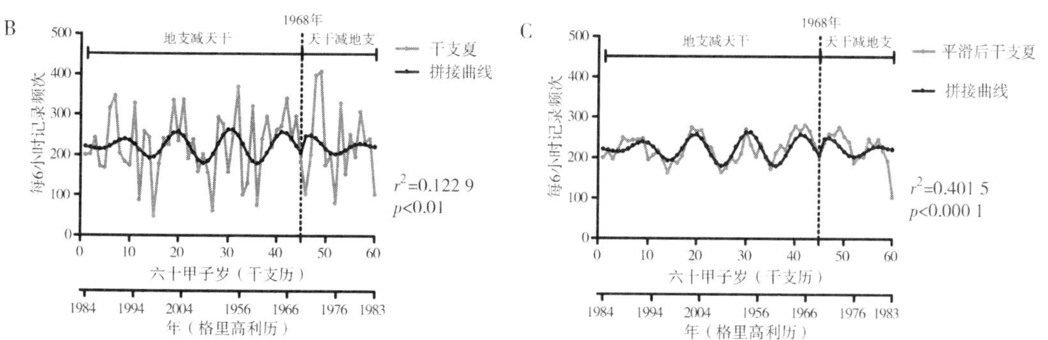

图 7－6　干支夏数据在岁时间尺度上与拼接曲线显著相关

这个结果也很重要。它可以很好地解释数据与“地支减天干”曲线在后半段相关不太好的原因。对于这个现象，笔者当时并未能深入领悟其中的奥秘，直到对太阳黑子数据进行分析后又发现了这种现象，方才明白：干支、阴阳交替主导可能是一种普遍现象。

七、 讨论

（一） 干支被处理为连续型变量

在本研究中，干支、干支历首次被量化。需要指出的是，这种量化是将干支处理为连续型变量，是真正的量化处理。这与那种为干支分配一些数值作为离散型变量处理的做法是完全不同的。

在这个量化干支历的体系中，西北太平洋上看似不规则的热带气旋变化呈现特定模式，显示出这种变化实际上是有规律可循的。这些规律在之前的研究中从未被发现过。

（二） 主要发现及背后原因分析

1. 主要发现

干支历夏季出现了几个显著的相关。第一，每隔 6 小时一记录的数据与“地支减天干”曲线在岁时间尺度上显著正相关（见图 7 - 3F），在日时间尺度上显著正相关（见图 7 - 5B）；第二，最大持续风速与“地支减天干”曲线（见图7 - 4H）或地支显著负相关。

2. 原因分析

那么，这些相关分析的结果自然而然引发两个问题：“地支减天干”之差的本质是什么？这些相关结果内在的机制或原理又是什么？

首先，天干与地支之差值的本质是阴阳二气之间的相互作用。天干与阳有关，而地支则与阴有关，阳和阴在中国哲学中是此消彼长的关系，因此二者之间可以进行减法运算，用现代术语来说便是体现了二者之间的交互作用。

“地支减天干”的差值是指地支的净值，当此净值为正意味着地支或阴气比天干或阳气强；当此净值为负意味着地支或阴气弱于天干或阳气。

其次，解释为何“地支减天干”这个差值越大，热带气旋每隔 6 小时一记录的数据就存在越多的内在机制。第一，阳、阳气与温暖和热的气候或条件有关，而阴、阴气与寒冷的气候或条件有关。第二，已知热带气旋通常发生在温暖的海域[①]。显然，在这些温暖海域上，阴比阳弱得多。那么，可以看出，“地支减天干”的差值越大，阴气越强；而当阴气越强时，关于热带气旋的记录就越多。这明显可以推理出，当阴气总量（温暖海域中的少量阴气，加上“地支减天干”得到的正净值）和阳气总量（温暖海域中的阳气本来就高）在高强度的状态下相等时，热带气旋的数量就会非常多。换句话说，热带气旋爆发的内在机制就是阴阳二气达到高强度相等状态。

至于干支历夏季的 2 分钟平均最大持续风速与“地支减天干”曲线（见图 7－4H）或地支显著负相关现象，则可能表明在这些每隔 6 小时一记录数据中，大多数数据都来自低强度的热带气旋。

至于其他重要的相关，目前难以评论。这是因为只有部分季节中的数据才显示出规律，这表明数据中可能还有一些其他未知的机制。为了解决这个难题，需要使用量化的干支历进行更多的相关研究。

3. 研究意义

本研究的结果有一定预测作用。例如，由于干支历夏季热带气旋的每隔 6 小时一记录数据与干支历岁时间尺度变量显著相关，这种相关有助于预测未来干支历夏季的热带气旋情况。

这些相关结果可能对构建预测模型也有帮助。当前台风预测领域使用五种

---

① GRAY W M. The formation of tropical cyclones［J］. Meteorology and atmospheric physics，1998，67：pp. 37－69.

主要的数值模型①，通过输入各种参数得到一定的预测值。如果在输入各种参数时考虑上述相关结果，可能会达到更好的效果。例如，空间参数（纬度和经度）与干支历变量之间的显著相关将有助于预测热带气旋的发生位置甚至运动轨迹。

当然，也可以完全从干支角度来考虑如何构建数学公式的问题。

4. 结论与展望

干支历一直以来被视为记录时间的工具，在本研究中，干支历首次被量化，天干与地支成为连续型变量。通过尝试将量化的干支历应用于热带气旋的分析，发现看似无规则的热带气旋数据存在特定的规律。本研究最重要的发现是，1956 年 2 月到 2016 年 2 月这 60 岁的干支历夏季的热带气旋记录与岁时间尺度上天干、地支二者的差值存在显著统计相关。

这说明按照干支历体系对数据进行组织是合理的。正因为合理妥当地组织了原始数据，才有随后适当的统计分析和有用的发现。需要指出的是，量化的干支历有助于妥当组织原始数据，而量化的干支可以直接与数据进行相关分析。因此，干支历不仅是一种历法，还是一种数理工具。可以想象，量化的干支历应该可以用于组织和协助分析更多领域中的原始数据。

干支与自然现象之间存在显著的相关，这意味着笔者之前的思路是可行的，即十天干属阳、十二地支属阴，二者皆有一个“生长盛衰亡”之过程。换句话说，《汉书·律历志》的“生长盛衰亡”之说，蔡邕的“干阳支阴”之说具有实实在在的科学价值。

---

① HALPERIN D J, FUELBERG H E, HART R E. An evaluation of tropical cyclone genesis forecasts from global numerical models [J]. Weather forecasting, 2013, 28 (6): pp. 1423 – 1445.

第八章 干支与太阳黑子

太阳是一颗普通的恒星，在浩瀚的宇宙中并不起眼。但是，太阳对于我们人类而言却十分重要。人类生存所依赖的地球，是太阳系的一颗行星，受到太阳方方面面的影响。一方面，太阳在白天给地球上的生命提供了阳光，又在夜晚通过月亮反射，提供了月光。太阳是地球上生命活动的重要能量来源。另一方面，太阳活动，尤其是比较激烈的太阳活动，会带来一些不利后果，如高空辐射、电离磁暴等，从而严重影响人类生存环境。从 19 世纪开始，经统计研究已经发现，太阳黑子相对数与一些地区的气象、水文参数存在相关性。这些参数包括平均气温、气压、旱涝、大河流或港口的水位和冰冻期等。

因此，有必要对太阳进行深入研究，尤其需要准确预测出太阳活动的周期变化情况。人们早已发现，太阳黑子数目是描述太阳活动情况的一种良好指标。太阳黑子是太阳表面的特殊构造（局部强磁场区），它本身的温度很高，只不过相对于周围区域要低一些，所以肉眼看起来要比周围暗一些，于是被称为黑色斑点或黑子。

本章对太阳黑子各个方面进行阐述。在第一节里，先回顾中国古代和西方早期的太阳黑子观察历史，然后阐述西方近现代的太阳黑子研究概况。在第二节里，利用中国干支历来分析太阳黑子数目的历史变化，并大致预测其未来走势。

第一节　太阳黑子的古代观察和近现代研究

一、　中国古代的记载

中国很早以前就开始观察太阳的变化，并加以记载。容易观察到太阳黑子的气象条件大多是刮风、日出、日没、日无光。太阳黑子在古代记载中多被称为“黑子”或“黑气”，也有“乌”“黑日”“黑饼”“黑光”等说法。目前世界上已知的第一次太阳黑子记录发生在中国汉代，时间为汉成帝河平元年，即公元前 28 年。《汉书・五行志》用详细的文字对当时的现象进行了记录，其文云：“三月乙未，日出黄，有黑气，大如钱，居日中央。”

陈遵妫先生统计出中国历代太阳黑子记录总数为 234 次。其中，对公元前 28 年到公元 1640 年大约 1 670 年的太阳黑子记录进行整理后，发现共有 119 次可靠的太阳黑子观察记录。通过对这些可靠记录的统计分析发现：从月份来看，太阳黑子最频繁出现在二月，其次是十一月；从四时角度来看，太阳黑子最频繁出现在春季，其次是冬季。

中国古代记录里，太阳黑子的描述非常形象，如像钱、桃、李、瓜、枣、飞燕等。陈遵妫将其分为三类，并指出，钱、桃、李之类的大概为单个黑子，

瓜、枣、飞燕之类的大概为黑子群。由于太阳黑子可以单独出现，也可以成群出现，因此中国古代在数量上的记录是不太确切的。此外，由于太阳黑子的寿命有长有短，中国古代记载的主要是肉眼能见的较大黑子，因为其寿命很长，观察到的日数大多超过了 10 天。陈遵妫还对太阳黑子的周期进行了推算，得出的结果是 11.33 年。他还提及，之前的研究者发现太阳黑子数目和水旱事件有着一定的关系，但具体关系不明。他认为，对我国历代太阳黑子记录进行分析研究，将具有重大的意义。[①]

二、 西方古代的观察

1848 年，Wolf 首先提出用“黑子相对数”或“Wolf 数”来表示日面可见半球的太阳黑子数目的多少，其定义为：

$$R = K\ (10g + f\ )$$

其中，g 和 f 分别表示当日观察到的太阳表面上出现的黑子群和黑子数目。K 是换算因子，当时规定瑞士苏黎世天文台的 K 取值为 1，其他天文台的 K 值由其观测结果与同一天的苏黎世天文台的 R 值比对来确定。

Wolf 经过搜集和整理，将每日黑子相对数（日平均值）记录往前推到了 1818 年，将每月黑子相对数（月平均值）往前推到了 1749 年，将每年黑子相对数（年平均值）往前推到了 1610 年。这是一个巨大的成就。由 1700 年以来的数据可以求得太阳黑子平均周期为 11.1 年，最短为 9.0 年，最长为 13.6 年。

太阳黑子相对数年均值的极大、极小年份分别被称为太阳活动的极大、极小年。相邻两次极小年之间的时间段被称为一个太阳活动周。国际上人为规定自 1755 年极小年起的太阳活动周是第 1 周。

① 陈遵妫．中国天文学史（中）［M］．上海：上海人民出版社，1982：768 – 773.

三、 近现代太阳黑子研究

西方近现代对太阳黑子进行了大量的科学研究①，此处择其重要发现与结论陈列如下：

（一） 太阳黑子的一些基本性质

黑子倾向于成群出现。由于太阳自转，黑子群西边的部分总是在前，叫作前导部分，东边的部分则叫作后随部分。前者往往比后者大。黑子群一般出现在赤道两边40度以内的区域。

（二） 太阳黑子的研究

1. Spörer 定律和 Maunder 蝴蝶图

太阳黑子群的平均纬度随着太阳活动周的变化而变化。最初，太阳的南北半球上的太阳黑子的平均纬度在正负30°左右，然后各自向赤道转移，在极大年附近位于正负15°左右，在活动周末尾，大约位于正负8°。太阳表面黑子平均纬度的这种随时间变动的现象就叫作 Spörer 定律。如果以时间为 x 轴，黑子群纬度为 y 轴，将多年来所有太阳黑子群按照其时空坐标一一定位作图，便可得到一串蝴蝶型图形，称为 Maunder 蝴蝶图。这种图同时呈现太阳黑子的时间与空间属性，信息量大，易于理解。

2. Hale 极性定律

对于双极黑子群来说，前后部分的极性相反。在同一太阳活动周中，南北半球的双极黑子群的前后部分的极性不一样，正好是相反的：当北半球前部分为正，后部分为负时，那么南半球前部分为负，后部分为正。因此，按照磁场变化规律来看，太阳黑子的活动周期应该是22年，被称为太阳磁性周期。

---

① 林元章．太阳物理导论［M］．北京：科学出版社，2000.

3. 太阳极区磁场

太阳极区的磁场极性会发生转换。1957 年 3—7 月，太阳南极区逐渐由 S 极变为 N 极，随后太阳北极区在 1958 年 11 月由 N 极迅速变为 S 极。1971—1972 年，太阳南北极区的磁场极性再次转换。

4. 太阳黑子的超长期变化

研究太阳黑子的超长期变化有两种方法：

第一种是直接法，即直接通过分析太阳黑子的数据来求解。Wolf 提出太阳存在由 7 个太阳活动周组成的 78 年周期。Gleissberg 通过滑动平均的方法，提出可能存在约为 80 年的周期，即 Gleissberg 周期。

第二种是间接法，通过其他数据来求解太阳黑子的超长期周期。早前比较常用的数据是极光出现频次、树轮^{14}C 含量、目视黑子记录。

（三） 太阳黑子的理论

Babcock 在发现太阳两极区存在微弱的磁场等现象的基础上，提出 Babcock经验模型，认为太阳活动起源于太阳偶极子场与较差自转的相互作用。Leighton 随后对 Babcock 理论的一些细节进行了完善，提出了 Leighton 半经验模型。

运动导体通过感应能够产生磁场，这是自激发电机原理。很容易联想到，太阳黑子周期有可能就是太阳体内自然形成的自激发电机所产生的。目前认为，维持周期性太阳活动过程的物理机制是太阳等离子体自身运动感应的磁场所表现的周期性现象，即太阳发电机理论。

四、 评价

尽管西方现代研究取得了一定进展，但是从目前预测效果来看，依然不能令人满意。因此，可以考虑用其他方法探索。太阳黑子的数据非常庞大，可以尝试使用量化后的干支历来加以分析。

第二节　通过量化干支历研究太阳黑子变动情况

在使用干支历重新组织和分析太阳黑子数目数据后，笔者发现太阳黑子变动与量化后的干支存在显著的相关：太阳黑子每隔六十岁交替为天干或地支所支配。当处于被天干支配的六十岁时，太阳黑子周期接近天干周期（即十岁），即该六十岁里有近六个太阳活动周；当处于被地支支配的六十岁时，太阳黑子周期接近地支周期（即十二岁），即该区间里有近五个太阳活动周；当处于天干、地支同时支配的时段时，太阳黑子周期表现比较杂乱，其平均周期接近干支二者岁尺度周期之均值（即十一岁）。

一、研究背景

在第七章，干支被量化为两条余弦曲线。那么，干支余弦曲线自然可以与在时间维度上有变化的一切自然现象进行相关分析。所以本节主要研究太阳黑子变化活动与干支余弦曲线之间的相关关系。

早在两千多年前，古代中国就发现了太阳黑子。在中国，太阳黑子的记录并不完整或连续。古代中国记载太阳黑子的目的似乎也不在于对其进行科学研究，而是作为观天象的连带结果而已。在欧洲，望远镜的出现使得人们在 17 世纪早期发现太阳黑子。Schwabe 在经过数十年的持续观察后发现太阳黑子数量的循环周期大约是 10 年，这个数值十分接近现代研究中的准 11 年。① 目前太阳黑子数量是太阳活动的关键指标，这主要是因为太阳黑子数据最早可以回溯到 1749 年。

---

① HATHAWAY D H，WILSON R M，REICHMANN E J. Group sunspot numbers：sunspot cycle characteristics［J］. Solar physics，2002，211（1）：pp. 357 – 370.

由于太阳对人类生活诸多重要方面都产生着极大影响，因此对太阳活动的准确预测具有十分重要的意义，既有极高的学术意义，也有巨大的经济和社会价值。不过，对太阳黑子数量的精确预测并不那么容易。目前，存在各种方法来预测未来太阳周期黑子数量最大值，但预测效果并不那么好。例如，使用12种方法预测太阳活动第24周的黑子数量最大值，其中只有极场（Polar Fields）方法的预测结果与正确值80最为接近（85±19）①，而其他各种方法的预测结果与正确值则有或多或少的差距。目前，太阳黑子相关理论仍然与实际观测数据有一定差距，没有一种方法可以精确描述与预测太阳黑子长时间的变动情况。

预测太阳黑子的困难可能与理解时间的方式有关。默认情况下，太阳黑子数据通过格里高利历进行记录和组织。该历法将时间视为一个变量（或直线）。相比之下，中国干支历在每个时间点标记两个变量：一个是十天干之一，另一个是十二地支之一。我们在前文已经提及，干支可以被量化为两条余弦曲线，所以干支历实际上将时间视为两个变量（或两条余弦曲线）。第七章提及，使用干支历重组的热带气旋数据与岁时间尺度上天干、地支二者之差存在着显著相关。这项研究确认了对干支进行量化的方法具有可行性和可信性，继而令人不由自主地想到，可以使用量化后的干支余弦曲线对太阳黑子数据进行重新组织与探索分析。

由于太阳活动周期大多在122～140个月之间，平均周期为132个月，标准差约为14个月，非常接近11±1公历年。巧合的是，在干支历中，在岁时间尺度上，天干周期为10岁，地支周期为12岁，平均为11岁，非常接近11公历年。由于太阳黑子周期与干支均值非常接近，本节旨在探索时间与太阳活动之间的关系。我们此处提出的科学假设是，太阳黑子数量的变化可能与干支余弦曲线显著相关。

---

① PESNELL W D. Predictions of solar cycle 24: How are we doing? ［J］. Space weather, 2016, 14(1): pp. 10－21.

二、 研究材料和方法

（一） 原始数据

此处使用的为每日、每月、每年的太阳黑子数据，来自太阳黑子国际官方检测结构——太阳黑子指数和长期太阳能观测数据中心（Sunspot Index and Long - term Solar Observations，简称 SILSO）。该机构隶属于比利时皇家天文台（Royal Observatory of Belgium），有齐全的太阳黑子数据，可以免费下载，网址为 http：//www. sidc. be/silso/datafiles。这些数据的时间范围并不完全相同，详见后文。

（二） 数据的重新组织

由于干支历对时间的定义与公历不同，因此有必要先对比下公历体系与干支历体系对时间的定义，并对数据进行相应的重新组织。在日时间尺度上，两个历法系统之间的差异仅一小时，可以说非常小，因此在本研究中忽略了这种差异。在月时间尺度上，由于干支历月份通常比公历月份晚几天开始，因此需要将以公历登记的每日太阳黑子数据通过干支历法则重新组织，从而生成新的干支历每月太阳黑子数据。类似地，在岁时间尺度上，有两种方法可以获得干支历每岁太阳黑子数据。第一种方法是，先通过平均公历每日太阳黑子数据获得干支历每月太阳黑子数据，再对这些干支历每月太阳黑子数据进行平均就可以得到干支历每岁太阳黑子数据；第二种方法是，忽略日时间尺度，则干支岁开始于公历年的 2 月并且在下一个公历年的 1 月结束，因此可以通过平均公历年的每月太阳黑子数据（从 2 月到次年 1 月）来生成干支历每岁太阳黑子数据。

（三） 研究方法： 量化干支历和各种叠加曲线

干支历已在中国使用了 2 000 多年，但其起源仍然难以确定。干支历有三个突出的特征。首先，十天干、十二地支各出一个，配成一对，分配给每个时

间点。其次，这种分配发生在四个时间尺度上，这四个时间尺度对时间的定义与公历不同：时（干支时，等于现代两小时）、日（干支天）、月（干支月）和岁（干支岁）。最后，由于天干和地支周期在每个时间尺度上分别为 10 和 12 个基本时间单位，因此它们在每个时间尺度上的最小公倍数是 60 个时间单位（即基本周期，或六十甲子周期）（见图 8 - 1A）。

在此前提及的热带气旋研究中，笔者已经将天干和地支转换为连续型变量，因此在每一个时间尺度上都有两种余弦曲线，即在四个时间尺度上共有 8 种余弦曲线：时天干/时地支（hT/hD）、日天干/日地支（dT/dD）、月天干/月地支（mT/mD），以及岁天干/岁地支（yT/yD）。

由于干支在四个时间尺度上都存在，从逻辑角度而言，这些不同时间尺度上的干支是同性质的，应该可以分别相加（干加干、支加支）；这些时间尺度的影响又应该不同，因此需要加权平均。

于是，按照这种思路，对不同时间尺度上的余弦曲线进行叠加平均，产生了一些新的曲线。由于太阳黑子数据主要是在公历日、月、年这三个时间尺度上呈现变化，因此在使用干支历时，仅考虑日、月、岁这三个时间尺度上的平均曲线。因每种时间尺度上都有天干、地支余弦曲线，故一共有六种平均曲线：月波和日波的平均值曲线（mdT/mdD）（见图 8 - 1C），年波和月波的平均值曲线（ymT/ymD）（见图 8 - 1B），年波、月波和日波的平均值曲线（ymdT/ymdD）（此处没有提供示意图，因为图中的线条太密集）。日波和时波的平均值曲线（dhT/dhD）在这里没有意义，下文也没有使用，不予讨论。

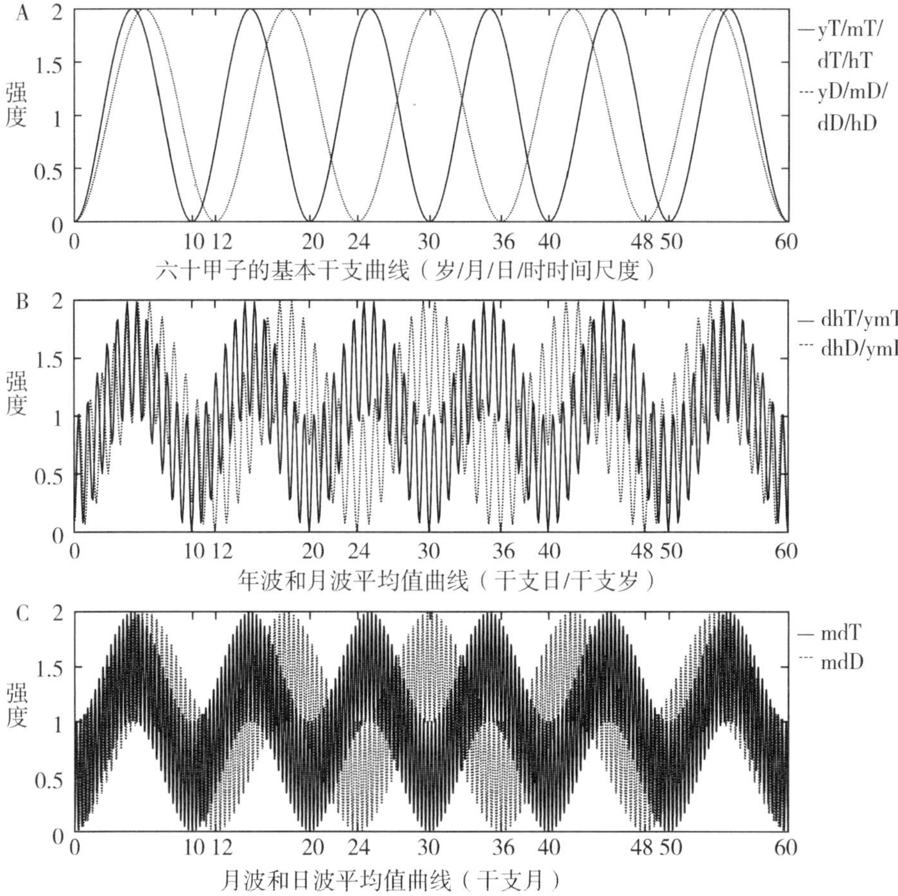

A

—yT/mT/dT/hT ┈yD/mD/dD/hD

六十甲子的基本干支曲线（岁/月/日/时时间尺度）

B

— dhT/ymT ┈ dhD/ymD

年波和月波平均值曲线（干支日/干支岁）

C

— mdT ┈ mdD

月波和日波平均值曲线（干支月）

图 8－1　量化干支历中的各种余弦曲线和平均曲线

（四） 数据分析

下面，在干支历日、月、岁三个时间尺度上，对太阳黑子数据和各种干支曲线进行相关性分析。

对于每日太阳黑子数据，在数据与日波（dT/dD）、月波（mT/mD）、岁波（yT/yD）和年波、月波和日波的平均值曲线（ymdT/ymdD）之间进行相关性分析。对于每月太阳黑子数据，在数据与月波、岁波、年波和日波的平均值曲线（ymT/ymD）之间进行相关性分析。对于每岁太阳黑子数据，在数据和岁波之间进行相关性分析。

三、 结果

（一） 太阳黑子与干支曲线之间的相关性

由于数据较多，因此我们按重要性依次进行分析。

公历每月太阳黑子数据比每年太阳黑子数据更为详细，比每日太阳黑子数据能回溯更远，因此首先对每月太阳黑子数据进行分析。其次对每年太阳黑子数据进行分析。每年太阳黑子数据尽管不那么详细，但是其最远可以回溯到1610 年。每日太阳黑子数据包含最详细的信息，但其数据从 1818 年才开始有，因此最后进行分析。同时，数据用干支历重组后也进行了分析。为了方便对比，干支历重组后的数据紧跟在公历数据后面进行分析，分析顺序是：公历每月太阳黑子数据，干支历每月太阳黑子数据，公历每年太阳黑子数据，干支历每岁太阳黑子数据，以及公历/干支历每日太阳黑子数据（注意，公历与干支历在日时间尺度上的差异可以忽略不计，因此公历每日太阳黑子数据与干支历每日太阳黑子数据相同）。

（二） 公历每月太阳黑子数据与干支曲线的相关性

总体而言，相关分析结果显示，公历每月太阳黑子数据（1749 年 2 月至 2018 年 6 月，$N = 3\ 233$）与 yT（$r = 0.35$，$p < 0.000\ 1$）、yD（$r = 0.05$，$p < 0.01$）、ymT（$r = 0.25$，$p < 0.001$）、ymD（$r = 0.04$，$p < 0.05$）显著相关，但与 mT、mD 无显著相关。

然后对干支周期进行逐个周期的相关分析，即将每个周期的干支变量与数据进行相关分析。将每月太阳黑子数据除以天干周期（1 个天干周期等于 10 个干支岁或 120 个干支月）后得到 28 个天干周期（图 8 - 2 底部，yT 旁边）；将每月太阳黑子数据除以地支周期（1 个地支周期等于 12 个干支岁或 144 个干支月）后得到 23 个地支周期（图 8 - 2 底部，yD 旁边）。如此一来，分别得到 28 个天干相关系数及其显著性水平和 23 个地支相关系数及其显著性水平。基于这些系数，绘制出天干主导区间（图 8－2 的上部三条黑线）和地支主导区间（图 8－2 的中上部三条黑线），相关系数及其显著性水平标记在线条上方。同时，通过比较这些相关系数的绝对值，整个周期可以被分割成七个不同的区间范围：在 1816 年及之前，有三条黑色垂直实线（1804 年的虚线不参与），1816 年之后有三条黑色垂直虚线，一共分割出七个区间。

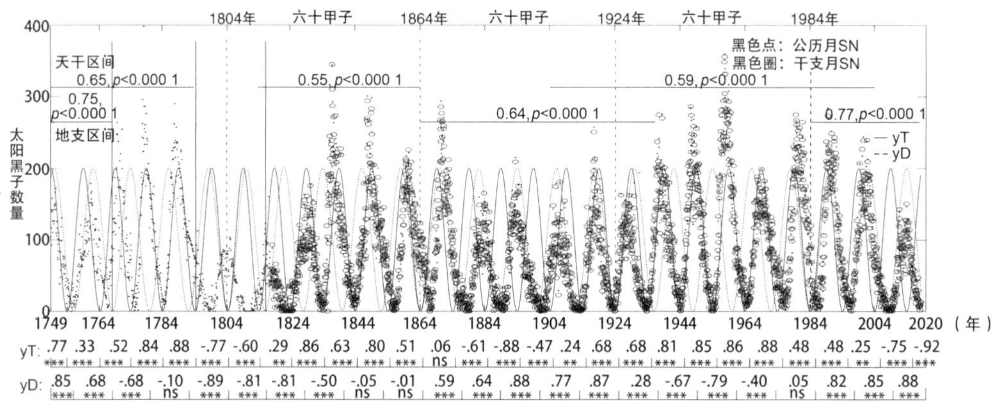

图 8－2　太阳黑子数量与干支曲线的相关性

公历每月太阳黑子数据（黑色点）与岁天干和岁地支余弦曲线显著相关。底部给出每个天干、地支周期与太阳黑子数据的相关系数及其显著性水平。图中有六条水平线段（天干为上排，地支为下排），这些线段表示该范围的相关系数为正值。在线段上标注了相关系数和显著性水平。黑色垂直虚线是不同六十甲子的分界线。通过比较上述天干、地支相关系数，将整个数据划分为七个不同的区间范围（在 1816 年及之前有三条黑色垂直实线，在 1816 年之后有三条黑色垂直虚线，加上 1816 年那一条线，一共六条线，划分出七个区间范围）。黑色圈表示干支历每月太阳黑子数据（1818 年 1 月至 2018 年 5 月）。图中已经将天干、地支余弦乘以 100，以便与太阳黑子数据进行直接的比较。

＊＊＊代表 $p<0.001$（注意，这里的所有的统计显著性水平实际上都达到了 $p<0.0001$）；＊＊代表 $p<0.01$；ns 代表不显著。

可以发现，在这七个区间范围内，yT 和 yD 交替主导某一区间，压制对方。在第一个区间范围（1749 年 2 月—1768 年 1 月）中，yD（$r=0.75$）占主导地位，明显超过 yT（$r=0.45$）；在第二个区间范围（1768 年 2 月—1794 年 1 月）中，yT（$r=0.79$）占主导地位，而 yD（$r=-0.35$）呈负相关；在第三个区间范围（1794 年 2 月—1816 年 1 月）中，yD（$r=-0.80$）占主导地位，超过 yT（$r=-0.62$）；在第四个区间范围（1816 年 2 月—1864 年 1 月）中，yT（$r=0.54$）占主导地位，而 yD（$r=-0.25$）呈负相关；在第五个区间范围（1864 年 2 月—1924 年 1 月）中，正好是一个基本周期或六十甲子，yD（$r=0.70$）占主导地位，而 yT（$r=-0.11$）呈负相关；在第六个区间范围（1924 年 2 月—1984 年 1 月）中，也正好是一个基本周期或六十甲子，yT（$r=0.71$）占主导地位，而 yD（$r=-0.34$）呈负相关；在第七个区间范围（1984 年 2 月—2018 年 6 月）中，yD（$r=0.77$）占主导地位，远远超过 yT（$r=0.06$）。通过以上结果，可以总结出三种模式：天干优势模式（区间范围 2、4、6），在这些区间范围中，yT 占主导地位，yD 地位很弱或者没有地位；地支优势模式（区间范围 3、5、7），在这些区间范围中，yD 占主导地位，yT 地位很弱或者没有地位；以及混合模式（区间范围 1），在此区间范围中，yT 和 yD 都与太阳黑子显著相关，地位相当，呈现一种势均力敌的混合模式。

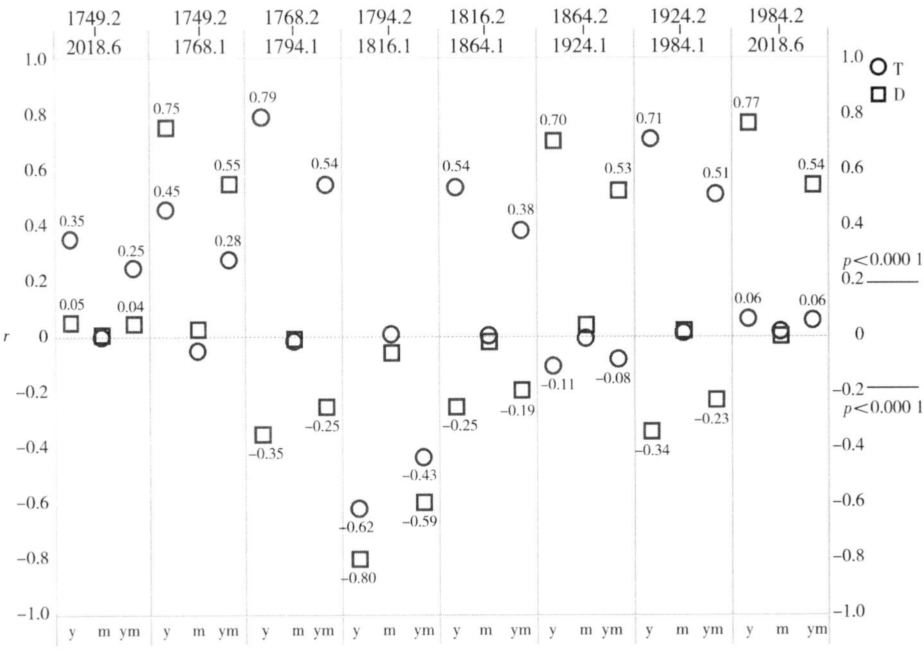

图 8－3　公历每月太阳黑子数据与干支余弦曲线的相关性

图 8－3 是公历每月太阳黑子数据与不同时间尺度的干支余弦曲线的相关性，其顶部是图 8－2 中所提及的七个区间范围和总的时间范围。在垂直纵坐标上是相关系数；在水平纵坐标上，是六种波：岁波、月波，以及岁波和月波的平均值曲线（按照天圆地方的传统，天干的 3 种波的相关系数用圆形标记，地支的 3 种波的相关系数用正方形标记。圆形或正方形附近是相应的相关系数）。由于月尺度干支余弦曲线的相关系数太低，所以图中没有显示。注意图中相关系数的位置，如果它高于（低于）图中右侧 0.2（－0.2）旁边的线，则表明该系数的显著性 $p<0.000\,1$。

（三）干支历每月太阳黑子数据与干支曲线的相关性

总体而言，干支历每月太阳黑子数据（1818 年 1 月至 2018 年 5 月，$N=2\,405$，图 8－2 中的黑色圈）与 yT（$r=0.35$，$p<0.000\,1$）、yD（$r=0.13$，

$p<0.0001$）、ymT（$r=0.25$，$p<0.0001$）和 ymD（$r=0.10$，$p<0.0001$）显著相关，但与 mT、mD 无显著相关。

干支历每月太阳黑子数据与相应的公历每月太阳黑子数据显著相关（$r=0.9908$，$p<0.0001$）。这说明在月时间尺度上，两种历法组织的数据差异不大。尽管如此，仍然需要指出的是，由于干支历法则不同于西方历法则，因此在使用干支曲线进行数据分析时，如果可能，尽量使用干支历法重新组织后的数据，而不是使用西方历法组织的数据。

（四） 公历每日太阳黑子数据与干支曲线的相关性

总体而言，公历每日太阳黑子数据（1818 年 1 月 1 日至 2018 年 6 月 6 日，$N=73206$）与 yT（$r=0.30$，$p<0.0001$）、yD（$r=0.12$，$p<0.0001$）、mD（$r=0.01$，$p<0.0001$），ymT（$r=0.21$，$p<0.0001$）、ymD（$r=0.10$，$p<0.0001$）、ymdT（$r=0.17$，$p<0.0001$）和 ymdD（$r=0.08$，$p<0.0001$）显著相关，但与 mT、dT、dD 无显著相关。基于逐个周期分析的相关系数，可以将整个时间范围分成四个区间范围。图 8－4 第一个区间范围与图 8－3 中的第四个区间范围大致重叠，最后三个区间范围与图 8－3 中的最后三个区间范围完全相同（尽管二者表面看起来有些差异）。在第一个区间范围内（第二列），yT（$r=0.49$）超过 yD（$r=-0.25$）；在第二个区间范围内，亦即一个六十甲子（第三列），yD（$r=0.59$）超过 yT（$r=-0.09$）；在第三个区间范围内，亦即另一个六十甲子（第四列），yT（$r=0.63$）超过 yD（$r=-0.30$）；在第四个区间范围内（第五列），yD（$r=0.69$）超过 yT（$r=0.05$）。

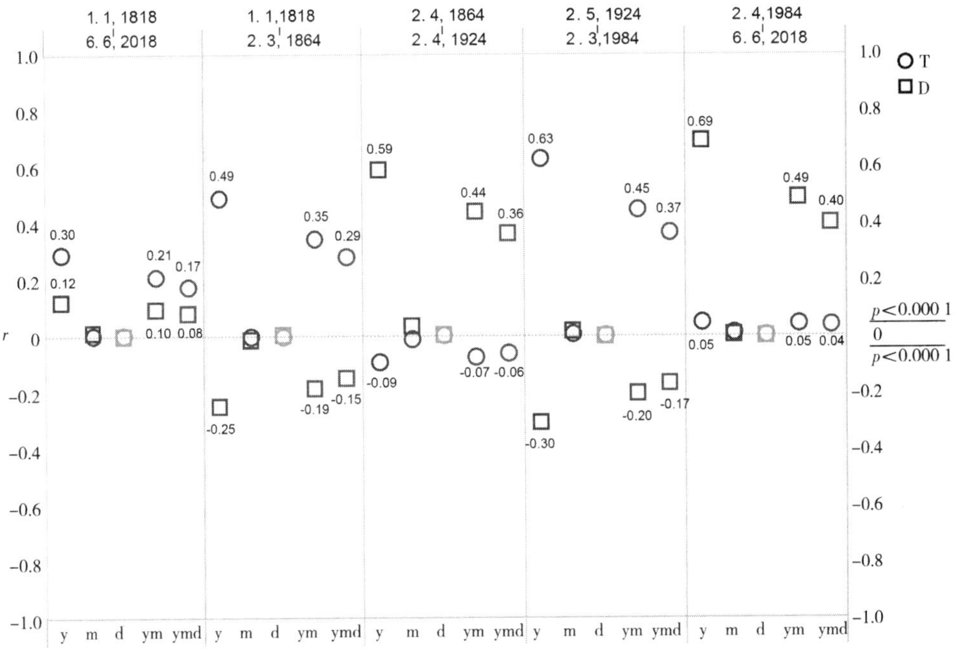

图 8－4　不同时间尺度上公历每日太阳黑子数据和干支曲线的相关性

图 8－4 中上方是总的时间范围以及各个区间范围。在横坐标上，有四种波：天干、地支的日波，以及岁波、月波和日波的平均值曲线（天干的两种相关系数用圆形表示，地支的两种相关系数用正方形表示）。其他与图 8－3 中的相同。

（五）公历每年太阳黑子数据与干支曲线的相关性

公历每年太阳黑子数据（1700—2017 年，$N = 318$）与 yT 显著相关（$r = 0.44$，$p < 0.0001$），但与 yD 无显著相关。

（六）干支历每岁太阳黑子数据与干支曲线的相关性

第一类干支历每岁太阳黑子数据（1818 年 2 月—2018 年 1 月）直接来自干支历每月太阳黑子数据（1818 年 2 月—2018 年 1 月），它与 yT（$r = 0.3305$，$p < 0.0001$）显著相关，但与 yD 无显著相关。相比之下，大致对应

的公历区间（1818 年 1 月至 2017 年 12 月）的每年太阳黑子数据与 yT 显著相关（$r = 0.3308$，$p < 0.0001$），但与 yD 无显著相关。第一种方法得到的干支历每岁太阳黑子数据与对应公历每年太阳黑子数据显著相关（$r = 0.9973$，$p < 0.0001$）。

第二类干支历每岁太阳黑子数据（1749 年 2 月—2018 年 1 月）来自重组和平均公历每月太阳黑子数据（1749 年 2 月—2018 年 1 月），它与 yT（$r = 0.4242$，$p < 0.0001$）显著相关，但与 yD 无显著相关。相比之下，与其大致对应的公历区间（1749 年 1 月—2017 年 12 月）的公历每年太阳黑子数据与 yT 显著相关（$r = 0.4192$，$p < 0.0001$），但与 yD 无显著相关。第二种方法得到的干支历每岁太阳黑子数据与对应公历每年太阳黑子数据显著相关（$r = 0.9977$，$p < 0.0001$）。

四、 初步预测

因干支在不同的六十甲子周期中交替占优势，基于此，可以对当前六十甲子周期（1984—2044 年）的剩余部分（2019—2044 年）的太阳活动进行简单预测。这部分粗浅预测内容是笔者与九江学院数学博士简芳洪合作完成的。

一般来说，对太阳周期的预测主要关注两部分：振幅和周期。

首先，来预测振幅。通过使用二次函数拟合前述提及的七个不同区间范围内的最大值（如果在一个范围内的最大值少于三个，则借用相邻的最大值来获得拟合曲线），可以发现如下的规律：天干主导的区间范围内的最大值的二次函数拟合曲线呈现倒 U 形，地支主导区间范围内的最大值的二次函数拟合曲线呈现 U 形（见图 8 - 5）。由于在 1804 年之后不同的六十甲子中存在天干、地支交替主导的现象，因此可以据此预测当前六十甲子周期（1984—2044 年）中的最大值的二次函数拟合曲线将呈现倒 U 形。由于幅度变化的详细规律仍然难以捉摸，因此，此处仅以当前六十甲子周期的前两个最大值来作为 2019 年至 2044 年范围内两个太阳周期的最大值的预测值。

其次，来说2019—2044年这两个太阳周期的长度，由于目前的六十甲子周期由地支主导，因此可以用理论上的地支周期12年来作为即将到来的这两个太阳周期的长度。

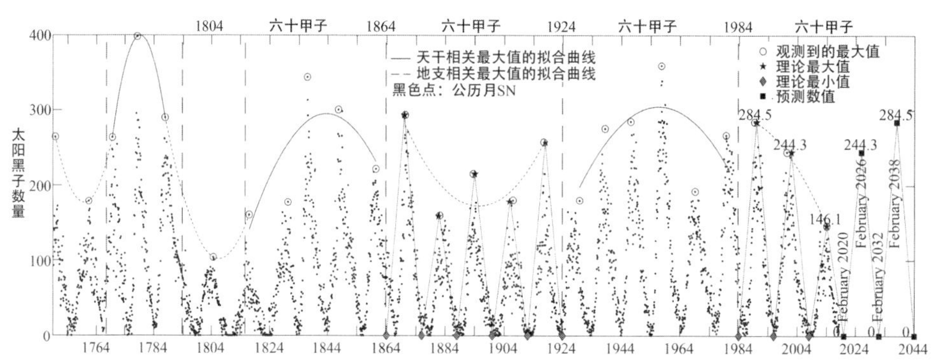

图8－5　对未来几十年太阳黑子数量的大致预测

基于1864—1924年的每月太阳黑子数据，预测2019年2月至2044年2月的每月太阳黑子数据。通过拟合曲线（黑色实线依据天干主导区间里面的各个太阳周期的最大值，黑色虚线依据地支主导区间里面的各个太阳周期的最大值）可以看出太阳黑子最大值的变化趋势。圆形是观测到的最大值，它在干支周期竖线上的垂足就是与观测值对应的理论最大值（由黑色五星表示）。理论最小值默认等于零（由灰色菱形表示）。图中标注了根据拟合曲线作出的预测值，包括最大值和最小值（皆为黑色方块）。

以上是初步的预测，复杂的预测方法则有待进一步研究。

五、 讨论

笔者在这项研究中提出假设，认为太阳活动与量化后的干支余弦曲线有关。最后的结果验证了这一假设，发现太阳黑子数据的变化与岁时间尺度上的天干、地支两条余弦曲线呈现极为显著的相关。

本研究主要的发现是：第一，在天干区间范围里（1816—1864 年和 1924—1984 年），太阳黑子数据与 yT 显著相关，并且此区间范围里的太阳周期大约为 10 岁；在地支区间范围里（1864—1924 年和 1984—2018 年），太阳黑子数据与 yD 显著相关，并且此区间范围里的太阳周期大约为 12 岁；在混合区间范围里（1749—1768 年），太阳黑子数据同时与 yT、yD 显著相关，并且此区间范围里的太阳周期大约为 11 岁。这说明，天干、地支交替主导太阳黑子的变化情况。第二，连接天干范围内的最大值的线大部分呈倒 U 形，连接地支范围内的最大值的线呈 U 形。第三，天干或地支主导时间范围类似于一个完整的六十甲子周期。

这项研究表明，利用量化干支历，容易看出太阳活动的变化存在三种模式（天干主导模式、地支主导模式和混合模式）。可以认为，在太阳黑子数据变化的过程中，存在着两种不同的力量或机制，这两种力量或机制与量化的干支历中的两条余弦曲线密切相关。由于天干、地支与阴阳二气有关，是表达阴阳二气强弱变化的工具，因此可以说，太阳黑子的变化与阴阳二气的强弱变化紧密相关。

最后，需要指出一些需要注意的事项。平均是常见的一个统计步骤，但是应该小心，因为它会导致数据的统计结果发生一些改变，有可能造成不必要的后果。例如，公历每年太阳黑子数据（1749 年 1 月—2017 年 12 月）与 yT 之间的相关系数为 0. 419 2，而同期公历每月太阳黑子数据与 yT 之间的相关系数为 0. 354 6。这说明将每月太阳黑子数据进行平均得到每年太阳黑子数据之后能提高相关程度，但是这个相关程度明显是被高估了的。另一个例子，干支历每月太阳黑子数据（1818 年 1 月 6 日至 2018 年 6 月 5 日）和 yT 之间的系数是 0. 345 9，而同一时期干支历每日太阳黑子数据和 yT 之间的系数是 0. 294 9。这说明将每日太阳黑子数据进行平均后能提高相关程度，但是这个相关程度也是被高估了的。这容易看出，每日数据比月度数据更可靠，月度数据比年度数据更可靠。因此，尽量使用原始数据，最好是每日太阳黑子数据，而不是平均后的数据。

关于公历和干支历的比较，尽管两个日历中的一些数据结果非常相似，但后者比前者更具优势，因为后者经过量化处理后自带很多余弦曲线，这些曲线可以对各种数据进行相关分析，检验这些数据是否与之相关。

众所周知，太阳黑子在较大的时间尺度上也表现变化。例如，在十年时间尺度上，存在接近 90 年的 Gleissberg 周期[①][②]；在百年时间尺度上，存在 210 年的苏伊斯周期[③]；在千年时间尺度上，全新的太阳黑子数据已经被重建[④][⑤]，并且已经发现，存在 2 400 年的 Hallstatt 周期[⑥]。在中国，关于大周期循环，一直存在争议。之前论及“阳九百六”时提过，干支在较大的时间尺度上也存在：干支在尺度六的周期分别为 300 岁和 360 岁，最小公倍周期为1 800岁；在尺度七的周期分别为 3 600 岁和 4 320 岁，最小公倍周期为 21 600 岁。显然，容易得到在尺度六（百年到千年尺度）和尺度七（千年到万年尺度）的大时间尺度余弦曲线。那么，这些余弦曲线也可用于分析大时间尺度的太阳变化情况。已知太阳黑子的变化已经被探索到一万年以前，因此，这些数据都可以被研究。相关研究正在进行中。

另外，从理论上看，笔者认为，太阳黑子历史极值，包括最小值（如 Maunder 最小值）和最大值（如现代最大值），可能是在大时间尺度上的正常

---

① GLEISSBERG W. A long-periodic fluctuation of the sun - spat number [J] Observatory, 1939, 62: pp. 158 - 159

② GLEISSBERG W. The probable behaviour of sunspot Cycle 21 [J]. Solar Physics, 1971, 21 (1): pp. 240 - 245.

③ SUESS H E. The radiocarbon record in tree rings of the last 8000 years [J]. Radiocarbon, 2016, 22 (2): pp. 200 - 209.

④ USOSKIN I G. A history of solar activity over millennia [J]. Living reviews in solar physics, 2017, 14 (1): p. 3.

⑤ SOLANKI S K, et al. Unusual activity of the sun during recent decades compared to the previous 11 000 years [J]. Nature, 2004, 431: pp. 1084 - 1087.

⑥ USOSKIN I G, GALLET Y, LOPES F, et al. Solar activity during the holocene: the hallstatt cycle and its consequence for grand minima and maxima [EB/OL]. https://doi.org/10.1051/0004 - 6361/201527295, 2016.

变化，也可能是其他因素的叠加导致出现这样特殊的极值现象。

在前面的热带气旋研究中，发现干支历夏季热带气旋数据与干支二者之差值存在显著相关，而且进一步分析发现存在干支余弦曲线交替主导的现象；在本研究中，又发现太阳活动与干支余弦曲线存在显著相关，也被干支余弦曲线交替主导。由于天干为阳气，而地支为阴气，综合这两个研究可以认为，阴阳二气与客观物理世界存在本质上的联系。

本章提及阴阳时都是从炁论的角度来看的，这与传统阴阳学说很多时候完全脱离炁论而谈阴阳的做法是迥然不同的。加上了炁，就意味着强调阴阳二气是一种客观的物理存在，也正因为如此，才能够与物理世界各种现象产生联系。

此外，阴阳理论与太阳观测现象之间存在一些矛盾。众所周知，太阳黑子是太阳上的暗区，其本质是局部强磁场，这导致温度较低并且亮度较暗。一般来说，天干与阳有关，阳表示温暖、炎热和明亮；地支与阴有关，阴表示凉快、寒冷和黑暗。但观测到的太阳黑子现象与阴阳理论似乎存在矛盾：当与黑暗相关的地支占主导地位时，黑暗（黑点或暗区形式的太阳黑子）应该增加，但是实际观测到的太阳黑子数目不增反减；而当与光明相关的天干占主导地位时，黑暗应该减少，但是实际观测到的太阳黑子数目不减反增（参见图8－5，在天干主导时，本应太阳黑子较少，实际上却较多。在地支主导时，本应太阳黑子较多，实际上却大幅减少）。目前，对这一矛盾现象没有合理妥当的解释。

第九章 干支与气象：历史回顾

中国古代长期处于农业社会中，气象对农业的影响十分巨大，因此古人十分渴望提前知晓未来气象情况。由于阴阳、五行、干支在古代生活中的绝对地位，人们相应地使用了这些工具，来试图预测复杂多变的气象：有人利用天地阴阳之气升降来分析云雨现象；有人认为日月五星处于不同星宿将会带来不同气象；有人利用六十甲子依次排列出不同的气象和农业收成情况，等等。本章将阐述与分析这些预测气象的方法。

第一节　早期典籍中的气象预测

中国古代有预测未来的传统，从春秋战国一直到明清，绵延不绝。根据现有资料，人们很早以前就根据干支，或者根据干支与星象、风向等事物的结合，来预测未来气象、人事等。

一、早期典籍中的推测方法

（一）《放马滩秦简》“日书”

其《雨占》篇云：

正月：甲乙雨，禾不享（通亨），［邦］有木攻（通功）；丙丁雨，大旱，鬼神北行，多疾；戊己雨，大有年，邦有土攻；庚辛雨，有年，大作邦。

…………

十月：甲乙雨，饥。丙丁雨，小饥。戊己雨，岁中。庚辛雨，有年。

中。壬癸雨，大水，禾粟，邦起，民多疾。

入正月一日天有雨，正月旱；二日雨，二月旱；三日雨，三月旱；四日雨，四月旱；［五月雨］，五月旱；六日雨，六月旱；七日雨，七月旱。

上文讲的是，每个月如果某干支纪日当天有某种气象，则未来会出现什么情况。这里的预测根据不清楚，看起来像是某个时期的经验总结，参考价值有限。

这种做法，一直有所延续。例如，明朝《观象玩占》托巫咸之口论及干支风占：

甲日有大风，丙日必雨，如不雨，则海中兵起。

…………

子日大风，兵起水中。

（二）《淮南子·天文训》

《淮南子·天文训》云：

摄提格之岁，岁早水晚旱，稻疾，蚕不登，菽、麦昌，民食四升，寅。在甲曰阏蓬。

…………

赤奋若之岁，岁有小兵，早水，蚕不出，稻疾，菽不为，麦昌，民食一升。

此处以干支纪岁推测气象和收成情况。第一，从其内容来看，十二岁里，除了单阏、涒滩之岁是完全风调雨顺、国泰民安之外，其他都有不好的情况发生，通过检查历史数据，容易发现这并不符合历史真实情况。第二，同一岁里，往往不同地区情况不同，难以有相同的情况发生。此处将一岁的情况一刀切，显然不妥。第三，此处只论地支，而不论天干，体系结构不完整。

由此可以认为，虽然《淮南子·天文训》像是以干支来进行规律性的推测，但实际上可能是对历史某个时间段的总结，参考价值有限。

（三）《管子》

1.《四时》篇

《四时》篇认为，四时当有相应的气象，如果有反常气象，则是因为“刑德易节失次”导致“气之贼”或“贼气”很快到来。换句话说，如果阴阳失去某种秩序，则会导致反常的气象。此篇只给出了原则，但没有具体展开。

2.《幼官》篇

《幼官》篇可以说承接了《四时》篇的原则而有所展开，描述了四时行使当前季节令以及异常季节令之后果，也就是“贼气”到来的后果，涉及阴阳

与气象之间的关系，十分重要。其文云：

> 中央：若因，处虚守静，人物则皇。五和时节，君服黄色，味甘味，听宫声，治和气，用五数，饮于黄后之井。

此处对五行之土的说法较为妥当。一是土没有与四方配对，而是与中央配对。二是中央对应的是和气，这意味着土对应和气。

> 东方：春行冬政肃，行秋政霜（一说雷），行夏政阉。十二地气发，戒春事。十二小卯，出耕。十二天气下，赐与。十二义气至，修门闾。十二清明，发禁。十二始卯，合男女。十二中卯，十二下卯，三卯同事。八举时节，君服青色，味酸味，听角声，治燥气，用八数，饮于青后之井。
>
> 南方：夏行春政风，行冬政落，重则雨雹，行秋政水。十二小郢，至德。十二绝气下，下爵赏。十二中郢，赐与。十二中绝，收聚。十二大暑至，尽善。十二中暑，十二小暑终，三暑同事。七举时节，君服赤色，味苦味，听羽声，治阳气，用七数，饮于赤后之井。
>
> 西方：秋行夏政叶，行春政华，行冬政耗。十二期风至，戒秋事。十二小卯，薄百爵。十二白露下，收聚。十二复理，赐与。十二始节，赋事。十二始卯，合男女。十二中卯，十二下卯，三卯同事。九和时节，君服白色，味辛味，听商声，治湿气，用九数，饮于白后之井。
>
> 北方：冬行秋政雾。行夏政雷。行春政烝泄。十二始寒，尽刑。十二小榆，赐予。十二中寒，收聚。十二中榆，大收。十二寒，至静（一说“十二寒至，静”）。十二大寒之阴，十二大寒终，三寒同事。六行时节，君服黑色，味咸味，听徵声，治阴气，用六数，饮于黑后之井。

这里提出了四时之中“行”某异常季之“政”会出现一些结果。比如，“春行冬政肃”，就是说，“春”之季，如果行“冬”政，则会出现“肃”之结果。

这里的“政”有两种理解。一是将“政”理解为官府施行的政令，则上文变成了人事可以干预天事之意思。二是将“政”理解为天在施行政令，则此处可以理解为四时的交互作用是怎样的。具体来说，因全文多处见有“气”字，所以可以理解成：当支配当前季节之气受到支配其他季节之气的影响或者说相互作用时，就会产生一些反常的气象情况。笔者倾向于后一种理解。

此处提及的五方配对之气并不完全妥当。其中，中央配和气是妥当的，东方配燥气、西方配湿气则不妥，南方配阳气、北方配阴气也不够具体。

（四）《礼记·月令》

《礼记·月令》提及《管子》里相关的内容，并增加了一些新内容。《吕氏春秋·十二纪》《淮南子·时则训》与《礼记·月令》非常近似。下文列出《礼记·月令》相关内容，同时括号里标注了《吕氏春秋》里的用词作为参考。

《礼记·月令》云：

孟春之月，日在营室，昏参中，旦尾中。其日甲乙……

是月也，天气下降，地气上腾，天地和同，草木萌（繁）动……

孟春行夏令，则雨水（风雨）不时，草木蚤落（早槁），国时（乃）有恐。行秋令，则其民大疫，猋（疾）风暴雨总（数）至，藜莠蓬蒿并兴。行冬令，则水潦为败，雪霜（霜雪）大挚，首种不入。

仲春之月，日在奎，昏弧中，旦建星中。其日甲乙……

是月也，日夜分。雷乃发声，始电，蛰虫咸动，启（开）户始出……

仲春行秋令，则其国大水，寒气总至，寇戎来征。行冬令，则阳气不胜，麦乃不熟，民多相掠。行夏令，则国乃大旱，煖（暖）气早来，虫螟为害。

是月也，日夜分，雷始发声，蛰虫咸动苏……

季春之月，日在胃，昏七星中，旦牵牛中。其日甲乙……

是月也，生气方盛，阳气发泄，句（生）者毕出，萌者尽达，不可以内……

季春行冬令，则寒气时发，草木皆肃，国有大恐。行夏令，则民多疾疫，时雨不降，山陵不收。行秋令，则天多沉阴，淫雨蚤（早）降，兵革并起。

跟《管子》比较，显然《礼记·月令》对四时进行了细分，将四时区分出孟、仲、季，并提出了某一时的孟、仲、季与其他三时复杂的交互作用及其后果。然而这里却暴露出一个大问题——既然四时区分出孟、仲、季，那么理应需要将其与其他三时细分出的孟、仲、季进行一一交互。但《礼记·月令》并没有这么做，这显示出原作者考虑得不够周全。可以认为《礼记·月令》此处资料很可能是后人对《管子》的增添。

不过，春季部分在论述交互作用时，有些体现炁论之原则，如仲春“行冬令，则阳气不胜，麦乃不熟，民多相掠。行夏令，则国乃大旱，煖（暖）气早来，虫螟为害”，又如“季春行冬令，则寒气时发，草木皆肃，国有大恐”。这些说法秉承了炁论，有一定道理。但与此同时，也有显然违反炁论原则的内容，如“仲春行秋令，则其国大水，寒气总至，寇戎来征”，这里将“秋”与“寒气”搭配不妥，因为“冬”与“寒气”搭配才更为妥当，如前面所提及的“季春行冬令，则寒气时发，草木皆肃，国有大恐”。其他论述则没有明显体现炁论原则，故其结论是较为突兀的。

此外，春季与其他三季交互作用时，交互结果主要呈现其他三季的气候特点，春季本身反而丧失了存在感，也就是说实际上交互作用很不明显甚至完全没有。从理论上看，这是一大缺陷，从而导致相关说法的参考价值颇为有限。

孟夏之月，日在毕，昏翼中，旦婺女中。其日丙丁……

孟夏行秋令，则苦雨数来，五谷不滋，四鄙入保。行冬令，则草木蚤枯，后乃大水，败其城郭。行春令，则蝗虫（虫蝗）为灾（败），暴风来格，秀草不实。

仲夏之月，日在东井，昏亢中，旦危中。其日丙丁……

是月也，日长至，阴阳争，死生分……

仲夏行冬令，则雹冻（雹霰）伤谷，道路不通，暴兵来至。行春令，则五谷晚熟，百螣时起，其国乃饥。行秋令，则草木零落，果实早成，民殃于疫。

日长至，阴阳争，死生分……

季夏之月，日在柳，昏火（心）中，旦奎中。其日丙丁……

季夏行春令，则谷实鲜（解）落，国多风欬，民（人）乃迁徙。行秋令，则丘隰水潦，禾稼不熟，乃多女灾。行冬令，则风寒（寒气）不时，鹰隼蚤（早）鸷，四鄙入保。

在夏季部分，体现炁论之原则的是：季夏“行冬令，则风寒（寒气）不时，鹰隼蚤（早）鸷，四鄙入保”，其他论述则没有明显体现炁论原则。同样，论及交互作用时，夏季部分也是机械地套用四时之气候于当季，一旦行某季之政就出现某季的气象，夏季本身的存在感很低。

中央土。其日戊己。其帝黄帝……其音宫，律中黄钟之宫。其数五。其味甘……

此段文字在季夏内容之后，所以一般认为它是季夏部分的内容。笔者不苟同这种看法，认为此段文字是单独成文的。这么说的理由是：《礼记·月令》中，虽然土这一块内容紧紧跟在季夏之后，但是从其具体内容来看，中央对应土，没有明文提示土与季夏挂钩，这是很重要的一点。换句话说，这里实际上认为土不与季夏对应。

孟秋之月，日在翼，昏建星中（昏斗中），旦毕中。其日庚辛……

孟秋行冬令，则阴气大胜，介虫败谷，戎兵乃来。行春令，则其国乃旱，阳气复还，五谷无实。行夏令，则国（《吕氏春秋》此处少个“国”字）多火灾，寒热不节，民多疟疾。

仲秋之月，日在角，昏牵牛中，旦觜觿（嶲）中。其日庚辛……

是月也，日夜分，雷（《吕氏春秋》此处多个“乃”字）始收声。蛰虫坏

（俯）户，杀气浸盛，阳气日衰，水始涸。日夜分，则同（一）度量，平权衡，正钧石，角斗甬。

仲秋行春令，则秋雨不降，草木生荣，国乃有（《吕氏春秋》此处多个“大”字）恐。行夏令，则其国乃（《吕氏春秋》此处少个“乃”字）旱，蛰虫不藏，五谷复生。行冬令，则风灾数起，收雷先行，草木蚤（早）死。

是月也，雷乃始收，蛰虫培户，杀气浸盛。阳气日衰，水始涸。日夜分。一度量，平权衡，正钧石，角斗称。

季秋之月，日在房，昏虚中，旦柳中。其日庚辛……

是月也，霜始降，则百工休。乃命有司曰：寒气总至，民力不堪，其皆入室……

季秋行夏令，则其国大水，冬藏殃败，民多鼽嚏（窒）。行冬令，则国多盗贼，边竟（境）不宁，土地分裂。行春令，则煖（暖）风来至，民气解惰（堕），师兴不居（师旅必兴）。

在秋季部分，有些体现炁论原则，如“孟秋行冬令，则阴气大胜，介虫败谷，戎兵乃来”，“行夏令，则国多火灾，寒热不节，民多疟疾”；有些显然违反炁论原则，如季秋“乃命有司曰：寒气总至……”，理由如前所述。

孟冬之月，日在尾，昏危中，旦七星中。其日壬癸……

是月也，天子始裘。命有司曰：天气上腾，地气下降，天地不通，闭塞（《吕氏春秋》此处少个“塞”字）而成冬。

孟冬行春令，则冻闭不密，地气上（发）泄，民多流亡。行夏令，则国多暴风，方冬不寒，蛰虫复出。行秋令，则雪霜不时，小兵时起，土地侵削。

仲冬之月，日在斗，昏东辟（壁）中，旦轸中。其日壬癸……

……命有司曰：土事毋作，慎毋发盖，毋发室屋及起大众，以固而闭。地气沮泄，是谓发天地之房，诸蛰则死，民必疾疫，又随以丧。命之曰畅月。

是月也，日短至。阴阳争，诸生荡……

仲冬行夏令，则其国乃旱，氛雾（气雾）冥冥，雷乃发声。行秋令，则天时雨汁，瓜瓠不成，国有大兵。行春令，则蝗虫（虫螟）为败，水泉咸（减）竭，民多疥疠（疾疠）。

季冬之月，日在婺女，昏娄中，旦氐中。其日壬癸……

命有司大难（傩），旁磔，出土牛，以送寒气……

季冬行秋令，则白露蚤降，介虫为妖，四鄙（邻）入保。行春令，则胎夭多伤，国多固疾，命之曰逆。行夏令，则水潦败国，时雪不降，冰冻消释。

在冬季部分，体现炁论原则的是：季冬“命有司大难（傩），旁磔，出土牛，以送寒气……”其他没有明显体现炁论原则。

总而言之，基于上述分析，《礼记·月令》的可信度不高。另外，四时之“气”并非单纯之一种气，而是既有阳气，也有阴气。因此，笔者认为，考虑阴阳之气的交互作用时，《礼记·月令》提出的“四时（之气）交互作用”之范式难以成立。当然，可以将《礼记·月令》里面的内容理解为一种经验记录和总结，这样还是有一定的参考价值。

（五）《淮南子·天文训》

《淮南子·天文训》云：

日冬至则斗北中绳，阴气极，阳气萌，故曰冬至为德。日夏至则斗南中绳，阳气极，阴气萌，故曰夏至为刑。……阳气为火，阴气为水。水胜，故夏至湿；火胜，故冬至燥；燥故炭轻，湿故炭重。……景修则阴气胜，景短则阳气胜。阴气胜则为水，阳气胜则为旱。

这里提及如何判定阴阳二气的极大值。日冬至，则阴气达到最大值，而阳气刚产生，为最小值。日夏至，则阳气达到最大值，而阴气刚产生，为最小值。

此处也有一些问题。“阳气为火，阴气为水”这种说法不妥，并不符合炁论。真正的炁论就是将“气”理解为极为精微的气体样物质。按照炁论，阳气是阳性的精微物质，阴气是阴性的气体样物质，而不可能是水、火之类如此粗大化的东西。因此，《淮南子·天文训》所云“阳气为火，阴气为水”“阴气胜则为水，阳气胜则为旱”都不妥当。相对而言，从理论上以下说法可能更为合理：“阴气胜则为阴，阳气胜为晴。”

二、 总结

早期典籍对气象的推测有多种多样的方法，体现了古人对自然现象的浓厚兴趣和探究热情。这些方法之中，有些明显可以看出是经验总结，有些则理论混乱，但总体来说具有一定的参考作用。

第二节　《孔圣枕中记》中的干支推算气象

与早期典籍相比，晚期典籍中对干支推算气象的描述更加详细且具体。当然，这其中免不了出现各种观点。其中描述最详细的是《孔圣枕中记》。

一、 《孔圣枕中记》的背景

《孔圣枕中记》又称《枕中记》。古代文献中有三种主要的《枕中记》，其一是唐代沈既济的《枕中记》，讲述的是卢生黄粱一梦的故事；其二是唐代孙思邈的《枕中记》，是一部道家养生书籍；其三是托名孔子的《孔圣枕中记》，讲述干支推算气象之事。《孔圣枕中记》是本节内容焦点，为了避免与另外两种《枕中记》混淆，后文全部使用全称而不用简称。

《孔圣枕中记》具体成书年代不详，主要有四个版本：同治版、光绪版、民国版、中州版。关于本书来源以及传播途径，其原序称该书乃秦始皇焚书坑儒毁孔子宅时所得，原题《孔圣枕中秘记》，记载着孔子与老子通过问答的方式，依据干支阐述三甲子一百八十岁的吉凶休咎、耕种早晚、年岁丰凶等内容。

二、《孔圣枕中记》的内容

《孔圣枕中记》主要分为四个部分：第一部分，是对三元甲子（即上元、中元、下元三个甲子）的总体性预测。第二部分，是在月时间尺度上，结合太阴历（即月亮历）和太阳历（即干支历）对每月各种事件进行预测。第三部分，是在岁时间尺度上，根据干支排列顺序，对六十甲子进行各种事件的预测。第四部分，是在日时间尺度上，对数日内的短期事件进行预测。

由于此书的序关注和预判的是日、月时间尺度的事件，而正文预判的是岁时间尺度的事件，且二者之间的逻辑、行文风格也不太一样，这说明该书不同部分很可能出于不同作者之手。

（一）第一部分

此部分对三元甲子提出了总的概括：

六十甲子，有休有祥。

上元甲子……八方安阜，五谷丰收；中元甲子最兴旺，城市乡村俱淡荡，万取物件不值钱，人民同爱太平象；下元甲子人民多横逆，五谷宜早种，晚禾不结子，树叶被虫吃，耕夫返乡里。只见埋新土，处处闻哭泣，男子似倒悬，高低看晚田，女子多疾厄，冬来雪满天。

此处的意思是，世界上存在180岁的周期，其中，第一个60岁，上元甲子，情况最好；第二个60岁，中元甲子，情况次之；第三个60岁，下元甲子，情况最差。

（二）第二部分

此部分从十个角度来推测气象：

(1) 将太阴历与太阳历结合起来进行推算，并按照太阴历逐月份进行推

算（其中夹杂一些日时间尺度上的推算）。其文云：

但看每年正月：初一二逢卯，其年大水，田土少收，夏旱四十日；……十一十二逢卯，耕夫辛苦，枉费人力。元日逢戊寅蚕丝贵，逢丙寅谷米贵，……逢癸米谷贵。

二月：朔日逢惊蛰，虫蝗纷纷起。朔日值春分，年岁必伤损。先社而后分，五谷仍可登。先分而后社，五谷恐难结。上旬发雷春多寒，中旬发雷禾有险，下旬发雷虫蝗兼。

…………

十二月间雷声鸣，来年水旱定不匀。十二月间雨暴作，来年秋后防损禾。腊前若有三番雪，豆麦齐收虫死绝。

春甲子雨，撑船入市。夏甲子雨，赤地千里。秋甲子雨，木苗生耳。冬甲子雨，雪飞不止。

春丙旸旸，无水下秧。夏丙旸旸，干断长江。秋丙旸旸，干谷上仓。冬丙旸旸，无雪无霜。

三月朔后无风雨，禾苗丰收蚕不宜……

上文的推算有三个问题。第一，有的月份内容很多，具体到日子；有的月份内容很少，非常空泛。从结构上看，并不完整，也不整齐。第二，此处虽然有推算的内容，但并没有给出推算的依据。第三，从逻辑上考虑，因为不同地区的同一天的气象并不相同，所以此处的推算过于一刀切，没有什么太大的参考价值。

（2）根据元旦日（此处元旦日是太阳历根据月亮盈亏而定的正月初一）当日云象进行预测。其中，可以看元旦日之黑云位于何方：

又看每年元旦日，东方黑云春雨多，南方黑云夏雨多，西方黑云秋雨多，北方黑云冬雨多。赤云主旱白云凶，青云虫蝗黄云丰。丑时西方起黄云，其年收成甚丰亨。

也可看元旦日之风：

元日至午无风云雨宜早禾，自午至晚无风云雨宜晚禾。一日无风大有收，一日狂风田中落。

或者看元旦日之有无雨：

元日值雨水，棉谷贵如金。

这种根据正月初一来推算后期气象情况的说法没有太大的参考价值。

（3）根据立春日的五行属性进行预测：

立春日属金，耕夫有灾临，五谷只收半。属木风大行，属火多炎热，土水具丰盈。

（4）根据立春日的天干属性进行预测：

但看立春日，甲乙是丰年，丙丁遭大旱，戊己损田园，庚辛人不静，壬癸水溢川，晴明无风雨，物阜万民安。

（5）如果当正月初一正好是立春，则意味着丰收：

元日逢立春，五谷庆丰登。

（6）正月初几逢干支历甲日、辰日则意义不同：

一日得甲为上岁，三日得甲为中岁，五日得甲为下岁。一日得辰雨多，二日得辰风多，三日得辰雨晴匀，四日得辰七分收，五日得辰岁大谂，六日得辰荞麦茂，七日得辰水损田，八日得辰旱潦兼，九日得辰夏大水，十日得辰早禾收，十一日得辰五谷不熟，十二日得辰冬多霜雪。

（7）一月之中有几个地支日也有区别：

月内得三子蚕桑盛，得三卯豆菜盛，得三巳主小旱，得三午主大旱，得三亥主大水。阴阳一气先，造化总由天。

（8）根据风预测气象，既有远期预测，也有短期预测：

春夏西北风，夏来雨不从。秋冬西北风，天光晴穹窿。秋冬东南风，雨下不相逢。春夏东南风，不必问天公。

（9）根据云的走向预测气象：

云走东，一场空，云走西，披蓑衣，云走南，水潭潭，云走北，好晒麦。日出早，雨淋恼，日出晏，晒煞南来雁。

（10）四方云色与干日气象之间的关系：

东方起青云，甲乙雨淋淋；南方起赤云，丙丁日雨淋；西方起白云，庚辛雨不停；北方起黑云，壬癸雨漫汀。

可以看出这部分内容相当混杂，应该是一些个体经验的总结，并非对某种规律的表述。

（三）第三部分

此部分的内容是“下元六十甲子岁占”，它是一个相对独立的篇章，其内容、逻辑与其他部分皆有较大的区别。此部分内容依据六十甲子之顺序，从甲子岁推到癸亥岁，对每一岁的气象、收成等内容作出了判定，是一种规律表述。“下元六十甲子岁占”是中国古代比较完整、系统地以干支预测的文献。鉴于干支与自然现象的显著相关，此文具有相当的参考意义，特将全文翻译如下：

甲子好丰年，五谷可全收，溪门水不涸，秋冬田未干，白鹤土中卧，黄龙山上眠，草麻处处盛，粟麦方方鲜。

甲子岁是个丰年，五谷可以收全。水流不断，田地即使到了秋冬也有水。白鹤在土中卧着，黄龙（此处疑指蚯蚓，中医《解围元数》有“黄龙髓”以白颈蚯蚓入药。一说黄龙为毛毛虫）在山上休息，草麻、粟麦茂盛新鲜。

乙丑疾痛起，无分乡市间，高田宜早种，晚禾七分全，桑叶初生贵，三眠不值钱，六畜多伤损，半忧半喜年。

乙丑岁城镇与乡间出现疾病，高处的田适合早种，晚禾有七成的收获。桑叶初生时很贵，后来（因为很多蚕死亡了）没人要就不值钱了。牲口多有损伤，这一年半喜半忧。

丙寅虎下山，鱼行人路边，春日多雨水，斗米值贯钱，夏月须防旱，秋收雨绵绵，早种六分收，晚禾不周全。

丙寅岁有老虎下山伤人，大雨导致水过路面，鱼儿在路上游走。春天雨水多，大米很值钱。夏季要防旱。秋天庄稼收获时会雨水连绵。早种能收六成，晚种损失会较大，难以周全。

丁卯雨水全，秋冬旱涝兼，楚宋苗稼少，饥饿在鲁燕，齐秦多粟麦，荆蜀好丝棉，人民皆顺利，六畜满山眠。

丁卯岁总体来说雨水充分，不过秋冬既有旱情也有涝灾。楚宋之地苗稼损失很大，鲁燕之地饥饿多，齐秦之地粟麦收成多，荆蜀之地丝棉收获好，后面这几处的人民生活顺利，牲畜多。

戊辰雨涟涟，夏月防旱干，五谷收得半，疾病多熬煎，地好宜种粟，莫云开荒田，六畜灾瘴死，六畜出角年。

戊辰岁雨水连连，但是夏月则需要防旱情。五谷只能收一半，会出现疾病。好的地最好种粟，不要去开荒田。很多牲畜会遭遇灾瘴而死亡。

己巳好收成，百事亦半亦（丰全），半享多济振（春夏荣街市），秋冬仓库盈，多种天仙草，黎民尽欢情，岁里逢蛇出，同声贺太平。

己巳岁收成好，百事亦是丰全。春夏街道市场繁荣，秋冬仓库盈满。多种天仙草，人民尽情欢乐。此岁正是蛇年，人间必然太平。

庚午雨水多，四季有湿波，白鹤飞溪涧，鱼鳖上山坡，早禾略收半，晚稻伤如何，人民多啾唧，懒唱太平歌。

庚午岁四时雨水多，白鹤因此飞临溪涧，鱼鳖都被冲到山坡上。早禾勉强能收一半，晚稻则损失大，人民萎靡不振。

辛未有干旱，田禾出蝗灾，六畜灾瘴死，人民沿村散，夏秋洪水溢，冬日霜雪满，饿弃总堪怜，蚕桑免忧患。

辛未岁出现干旱，田里有蝗虫之灾，六畜遭遇灾瘴，人民损失惨重。夏秋有洪水，冬日霜雪很大，饿死和被抛弃的人实在可怜。不过，蚕桑收成不错。

壬申雨水周，田禾九分收，六畜有实（病）患，人发（善）可无忧，粟麦般般有，豆麻处处收，高低皆丰稔，蚕妇桑叶稠。

壬申岁雨水充分，庄稼能收九成，六畜有灾患，善良的人倒没有什么忧患。粟麦和豆麻收获丰盛。无论是高处还是低处的桑叶都是丰收的，养蚕的妇女很多。

癸酉雨水多，鱼鳖上山坡，早禾收得半，晚禾差不多，豆麦哈哈笑，乌金（江浙）没奈何，盗贼纷纷起，山中出妖魔。

癸酉岁雨水很多，早禾能收一半，晚禾勉勉强强。盗贼纷纷出现。

甲戌颇有详（难算），田禾得半边，五谷有虫蝗，六畜不周全，有民多瘟疫，老少不安然，蚕桑处处好，豆麻方方鲜。

甲戌岁不好推算，庄稼大概只能收获五成，五谷有虫蝗之灾，六畜有灾患，人民有瘟疫，老人、小孩不安全。不过，蚕桑和豆麻收成不错。

乙亥有水灾，夏习（月）普皆然，秋冬恶风打，五谷不值钱，楚淮尤（忧）水淹，燕吴禾粟全，六畜有病患，人民可得安。

乙亥岁有水灾，在夏季非常频繁，秋冬有恶风，五谷受损而贱卖。楚淮之地要担忧遭遇水淹，而燕吴之地禾粟能保全。六畜遭遇病患，不过人民还算安全。

丙子枉种田，春来雨绵绵，粟麦虽茂盛，逢夏是旱天，早稻无收获，晚禾七分全，五谷忧鼠耗，黄龙土内盘。

丙子岁收成堪忧。春天雨水连连，粟麦虽然茂盛，但是夏天会遭遇旱灾，早稻没有收成，晚禾能收七成。五谷遭遇鼠患，黄龙在土壤里盘着。

丁丑雨水周，鱼鳖路上游，栽种须宜早，晚迟尽空头。春月微微雨，夏后雨冲楼。六畜多灾瘴，家家无遗留。

丁丑岁雨水较多，造成水灾，鱼鳖路上游走。栽种需要早，晚了的话难有收成。春季雨微，夏天后期则大雨成灾，甚至会冲走楼房。六畜多发灾瘴，家家损失惨重。

戊寅主首荒，盗贼发有方。军民常来往，疾病各村乡。三冬多霜雪，高山出虎狼。人民被伤损，善恶定昭彰。

戊寅岁灾荒严重，盗贼四起，疾病肆虐。冬天很多霜雪，高山出现虎狼。人民损伤严重。

己卯多粟麦，春夏雨不缺。蚕娘没路走，黄龙山陇歇。人民享快乐，五谷成实结。秋后多疾疫，冬来满山雪。

己卯岁多有粟麦，春夏雨水充足。桑叶茂盛，以至于采桑叶的蚕妇不好走路，黄龙在山陇歇脚。人民享受快乐，五谷收获丰盛。秋后多有疾疫，冬天大雪封山。

庚辰好种田，逢夏有旱干。人民多快乐，粟麦满山川。蚕丝半山凶，吉（洪）水淹万里。田禾虫蝗起，六畜灾瘴缠。

庚辰岁利于种田，不过夏天会有旱情。人民享受很多快乐，粟麦丰收。蚕

桑只能收成一半，会有大水灾淹没万里良田。田禾有虫蝗之灾，六畜遭遇灾瘴。

辛巳田禾好，人民生（少）烦恼。粟豆俱有收，盗贼不相扰。六畜多灾患，低田水淹倒。北方犹自可，东南不得了。

辛巳岁田禾很好，人民烦恼少。粟豆有收获，盗贼也没有来打扰。六畜多有灾患，低处的田地被水淹没。北方的情形尚好，东南的情况很糟。

壬午雨不均，农夫枉用心。禾苗日摧残，筐蚕丝一斛。腴田收得半，天下乱纷纷。豆麦俱不熟，六畜概遭瘟。

壬午岁雨水不均匀，农夫的用心白费了。禾苗被摧残，蚕丝收成很少。好田的收成只能达到五成，天下乱糟糟。豆麦都未能成熟，六畜全部遭遇瘟疫。

癸未大丰年，春日少甘泉。蚕丝常倍出，夏至雨倾田。早禾收一半，晚稻十分全。粟麦方方有，秋成谢苍天。

癸未岁是大丰收之年。春天雨水不多，蚕丝倍收。夏季大雨倾盆。早禾只能收一半，晚稻可以收全。粟麦丰收。

甲申天水旱，粟麦半有收。般般皆宜地，早禾处处忧。鲁街多瘟瘴，蚕妇桑叶稠。又防出盗贼，谨慎自无愁。

甲申岁有水旱之灾，粟麦只能收五成。早禾收成堪忧。鲁地多有瘟瘴，蚕桑丰收。需要谨慎提防盗贼出现，谨慎对待便没有忧愁。

乙酉多艰辛，五谷半收成。旱（早）禾虽得半，雨水不调匀。人民生疾病，兵马乱纷纷。粮户少欢乐，重上皇粮银。

乙酉岁充满艰辛，五谷收成只有一半。早禾收成有一半，雨水不均匀。人民遭受疾病，兵荒马乱。农户并不高兴，因为官府再度来收取皇粮与税银。

丙戌春雨足，夏秋井泉枯。米价多腾贵，蚕丝偏国都。六畜沿村没，人民受灾难。晚禾风吹折，贫都望颗颗。

丙戌岁春天雨水足，夏秋井和泉都干枯了。米价非常昂贵，蚕丝少，只能供应国都。六畜损失大，人民遭受灾难。晚禾被风吹折断，收成很少。

丁亥雨水再（勤），禾道庆年丰。三冬足霜雪，九夏旱无踪。粟麦皆宜迟，人民疾病凶。有路无人走，有谷少春［人收］。

丁亥岁雨水充足，禾稻丰收。冬有雪，夏无旱。粟麦最好迟点种，人民遭遇疾病。因为伤亡巨大，路上没有人走，稻谷也没有人收。

戊子春微雨，粟麦半主凶。处处有虫蝗，米谷一场空。夏秋多干旱，饥馑又相逢。人民遭横厄，三冬瘟疫同。

戊子岁春有微微雨，粟麦有一半恐怕难以收成。到处有蝗虫灾难，很多米谷都被吃了。夏秋多干旱，会出现饥饿。人民遭受厄运，三冬有瘟疫。

己丑田禾非（丰），六畜亦兴隆。四季雨均匀，人民衣食充。百物皆顺畅，只有疫痢凶。燕鲁起刀兵，杀星定不松。

己丑岁田禾丰盛，六畜兴旺。四时雨水均匀，人民衣食无忧。各种事情都很顺利，但是会出现疫痢。燕鲁之地会有战乱之事。

庚寅岁不丰，粟贵银钱松。夏日无干土，秋来雨不通。豆麦皆枯槁，蚕丝枉费之。燕宋遭淹没，梁吴祸更凶。

庚寅岁粮食收成不丰，粟贵但是钱少。夏日雨水很多，而秋日却无雨。豆麦全部枯死，蚕丝也无收成。燕宋之地被水淹没，梁吴之地灾祸更厉害。

辛卯粟满村，耕种宜迟行。人民多疾病，夏日波浪生。各方无一失，高下得九分。秦淮遭饥饿，吴燕干涸频。

辛卯岁粟有大丰收，耕种最好迟点。人民多生疾病，夏日有大洪水。各处情况都不错，收成有九分。秦淮之地遭遇饥饿，吴燕之地常常出现干旱。

壬辰遭水患，平地撑船走。高下尽遭伤，夏月龙相斗。早稻得半收，晚禾泡斯（死）朽。五谷染虫蝗，蚕桑自然有（丢）。

壬辰岁遭遇水患，平地水深得必须乘船通行。夏季雨水过多，收成遭遇损失。早稻能收一半，晚禾很多泡在水里烂掉了。五谷遭遇蝗虫灾害，蚕桑也自然没有收成。

癸巳多有忧，此年天早收。善者尽行免，恶者概不留。秋后地开埌，田禾五分收。三冬足水雪，老幼丧荒丘。

癸巳岁多有烦忧，老天收人，善者全部幸免，恶者一概身亡。秋后土地开埌，田禾只能收一半。三冬雨雪很多，老幼死在荒丘。

甲午大丰年，贫富广栽田。早禾皆可得，晚禾加倍全。人民无苦难，六畜亦安然。吴越有风暴，荆湘井泉干。

甲午岁大丰收，人们无论贫富都去种田，早禾全部可得，晚禾大丰收。人民没有苦难，六畜也安然。吴越之地出现风暴，荆湘之地的井泉干涸。

乙未半丰年，早禾一倍全。春夏足漂流，秋冬多干旱。晚禾损一半，百物不值钱。蚕丝皆茂盛，六畜有灾缠。

乙未岁是半丰年，早禾大丰收。春夏多雨水，秋冬多干旱。晚禾损失一半。百物不值钱。蚕丝丰收，六畜有灾。

丙申洪水现，旱防六月间。早禾得一半，晚稻不同脸（周全）。四季谷麦好，人民少灾愆。燕［赵］好稻粱，秦淮好蚕桑。

丙申岁有洪水，六月间需防旱。早禾收成一半，晚稻难以周全。四时谷麦好，人民灾难少。燕赵之地稻粱收成好，秦淮之地蚕桑收成好。

丁酉人民软，贫富懒种田。夏月多风雨，六畜有灾愆。秋冬疾病大，处处挂纸钱。高低徒种植，蚕桑少丝棉。

丁酉岁人民疲软，无论贫富都懒得种田。夏季多出现风雨，六畜有灾难。秋冬疾病严重，有很多人死亡。庄稼白种了，蚕桑收成少，丝棉也少。

戊戌农夫忧，雨水并不周。夏日防大旱，秋来雨遍地。流民被贼扰，十有九人愁。燕宋豆麦熟，齐吴禾不收。

戊戌岁农夫忧愁，雨水不均。夏日需要防止大旱，而秋季雨水过多。流民被盗贼侵扰，十户人家有九户人家犯愁。燕宋之地豆麦成熟，齐吴之地的禾没有收成。

己亥人民病，四季雨不均。种植无终始，粟麦贵如金。蚕娘无喜色，盗贼乱纷纷。其年秋禾好（十家九户愁），豆棉一概论（年饭何处寻）。

己亥岁人民遭遇疾病，四时雨水不均，种植的庄稼没有收成，粟麦非常昂贵。蚕娘不高兴，盗贼到处都是。十家有九家犯愁，年饭都没有着落。

庚子疾病广，虎狼满山川。百钱换升米，河水冲断船。早禾略兴旺，晚稻收不全。秋冬粟麦熟，燕地虫害田（地）。

庚子岁疾病流行，山川到处是虎狼。米贵，百钱才能换升米；河水凶猛泛滥，可以冲断船。早禾勉强算是兴旺，晚稻不能全收。秋冬粟麦成熟，燕地的庄稼地闹虫害。

辛丑多忧患，疾病常为祟。春夏雨均匀，秋冬鱼晒背。菽麻稻粱好，六畜多损退。人民渐生息，蚕桑加一倍。

辛丑岁忧患多，经常出现疾病。春夏雨水均匀，秋冬大旱，鱼儿都因干涸毙命。菽麻稻粱收成很好，六畜多出现损失。人民的境况逐渐好转，蚕桑丰收加一倍。

壬寅是丰年，禾稻倍收全。四季均调和，桑柘半（伴）丝蚕。八方皆成熟，六畜有灾缠。人民虽富乐，只愁虎下山。

壬寅岁是丰收年，禾稻收成加倍。四时风雨调和，桑叶蚕丝收成好。各地庄稼成熟，六畜有灾。人民虽然富乐，但是忧愁猛虎下山。

癸卯半忧喜，四时恶风起。春夏多雨雹，秋来缺雨水。燕赵好桑麻，吴地禾稻美。人民生疾病，六畜有瘴疫。

癸卯岁半喜半忧，春夏秋冬都有大风。春夏经常有雨和冰雹，秋天则缺乏雨水。燕赵之地桑麻收成很好，吴地禾稻收成很好。人民出现疾病，六畜则出现瘴疫。

甲辰稍吉庆，五谷半虚空。春夏多淹没，秋冬雨不通。鲁地桑蚕好，吴邦禾稻丰。收成四分有，六畜死灾凶。

甲辰岁稍微吉祥，但五谷收成不多，仓库空虚。春夏发水灾淹没很多地方，秋冬不见雨水。鲁地桑蚕收成好，吴地禾稻丰收。收成只有四成，六畜遭遇灾难死伤严重。

乙巳禾稻秀，夏日遭干旱。五谷宜早种，迟栽光眼看。刀兵自南来，将军离州县。天虫筐内死，丝棉不成线。

乙巳岁禾稻长势很好，夏日遭遇干旱。五谷适宜早些种植，晚了则难以收成。南边会有战乱。天虫（可能是指蚕感染而死变成僵蚕）死在筐内，因此丝棉无收获。

丙午水滔滔，种植最宜高。低田遭水没，天虫口如刀。六畜多灾瘴，人民苦相遭。鲁卫成巨浸，江东谂岁标。

丙午岁水灾泛滥，庄稼最好种在高处。低田被水淹没，天虫（疑指蝗虫）的口如刀一般收割粮食。六畜多有灾瘴，人民生活非常痛苦。鲁卫之地遭受深水淹没，江东怀念年岁的好时光。

丁未风雨充，五谷半吉凶。秋日防干旱，早晚禾皆丰。蚕见丝则少，六畜有瘟疯。人民颇能全，草木多生虫。

丁未岁风雨充足，五谷吉凶各半。秋日需要防干旱，早晚禾都丰收。蚕丝收成少，六畜有瘟疫且出现癫疯。人民基本安全，很多草木被虫啃噬。

戊申饥荒起，老少无食米。春日雨广有，夏月旱无比。黄龙土中卧，化作蝴蝶起。种植莫数低，结实遭洪水。桑叶被（枝）头空，蚕娘徒自喜。

戊申岁出现饥荒，老少无米可用。春日下雨量大，夏日则非常干旱，毛毛虫在土中卧着，化为蝴蝶从草丛中飞起。种植宜高处，否则会遭遇洪水。桑树枝头桑叶空空荡荡，蚕妇徒然欢喜一场。

己酉好种田，早稻十分全。晚禾防鼠耗，夏月雨绵绵。秋来麦茂盛，三冬雪满山。桑柘空留叶，得茧少丝绵。

己酉岁利于种田，早稻全部收获。晚禾需要提防老鼠危害，夏日雨水绵绵。秋日小麦茂盛，三冬大雪满山。蚕丝收成很少。

庚戌多生病，瘴［疫］害黎民。五谷遭虫食，蚕丝价甚轻。禾麻吴地好，麦谂在荆秦。春夏水漂流，冬来霜雪侵。

庚戌岁很多人患病，瘴疫造成人民伤亡。五谷被虫吃，蚕丝价格十分低贱。吴地稻禾与麻的收成很好，荆秦之地小麦收成很好。春夏有水漂流，冬季雪霜侵袭。

辛亥人和谐，朝廷宽税财。田禾不宜早，扛刀上花街（财米上市街）。春夏雨均调，秋冬乐快哉。鲁衔（宋）无饥渴，燕赵无瘴灾。田地人争估，借牛买棺材。

辛亥岁人民和谐，朝廷收税宽松。田禾不要过早种植，街市上各种财物与大米充足。春夏雨水均匀，秋冬快乐。鲁地没有旱灾饥荒，燕赵之地无瘴灾。人人争抢田地，借牛去买棺材（“借牛”此句与前面几句意思不合）。

壬子值鼠年，禾稻不周全。耕种只宜早，蚕桑要向前。春日防旱咽（涸），夏秋多甘泉。更就疾病走，焚香祈上天。

壬子岁正好是鼠年，鼠患猖獗，因此禾稻难以周全。耕种最好提早一些，蚕桑之事也要提前。春日要防旱灾，夏秋甘泉多。有疾病发生，需要焚香祈祷上天。

癸丑受煎熬，二凶一吉年。淮吴主旱涸，燕宋足流泉。六畜遭瘴劢（疠），贼起广州边。禾穆（木）有虫蝗，收成若不全。

癸丑岁遭受煎熬，有三分之二的可能是凶岁，只有三分之一的可能是吉岁。淮吴有旱灾，燕宋雨水过多。六畜遭遇瘴疠，广州有盗贼出现。禾木遭遇蝗虫，收成不能保全。

甲寅遭花干，五谷不周全！春夏雨不多，虎狼遍山川。饮食难糊口，谷（糠）值米价钱。桑柘前后贵，人畜不安然。

甲寅岁（遭遇旱灾）花都干枯了，五谷难以周全。春夏两季雨不多，虎狼遍地都是。粮食紧缺，糠的价格都涨到了大米之前的价格了。桑蚕（本岁）前后昂贵，人畜不能安然。

乙卯谷值价，春夏鱼上真（山）。秋冬雨少有，画上（商家）无索（牵）挂。晚禾十分收，不宜于早稼。桑贵蚕丝旺，瘟疫由造化。

乙卯岁稻谷值钱，春夏发大水，鱼儿被冲上山。秋冬时节雨水少，商家没有牵挂。晚禾全收，不宜早种庄稼。桑贵，蚕丝旺。有瘟疫，能不能活下来看造化。

丙辰大水惊，栽种不宜深。早禾八分有，晚迟枉费心。夏日防干旱，秋天有收成。桑叶满树头，蚕丝喜盈盈。

丙辰岁出现大水惊扰人民，不要在低矮处栽种庄稼。早禾有八成收获，种植晚了则一场空。夏日要防止干旱，秋天有收获。树头上满满的都是桑叶，蚕丝收获多，令人喜盈盈。

丁巳年半熟，人民多防害。香街（荆楚）豆麦少，秦宋桑麻大。高低总得成，种植无妨碍。六畜贱如草，狂风把树坏。白骨遍野摆，人死不作怪。

丁巳岁只有一半庄稼活到成熟，人民需要多提防灾害。荆楚之地豆麦收成少，秦宋之地桑麻长势好。无论种在高处还是低处，总会有收成。六畜卑贱如野草，狂风把树刮倒。白骨遍野都是，人民纷纷死亡。

戊午年岁凶，稼穑处处空。高低全无用，早迟一般同。男子沿门庭，女子作人佣。家家少饭吃，人民遭困穷。

戊午岁是个凶岁，到处都没有收获庄稼。无论是高处还是低处，无论早种植还是晚种植，结果都是一场空。男子沿着门庭（乞讨或等待被雇佣），女子去当富人家的佣人。家家缺米少饭，人民遭受穷困。

己未是丰年，田禾十分全。来往多商贾，高低民物欢。农夫早种作，莫待交风寒。桑麻般般有，贫富谢苍天。

己未岁是丰收之年，田禾可以全收。商人来来往往，到处都是欢声笑语。农夫应提早耕作，莫等风寒来。桑麻等应有尽有，无论贫富都要感谢苍天。

庚申高下种，桑叶喜半全。田地抛粮税，早向马胡边。六畜多灾瘴，人民横祸缠。秋日干戈起，夫妻各一天。

庚申岁高低之地都可以种庄稼，桑叶收成一半。田地被抛荒，因为边疆有动乱，男人去当兵了。六畜多有灾瘴，人民被横祸缠绕。秋季出现战争，男人纷纷上战场，与妻子天各一方。

辛酉五谷全，刀兵过江。饱暖人愁叹，老少心不安。秦吴六畜死，夏可（天）无井泉。春秋多雨水，冬来雪满天。

辛酉岁五谷全收，但是战乱跨过了江。无论饱暖，人人都在忧愁叹气，老少心里不安宁。秦吴之地六畜死亡，夏季井泉干涸。春秋雨水多，冬天大雪漫天。

壬戌走东西，别子又离妻。高低水汪汪，谷米渐少稀。冬瘴六畜死，豆麦收不齐。常见刀兵起，各有（地）方不一。

壬戌岁人民东奔西走，很多男人被迫离开妻子与孩子。无论高处还是低处，到处水汪汪，稻谷逐渐稀少。冬季有瘴，六畜死亡，豆麦不能收全。战乱四起，各地情况不一样。

癸亥劫相逢，春夏雨不通。秋冬洪水涨，冬来霜雪冲。刀兵四方起，粮草已空空。人民遭饥饿，遍地亦相同。种植俱宜早，晚禾枉费工。

癸亥岁遭遇劫难，春夏没有雨水。而秋冬洪水大涨，到了冬季还有霜雪。四方战乱纷纷，粮草早已空空如也。人民遭受饥饿，各地都差不多。适宜早点种植，晚了白费功夫。

这部分还有一些其他内容，有一定参考价值。

第一，六十甲子是一个重要周期，每到周期末期，恶人就会死亡，善者就会幸存：

六十甲子，有始有终，天降劫运，南北西东，恶人该灭，善者不逢。

第二，存在180年的三元周期，上元为幸福的六十年，而下元为糟糕的六十年：

下元终而复始，又转上元兴隆。刀兵归库，民物滋丰。戒之慎之，有悔无凶。

第三，依据地支对年岁做了一些规律性的推断，认为子、丑、寅岁的夏季多出现旱灾，而卯、辰岁多丰收，巳岁人民不能安宁，申、未岁人民继续奔波，酉岁如果遇到红日则有天德，戌、亥岁大水浸泡禾稻：

子丑寅逢夏多旱，卯辰丰稔万民歌。巳年别定人不静，申未一样见奔波。酉逢红日光天德，戌运天水浸禾年。

第四，依据地支对日子做了一些推断，内容与上文有些类似：

子丑寅日多见雨，卯辰初唱太平歌。巳午火烧天下乱，未申必定起干戈。但看酉日换地主，戌亥伤苗水成河。

上文的“子丑寅日多见雨”意味着此处说的不是指连续的十二天，而是指任意的某个地支日。也就是说，这里指出了地支日的气象规律。

第五，归纳了根据特定日子的气象情况进行远期推度的方法：

戊午己未大天晴，甲申甲寅定分明。若有雨时终有雨，若是晴时终还晴。己水逢水水淹死，己火逢火火烧花。若是火金得一半，木土德日禾苗佳。

第六，对六十甲子的一些“干支组合”之岁对应的情况进行了判断：

甲子丰年丙子旱，戊子虫蝗庚子乱。惟有壬子水滔滔，俱在正月上旬看。上旬十日若无子，农夫遭之恐不便。

（四） 第四部分

此部分根据节气（其中部分节气缺漏）当日的气象对其后气象、收成等方面进行详细推度：

元旦宜黑四边天，大雪纷纷是丰年。
但得立春晴一日，农夫不用力耕田。
…………
腊朔东风六畜灾，若逢大雪旱年来。
但愿此日天晴好，吩咐农家放心怀。

最后还点出这是依据阴阳之理所做出的推度：

此书却是阴阳理，说与世人不须疑。

三、 总结

该书有几个重要之处：第一，在该书中，阴阳、干支占主导地位，主要从

阴阳的角度来推算，很少从五行的角度来推算。第二，从“此书却是阴阳理”可以看到，《孔圣枕中记》认为阴阳是天地万事万物变化的原因，而干支就是推度这些变化的工具，因此才大篇幅地阐述了根据干支的不同进行不同的推算。

这种依照干支来推度的诗歌，在中国古代还有不少。例如，翁文波先生在其《天干地支纪历与预测》中就收录了一些类似的歌谣。另外需要特别指出的是，尽管《孔圣枕中记》成文较晚，但是类似的思想在早期典籍中就已经可以看到。

第三节　其他气象推算方法

除了直接使用干支预测之外，还有利用当前气象推算远期气象的方法，以及与星宿有关的推算方法。这些说法往往涉及阴阳，因此也有一定的参考价值，特择其重要者列举如下。

一、　相关典籍

（一）《号令歌》

所谓“号令”，是说天空气象乃受号而行，听令而止，而这种号令可以通过一些外在迹象，如云雾的变化，推测出来。

1. 部分原文及其翻译

雷霆挂榜在天边，口受心传几万年。不与凡夫门（斗）礼义，认得真时是活仙。

雷霆等气象变化是可以推算的，推算的工具就是气象本身，它们就好像挂榜于天边一样，人人可看见，而推算方法，口授心传已经几万年，知之者极少。凡夫俗子虽然礼仪知识懂得多，但是天空中的号令才是真正有用的知识。

黑云叆叇朝昏见，电光闪烁雨连绵。若居八表观高下，四方上下亦如然。

如果清晨、傍晚时分天空可以看见浓厚的黑云，那么当日、次日将会电光闪烁，雨水连绵。如果在高处观察八方，那么四周上下都会如此。

2. 分析

《号令歌》的经验主义气息较为浓厚，没有给出预测的理由，推测的多是短期气象，其参考价值有限。

（二）《勘合真机》

1. 部分原文及其翻译

晨候阳精细用心，日光主旱紫为霖。看他碧色将寒冻，傍有浓云一日阴。

气灌阳光阳失色，云凝不动雨将临。教君仔细详推看，此诀应当直（值）万金。

在清晨仔细观察阳精（即太阳）的状态可以推算气象。如果清晨太阳光金灿灿，则意味着将会灼热难耐，容易出现旱情；如果太阳呈紫色，则意味着将会下几天的雨；如果太阳呈碧色、青绿色，则意味着会出现寒冷冰冻；如果早上太阳旁边有浓云，则当日气象为阴；如果阳光中有（寒）气大量灌入，则阳光的颜色会暗淡；如果有（乌）云待在空中不动，则意味着将会下雨。这些口诀的内容是教授人们如何仔细查看与推算，非常值钱。

阴精有晕白如昏，将见云兴雨意凝。绿色必寒丹必旱，色青虹现雾溟溟。

如果阴精（即月亮）有晕，颜色白而昏沉，则意味着云将兴起，雨意渐浓。如果月亮颜色为绿色，则意味着会降温与寒冷；如果月亮颜色为丹红色，则意味着会有旱情；如果月亮颜色为青色，则意味着虹会出现，雾气昏沉。

2. 分析

从《勘合真机》可以推导出以下几点，有一定的参考价值：

第一，该文作者采用地心视角，这与古代其他研究气象的作者是相同的。

第二，前一日的气象与后一日或几日的气象有非常严格的对应关系。

《勘合真机》大部分预测是基于经验的，并没有给出理论分析，且预测过于疏阔。

（三）《定二十八宿日直五行晴雨法》

1. 部分原文

角日值木，风；值金，阴；值火，雨；值土、水，晴。

…………

轸日雨则晴，晴则雨。

2. 分析

此处的二十八宿日与月亮、五星经过二十八星宿有关。二十八星宿划分的最初依据是一月之内月亮所经过、停留（宿）的位置。所以，角日即意味着月亮经过、停留角宿的那天。此处《定二十八宿日直五行晴雨法》可以理解为月亮、五星与二十八星宿的相互作用，可以与《轩辕本纪》中“占月、占星”之说呼应，具有重要的参考价值。

（四）《五星释辩》

中国古代就有观察星宿状态来推测气象的习惯。《洪范》云：“星有好风，星有好雨。”西汉孔安国注云：“箕星好风，毕星好雨。”其意思是出现箕星（处于某种状态下）就容易刮风，出现毕星就容易下雨。类似的说法还有很多。

《五星释辩》解释了五个星宿与气象之间的关系：

壁星者，乃壁水□，居乾亥之位，即江豚也。其物起，则风云生。

…………

轸星者，乃轸水蚓，居巽巳之位，（乃蚓也。）故蚓出，则雨至矣。

该文通过类比动物的习性、特点，来解释星宿与气象之间的关系，应该说该解释还是比较勉强的。至于这种说法的可靠与否，还有待进一步考证。

二、 总结

本章回顾了古代典籍利用干支法来推算气象的相关内容。从中可以得到的启发是，岁、月、日、时的干支（天干、地支、干支组合），日月五星在星空中的位置，以及一些尚未厘清的交互作用，都有可能对气象产生重大影响。

第十章 干支与气象：当前进展

古代人虽然提出了很多探求气象的方法，但是，这些方法的原理并不清晰，主要是一种经验式的猜测。通过前述对热带气旋的研究，笔者已经确认阴阳、干支是可以通过公式来进行研究的。那么，不同干支、阴阳之间的交互作用究竟是怎样的呢？本章从理论上对此进行了分析，探讨了利用干支推算包括气温在内各种气象属性的方法，并提出了一些理论假设。

第一节　“阳和阴五行”体系下利用干支推算气象

中国古代推算气象的方法，主要是干支法和中医的“五运六气”法。进入现代，统计思想武装了研究者。最早的一篇利用统计来窥探干支与气象之间的关系的论文，应该是1989年吉林省农业科学院潘铁夫的《吉林省气候变化与天干、地支的关系》①。这篇论文将年份用天干（同时使用了“五运”）、地支加以分类统计，并进行了分析。这篇论文首次将统计与干支结合起来，具有重要的意义。

由于“阴阳五行”学说在理论上存在很多困难，因此，笔者采用秉承炁论且理论上通顺的“阳和阴五行”学说对气象进行探索。

使用“阳和阴五行”学说探索气象，是一个不断摸索、不断发现的过程。因此，笔者在探索时经历了两个过程，分别是最初构想（2016年到2019上半年）与当前构想（2019年下半年至今）。

一、最初构想

最初构想的时间范围是从2016年到2019上半年。首先，笔者发现流行的“甲阳、乙阴”“子阳、丑阴”这种奇阳偶阴的做法在理论和实际操作上存在巨大困难，转而探索干支分别为阳阴的可行性。2017年笔者发表论文对干支进行了量化，初步证明了干支与客观自然世界呈显著相关。由于干支是描述阳阴二气的符号，实际上也就是初步证明了十天干、十二地支分别为阳气、阴气的说法是可行的。基于此，笔者进而探索是否可以通过判定量化后的干支数值

① 潘铁夫．吉林省气候变化与天干、地支的关系［J］．吉林农业科学，1989（4）：87－90.

大小及其相互作用来推算气象。现将这一段探索经历和当时的构想陈述如下。

（一）炁之理论分析

理论分析在前面阐述“阳和阴五行”体系和“阳九百六”时已经论述，但没有具体到与气象的关系。在阐述“阳九百六”时曾推测：阳九为水，百六为旱。

（二）阴阳二炁交互作用理论分析

在中国古代典籍中，有不少内容涉及阴阳二炁的交互作用。

1.《文子》

是否下雨对温度有着重要影响。那么关于下雨，则与阴阳交接有关系，相关说法有《文子》的“阴阳交接”“阴阳交通”之说。

（1）《上仁》篇指出了“阴阳交接”生成万物：

天地之气，莫大于和。和者，阴阳调，日夜分，故万物春分而生，秋分而成。生与成，必得和之精。故积阴不生，积阳不化，阴阳交接，乃能成和。

（2）《上德》篇指出“阴阳交通”乃“阳气下降，阴气上升”：

天气下，地气上，阴阳交通，万物齐同，君子用事，小人消亡，天地之道也。天气不下，地气不上，阴阳不通，万物不昌，小人得势，君子消亡，五谷不植，道德内藏。

2.《庄子》

与《文子》类似，《庄子》有“阴阳调和”“阴阳之和”“阴阳交通”之说。

（1）《天运》篇提及了“阴阳调和”“阴阳之和”：

一清一浊，阴阳调和，流光其声……吾又奏之以阴阳之和，烛之以日月之明。

（2）《田子方》篇提及“阴阳交通”的方式：

至阴肃肃，至阳赫赫；肃肃出乎天，赫赫发乎地；两者交通成和而物生焉，或为之纪而莫见其形。消息满虚，一晦一明，日改月化，日有所为，而莫见其功。

3.《礼记·月令》

《礼记·月令》的说法是“天地和同”，由于天地可与阴阳互换，即“阴阳和同”：

是月（孟春之月）也，天气下降，地气上腾，天地和同，草木萌动。

4.《淮南子·天文训》

《淮南子·天文训》认为如果阳气胜阴气，则为旱；阴气胜阳气，则为水。这样的说法实际上也提及阴阳二气的交互作用，与“阳九百六”的“阳九为水，百六为旱”的说法有所呼应。《淮南子·天文训》还有一种说法：“阴阳相薄，感而为雷，激而为霆，乱而为雾。阳气胜则散而为雨露，阴气胜则凝而为霜雪。”这种说法认为阳气、阴气单独就具有生成雨露、霜雪之能力，看起来并不合理。

5.《黄帝内经·阴阳应象大论》

虽然《黄帝内经·阴阳应象大论》认为单独一气即可产生一些气象变化（“故清阳为天，浊阴为地；地气上为云，天气下为雨，雨出地气，云出天气”），却没有得到王冰的认可，他注释说：“二气交合，乃成雨露。”

6.《玄圃山灵匧秘箓》

《玄圃山灵匧秘箓》云：“太极始判，清炁为天，浊炁为地，混融之炁化为水。”这里的清炁一般理解为阳炁，浊炁一般理解为阴炁，混融之炁则可以理解为阳炁、阴炁的混合和融化。此处实际上直接指出阳炁、阴炁可以混融为水。这种阳炁与阴炁的融合，相当于现代所说的相互作用。这种思想可以称为“阴阳二炁和合为水”，它是一个非常重要的思想。

综合上述典籍的各种说法以及对它们的理论分析，并基于对炁论的理解，

笔者提出如下三点关于气象的假设：

阳气胜为晴；阴气胜为阴。

阳气大盛则大晴，久晴则晴旱；阴气大盛则大阴，久阴则阴旱。

阴阳强度相等则下雨。

（三）甲子、乙丑之炁的特性

笔者对王碧波等人的《近 35 年南充大雾特征分析》① 进行了重新分析，得到一个结论，即：甲子、乙丑易出大雾。现将详细分析过程陈述如下。

1. 原文结果

《近 35 年南充大雾特征分析》调查的时间范围为 1980 年到 2014 年。依据该文公布的数据，可以总结出如下现象：

（1）从年份看：1984 年、1985 年、1994 年、1995 年、2004 年、2005 年等为出雾高峰。

（2）从月份看：12 月、1 月为出雾高峰。

以上结果，是王碧波等人按照公历对数据进行组织后得到的结果。

2. 使用干支历重新分析

按照干支历对数据进行重新组织后又会如何呢？由于无法得到这些数据，只能忽略干支历与公历在年、月时间尺度上的定义差异，来进行大致的分析，并得到如下结果：

（1）从岁时间尺度上看（忽略干支历岁与公历年的差异）：

1984 年，甲子岁；1985 年，乙丑岁；1994 年，甲戌岁；1995 年，乙亥岁；2004 年，甲申岁；2005 年，乙酉岁。

由此可以推导出，在干支岁时间尺度上的规律是：甲、乙岁易出雾。

（2）从月时间尺度上看（忽略干支历月与公历月的差异）：

---

① 王碧波，刘书慧，张勇为．近 35 年南充大雾特征分析［J］．安徽农业科学，2015，43（34）：296－299，313.

1984 年 1 月，甲子岁乙丑月；1984 年 12 月，甲子岁丙子月；

1985 年 1 月，乙丑岁丁丑月；1985 年 12 月，乙丑岁戊子月；

1994 年 1 月，甲戌岁乙丑月；1994 年 12 月，甲戌岁丙子月；

1995 年 1 月，乙亥岁丁丑月；1995 年 12 月，乙亥岁戊子月；

2004 年 1 月，甲申岁乙丑月；2004 年 12 月，甲申岁丙子月；

2005 年 1 月，乙酉岁丁丑月；2005 年 12 月，乙酉岁戊子月。

由此可以推出，在干支月时间尺度上的规律是：子、丑月份易出雾，但其需要逢甲、乙岁才能出现。可以逻辑推理出不同时间尺度上的干支是同质的，从而可总结出一个重要的规律：逢甲、乙（岁、月、日、时）则出现雾。

3. 秉承炁论进行理论分析

（1）基本分析。逢甲、乙出现雾这种现象背后的原因是什么呢？笔者认为，能够解释逢甲、乙出现雾这种现象的最合适的理论是：干支乃阴阳二炁，阴阳二炁可以“合化”成水。

具体来说，已知浓雾实际上由很多小水滴构成，故甲炁、乙炁与子炁、丑炁“合化”为小水滴，许许多多的小水滴聚集起来就是浓雾。

如此一来又会出现一个新问题：甲炁、乙炁与子炁、丑炁为何“合化”为小水滴而不是雨呢？根据炁论可以作出如下猜测：甲炁、乙炁为初出之阳炁，其炁微而不强；子炁、丑炁是初出之阴炁，其炁亦微而不强。当甲、乙逢子、丑则两种微弱之炁出现融合而只能化为微弱的小水滴，从而变成超强浓雾。

同理，当阳炁、阴炁在很大强度上相等时，则会融合为水，即为雨。

另外，从理论推导的话，甲子、乙丑年出现雾的日子数量应该最多且雾最浓，而事实不完全与理论符合。按照《近 35 年南充大雾特征分析》的数据，甲子、乙丑年的强浓雾日子数量的确很多，这一点与理论吻合；但是，普通雾的日子天数和浓雾的日子天数却一般，没有特别突出。导致这一点的原因目前尚不清楚，需要进一步探索。

（2）不同时间尺度的干支可能会交互作用。可以发现，像“乙已岁丁丑

月”也容易出雾，可能暗示岁时间尺度上的乙和月时间尺度上的丑会发生交互作用，即不同时间尺度上的干支可以交互作用。

（四）阴阳二炁与气象关系的理论假设

综合上文三点，可以推测阴阳二炁与气象存在如下的关系。

1. 阴阳二炁与气象之间的关系推测

（1）阳炁大于阴炁时：

阳炁大幅大于阴炁，则大晴；

阳炁中幅大于阴炁，则中晴；

阳炁小幅大于阴炁，则小晴。

（2）阳炁等于阴炁时：

阳炁等于阴炁，二者强度皆极强，则暴雨；

阳炁等于阴炁，二者强度皆很大，则大雨；

阳炁等于阴炁，二者强度皆中等，则中雨；

阳炁等于阴炁，二者强度皆很小，则小雨。

（3）阳炁小于阴炁时：

阳炁小幅小于阴炁，则小阴；

阳炁中幅小于阴炁，则中阴；

阳炁大幅小于阴炁，则大阴。

2. 干支与气象之间的关系推测

了解了阴阳二炁与气象之间的关系并不能落实于具体操作，需要以干支作为中介。因为干支是表达阴阳二炁的工具，所以干支的数值即阴阳的数值。下面，首先列举出干支数值以及干支组合中二者的差值，然后依据炁论，推测阴阳二炁与气象的详细关系。

（1）干支数值。

天干取值范围：甲［0，0.191），乙［0.191，0.691），丙［0.691，1.309），丁［1.309，1.809），戊［1.809，2），己［2，1.809），庚［1.809，

1.309)，辛［1.309，0.691)，壬［0.691，0.191)，癸［0.191，0)。

地支取值范围：子［0，0.134)，丑［0.134，0.500)，寅［0.500，1)，卯［1，1.500)，辰［1.500，1.866)，巳［1.866，2)，午［2，1.866)，未［1.866，1.500)，申［1.500，1)，酉［1，0.500)，戌［0.500，0.134)，亥［0.134，0)。

（2）干支组合差值。

根据上述数值，由此可以得出60对干支组合的差值，见表10－1。这个差值也是一个半开半闭区间。举例说明，甲子为［0，0.057)，乙丑为［0.057，0.191)。此差值是判定气象的重要指标。

表10－1　干支组合差值

序号	天干	地支	差值区间	
1	甲	子	0	0.057
2	乙	丑	0.057	0.191
3	丙	寅	0.191	0.309
4	丁	卯	0.309	0.309
5	戊	辰	0.309	0.134
6	己	巳	0.134	－0.191
7	庚	午	－0.191	－0.557
8	辛	未	－0.557	－0.809
9	壬	申	－0.809	－0.809
10	癸	酉	－0.809	－0.500
11	甲	戌	－0.500	0.057
12	乙	亥	0.057	0.691
13	丙	子	0.691	1.175
14	丁	丑	1.175	1.309
15	戊	寅	1.309	1.000
16	己	卯	1.000	0.309

（续上表）

序号	天干	地支	差值区间	
17	庚	辰	0. 309	-0. 557
18	辛	巳	-0. 557	-1. 309
19	壬	午	-1. 309	-1. 675
20	癸	未	-1. 675	-1. 500
21	甲	申	-1. 500	-0. 809
22	乙	酉	-0. 809	0. 191
23	丙	戌	0. 191	1. 175
24	丁	亥	1. 175	1. 809
25	戊	子	1. 809	1. 866
26	己	丑	1. 866	1. 309
27	庚	寅	1. 309	0. 309
28	辛	卯	0. 309	-0. 809
29	壬	辰	-0. 809	-1. 675
30	癸	巳	-1. 675	-2. 000
31	甲	午	-2. 000	-1. 675
32	乙	未	-1. 675	-0. 809
33	丙	申	-0. 809	0. 309
34	丁	酉	0. 309	1. 309
35	戊	戌	1. 309	1. 866
36	己	亥	1. 866	1. 809
37	庚	子	1. 809	1. 175
38	辛	丑	1. 175	0. 191
39	壬	寅	0. 191	-0. 809
40	癸	卯	-0. 809	-1. 500
41	甲	辰	-1. 500	-1. 675
42	乙	巳	-1. 675	-1. 309
43	丙	午	-1. 309	-0. 557
44	丁	未	-0. 557	0. 309

（续上表）

序号	天干	地支	差值区间	
45	戊	申	0.309	1.000
46	己	酉	1.000	1.309
47	庚	戌	1.309	1.175
48	辛	亥	1.175	0.691
49	壬	子	0.691	0.057
50	癸	丑	0.057	-0.500
51	甲	寅	-0.500	-0.809
52	乙	卯	-0.809	-0.809
53	丙	辰	-0.809	-0.557
54	丁	巳	-0.557	-0.191
55	戊	午	-0.191	0.134
56	己	未	0.134	0.309
57	庚	申	0.309	0.309
58	辛	酉	0.309	0.191
59	壬	戌	0.191	0.057
60	癸	亥	0.057	0

差值的绝对值范围从 0 到 2。差值绝对值位于区间［0，0.25）时称为干支强度相等；位于［0.25，0.50）区间时称为干支强度接近相等；位于［0.50，1）区间时称为小幅差异；位于［1，1.5）区间时称为中幅差异；位于［1.5，2］区间时称为大幅差异。

（3）六十甲子的气象规律推测。

干支是成对出现的，因此，最后还是要落实到根据干支组合来推测气象。那么，根据干支组合差值大小，可以推测六十甲子的气象情况。这里的六十甲子是仅仅对于干支组合本身而言的，并非六十岁、六十月、六十日、六十时的气象：

第 1，甲子：强浓雾，亦可小雨；

第 2，乙丑：强浓雾，亦可小雨；

第 3，丙寅：中雨；

第 4，丁卯：中雨；

第 5，戊辰：大雨转暴雨；

第 6，己巳：多云；

第 7，庚午：多云转小阴；

第 8，辛未：小阴；

第 9，壬申：小阴；

第 10，癸酉：小阴；

第 11，甲戌：多云；

第 12，乙亥：多云转小晴；

第 13，丙子：小晴转中晴；

第 14，丁丑：中晴；

第 15，戊寅：中晴；

第 16，己卯：小晴转多云；

第 17，庚辰：多云转小阴；

第 18，辛巳：小阴转中阴；

第 19，壬午：中阴转大阴；

第 20，癸未：大阴转中阴；

第 21，甲申：中阴转小阴；

第 22，乙酉：小阴转多云；

第 23，丙戌：多云转小晴转中晴；

第 24，丁亥：中晴转大晴；

第 25，戊子：大晴；

第 26，己丑：大晴转中晴；

第 27，庚寅：中晴转小晴转多云；

第 28，辛卯：多云转小阴；

第 29，壬辰：小阴转中阴转大阴；

第 30，癸巳：大阴；

第 31，甲午：大阴；

第 32，乙未：大阴转中阴转小阴；

第 33，丙申：小阴转多云；

第 34，丁酉；多云转小晴转中晴；

第 35，戊戌：中晴转大晴；

第 36，己亥：大晴；

第 37，庚子：大晴转中晴；

第 38，辛丑：中晴转小晴转多云；

第 39，壬寅：多云转小阴；

第 40，癸卯：小阴转中阴；

第 41，甲辰：大阴；

第 42，乙巳：大阴转中阴；

第 43，丙午：中阴转小阴；

第 44，丁未：小阴转多云；

第 45，戊申：多云转小晴；

第 46，己酉：中晴；

第 47，庚戌：中晴；

第 48，辛亥：中晴转小晴；

第 49，壬子：小晴转多云；

第 50，癸丑：多云；

第 51，甲寅：多云转小阴；

第 52，乙卯：小阴；

第 53，丙辰：小阴；

第 54，丁巳：小阴转暴雨；

第 55，戊午：多云；

第 56，己未：多云；

第 57，庚申：多云；

第 58，辛酉：多云；

第 59，壬戌：多云、大晴；

第 60，癸亥：多云、大晴。

（4）需要考虑的事项。

以上纯粹是根据某一时间尺度上干支本身之间的相互作用来推测结果。实际上，还需要考虑以下重要事项：

第一，考虑多个时间尺度的权重。干支在多个时间尺度上存在，因不同时间尺度上的干支性质是相同的，故可以相加，即干加干，支加支。既然可以相加，那么便涉及不同时间尺度的加权问题。至于如何加权，目前基本处于探索阶段。根据小样本分析探索出来的加权权重如下（只考虑常见的四个时间尺度）：日时间尺度的权重最大，岁时间尺度次之，月时间尺度再次之，时时间尺度最小。这种权重看起来不是那么完美。相对完美的权重，则应当如此：时时间尺度的权重最大，日时间尺度次之，月时间尺度再次之，岁时间尺度最小。但这个顺序与实际情况似乎不太吻合。至于这个顺序的反向顺序（即岁时间尺度的权重最大，月时间尺度次之，日时间尺度再次之，时时间尺度最小），则明显与实际情况不能符合。

第二，需要考虑不同时间尺度上干支的相互作用。如岁时间尺度上的天干是否会与月时间尺度上的地支发生交互作用。如果发生，其规律又是如何。

第三，经纬度差异较大的地区的气象往往不相同，而目前这套法则无法照顾到这一点，这是一个很大的缺陷。在之前提及的雾的研究中，按理论推导则甲子应当出现大雾，然而查阅相关数据很容易看到只有一部分地区出现了大雾。出现这种情况的原因是各种因素的影响，例如各个区域经纬度不同，湖泊山脉等地理特征不同，风向以及强度不同。所以，要考虑更多的因素，方可得到比较合理的气象预测模型。

关于第三点，古人之智慧可以给予一定的借鉴与参考。小说《三国演义》里，鲁肃在诸葛亮草船借箭成功后，大为惊叹，情不自禁发问："先生真神人也！何以知今日如此大雾?"诸葛亮回答说："为将而不通天文，不识地利，不知奇门，不晓阴阳，不看阵图，不明兵势，是庸才也。亮于三日前已算定今日有大雾，因此敢任三日之限。"

此处虽为小说，但诸葛亮所言提及天文、地利和阴阳，传递出古代人对气象的一种理解，提示在具体推算某地气象时，需要同时考虑天文（当地抬头可见之星象）、阴阳（应该指干支）、地利（当地之地理特征）。

二、干支、星体及其交互作用

需要注意的是,干支、星体以及二者之间可能的交互作用，从理论上看非常重要。上面主要讨论干支，但星体同样重要。如果未能全盘考虑而只考虑其中一个方面，如《孔圣枕中记》偏于干支，又如今人栾巨庆《行星与长期天气预报》偏于星体[①]，都必然面临难以逾越的困难。

第二节　干支与温度

温度与人类生活息息相关。过于炎热和过于寒冷，都将对人类社会造成极大的负面影响，甚至导致灾难性的后果。气温升降的规律是什么？未来几十年

---

① 栾巨庆．行星与长期天气预报［M］．北京：北京师范大学出版社，1983.

或者几百年以后的气温走势如何？这是很值得关注且具有实用价值的问题。

尽管科学界已经对气温进行了长时间的研究，但目前对气温的预测没有达到令人满意的地步。因此，可以从“阳和阴五行”学说角度探索气温的本质与变化规律。

在中国古代典籍中，阳气（炁）、阴气（炁）与热、冷有关。也就是说，阴阳二炁与温度有关。这种古代思想，用现代科学语言表达出来便是：阴阳二炁是自变量，温度是因变量。

本节先回顾古代典籍中与温度有关的论述，再利用“阳和阴五行”体系进行分析探索。

一、典籍中的相关说法

《管子·四时》提出了五气与五方的对应关系为：春与风气对应，夏与阳气对应，四时与和（气）对应，秋与阴气对应，冬与寒气对应。其中的阳气、阴气、寒气明显与温度有关，但其实这种对应关系并不合理。如果秋对应阴气，冬对应寒气，则春应该对应阳气，夏应该对应暑气才合乎逻辑。所以，此处阴阳与气温之间的关系比较混乱。当然，这主要是由于“风气、阳气、和（气）、阴气、寒气”的提法本身就不妥当，应当为“少阳之气、太阳之气、和气、少阴之气、太阴之气”。

《管子·乘马》云：

> 春秋冬夏，阴阳之推移也。

此处提出了四时是阴阳变化的结果。由于春、夏、秋、冬本身有明显的温度变化，实际上等于间接指出了阴阳与温度之间存在关系。

《管子·幼官》里也有五方与五气的对应：

> 中央：……治和气；东方：……治燥气；南方：……治阳气；西方：……治湿气；北方：……治阴气。

此处提及和气、阳气、阴气，与《管子·四时》的说法并不完全相同，但一样存在问题，需要更正。

《黄帝内经》的《五常政大论》篇将山上与平原地带的温度差异归结于阴阳二气之治，其文云：

帝曰：善。一州之气，生化寿夭不同，其故何也？岐伯曰：高下之理，地势使然也。崇高则阴气治之，污下则阳气治之。

地势高耸的高山受阴气主宰，地势平坦的平原受阳气主宰。这实际上是从炁论的角度来解释高山寒冷、平原暖和。按照炁论，阴气凉、寒，阳气温、热。

二、 阴阳二炁与气温关系的理论分析

（一） 气温即炁温

提起气温，人们容易想到的是因为太阳的缘故而出现气温的高低变化。而根据炁论，温度主要由炁本身的属性所导致。故此气温实为炁温。为了表示这个意思，后文用气（炁）温这样的表达方式。

（二） 炁的属性分析

要想妥善理解阴阳二炁与气（炁）温之间的关系，需要从炁之属性这个角度来分析阳炁、阴炁的属性，以及阴阳二炁的交互作用。只有这样，才可能从理论上探索气（炁）温的变化规律。

关于阴阳与温度的认识，最常见的理解是，阳炁的属性为热，阴炁的属性为寒，但这种理解非常粗糙。另外一种理解可以由少阳、太阳、少阴、太阴推理出，即：少阳为阳炁之温和，温度较高；太阳为阳炁之炽热，温度极高；少阴为阴炁之凉快，温度较低；太阴为阴炁之冰寒，温度极低。这种理解比前一种理解要精细些，但少阳、太阳、少阴、太阴这种说法只涉及了木、火、金、水而没有提及土。

可以说，以上两种理解都不妥当，在理论上就已经存在问题，因此无法进行进一步探索。“阳和阴五行”体系在理论上完整且合理，可以在此基础上进行研究。

在“阳和阴五行”体系中，阳炁由冬至正北起，依次可以分为元阳、少阳、太阳、衰阳、厥阳，其中，少阳为木炁、太阳为火炁。由元阳到太阳为由少弱到强，而由太阳到厥阳为由强到老弱。以太阳为对称中心，元阳与厥阳强度相等，少阳与衰阳强度相等。阴炁由夏至正南出发，依次可以分为元阴、少阴、太阴、衰阴、厥阴，其中，少阴为金炁、太阴为水炁。由元阴到太阴为由少弱到强，而由太阴到厥阴为由强到老弱。以太阴为对称中心，元阴与厥阴强度相等，少阴与衰阴强度相等。和炁的性质为中和、中性，假设其强度稳定不变。

（三）气（炁）温假设

那么，炁的强度与炁的温度即气（炁）温之间的关系是什么？应该只有两种可能。第一种可能，炁的强度与温度是同一种东西，二者完全等价。按照这种可能，温度从元阳、少阳到太阳（正南之前）是不断增加的，从太阳（正南之后）、衰阳到厥阳也是不断增加的；温度从元阴、少阴到太阴（正北之前）是不断降低的，从太阴（正北之后）、衰阴到厥阴也是不断降低的。假设和炁温度稳定不变。第二种可能，炁的强度与温度不一样，元阳温度最高，太阳温度中等，厥阳温度最低；元阴温度最低，太阴温度中等，厥阴温度最高。假设和炁温度稳定不变。第一种可能性比较大一些（第二种可能性也不能排除），下文按照这种可能来推导。

1. 炁温之假设

前文提及，阴阳二炁可以“合化”为水，而水在0度结冰，在100度沸腾，那么从理论上可以作出以下假设：阴炁最高温度为0度，阳炁最低温度为100度，和炁温度稳定在50度。

具体来说，阳炁中，元阳之炁温度最低，区间起点为100度，少阳之炁温度更高，太阳之炁温度最高（具体数值不清楚），然后衰阳之炁温度降低，与少阳之炁温度相等，厥阳之炁温度最低，区间终点为100度。

阴炁的最高温度为0度，元阴之炁0度，少阴之炁温度更低，太阴之炁温度最低（具体数值不清楚），然后衰阴之炁温度升高，与少阴之炁温度相等，厥阴之炁温度为0度。

2. 阴阳二炁的交互

阴阳二炁可以“合化”为水，这是阴阳的交互作用，古代称之为“阴阳相交”“阴阳交”“阴阳交通”。可是，也存在“阴阳不交”的情况。阴阳的交与不交，需要一个统一的理论来解释。笔者认为，能够同时解释阴阳相交与不交的最佳理论应该是生炁死炁说。因为天干为阳炁，地支为阴炁，所以生炁死炁说实际上意味着：从甲到戊为生阳之炁，从己到癸为死阳之炁；从子到巳为生阴之炁，从午到亥为死阴之炁。

根据生炁死炁说，当生阳、生阴二炁相逢，则“合化”为水（即产生雨），因为雨会对温度产生明显影响，所以生阳、生阴二炁相逢时的温度不是对二者炁温进行简单的平均。例如，元阳和元阴相逢而“合化”为水，则温度为50度，但是由于产生了水，水的蒸发会导致温度明显降低，因此元阳和元阴相逢时其温度会低于二者平均值50度。

当不是生阳与生阴相逢，则只需进行简单的平均即可。例如，当120度的死阳与零下20度的死阴相逢，则最后的结果是100度。容易看出，如果只考虑一个时间尺度上的阴阳二炁的交互，则平均温度会是50度。

至于其他气象，如雪、冰雹等，在理论上尚不清楚其与阴阳之炁的关系。此处不予展开讨论分析。

3. 炁之缓释的影响

根据道经，炁存在一个从精微到粗大化的过程。这个过程很可能是一个不断降温的过程。处于这个过程的早期阶段，则炁温很高；处于这个过程的晚期阶段，则炁温很低。

三、不同时间尺度上的气（炁）温与干支

由前可知，阳阴二炁（表现为天干、地支）除了在岁、月、日、时四个时间尺度上存在周期变化之外，还在更小和更大的时间尺度上存在周期变化。

如果干支与气象匹配，那么气象必然要在更大、更小的时间尺度上有周期变化，才能与干支匹配。而在更大时间尺度上，温度的确有波动。

在百年时间尺度上，温度有波动。《小冰河时代——气候如何改变历史(1300—1850)》[①] 用详细的资料，叙述了该时间段的温度情况，发现温度出现明显起伏，分为温暖期、小冰期、大暖化期这三个大区间。

在千年时间尺度上，温度也有波动。由此可知，温度不仅在人们所熟知的岁、月、时、日这四个时间尺度上有变化，在更大的时间尺度上也有变化。除了上述研究之外，还有很多研究也发现了温度在大时间尺度上的变化。由于干支在更大时间尺度上也存在，从理论上看，更大时间尺度上的气（炁）温变化可能是由这些更大时间尺度上的阳阴二炁所导致的，利用干支来研究气（炁）温是值得探索的一条路径。

① 布莱恩·费根．小冰河时代——气候如何改变历史（1300—1850）［M］．苏静涛，译．杭州：浙江大学出版社，2013.

第十一章 『阳和阴五行』与人

生活经验告诉我们，不同人的人体形态往往有很大差异。这就引发一个重要问题：千差万别的人体形态，是否可以由少量的基本几何形状演绎出来?

中国古代试图用“阴阳五行”来解释人体形态的多样性。通过将“阴阳五行”与人体形态建立联系，从而产生了五形人与阴阳二十五人、五态人等学说。当然，阴阳五行在中国古代是一种大一统的理论，除了人体形态之外，还与其他各种属性建立了联系：与肤色建立了联系，从而产生了五肤色；与人声建立了联系，从而产生了五声；与人格建立了联系，从而产生了阴阳二十五人、五态人等学说。

在前面的章节中，已经分析了“阴阳五行”学说本身的问题，以及“阳和阴五行”学说的合理性，所以本章的内容是探索“阳和阴五行”体系与人体形态、人格之间的关系。

第一节　“阳和阴五行”与人体形态：阳和阴人

一、前期研究

笔者以人体形态为主题发表了三篇相关论文。下面首先回顾这三篇文章，并补充一些细节与说明，然后再进一步阐述相关研究。

笔者自2005年开始着手研究人体形态、人格的规律，2017年开始以“阳和阴五行”体系来指导研究。2020年笔者发表了三篇论文：分别是2020年3月发表的《西方人体形态与人格之间关系探索综述》①；2020年5月发表的《〈黄帝内经〉“阴阳二十五人”人格理论的优势与不足》②；2020年7月发表的《与五行对应的五种基本几何形状之猜想》③。

（一）《西方人体形态与人格之间关系探索综述》

该文的主要内容是回顾了地理环境决定派、相术派对人体形态与人格特征之间关系的看法。

关于这篇论文，需要补充的信息是，很多西方相术内容实际上受到了印度相术的影响。

（二）《〈黄帝内经〉“阴阳二十五人”人格理论的优势与不足》

该文指出了“阴阳二十五人”人格理论的优势在于其理论主义和可演绎

---

① 王卉，王彦．西方人体形态与人格之间关系探索综述［J］．教育教学论坛，2020（12）：111－112.

② 王彦．《黄帝内经》“阴阳二十五人”人格理论的优势与不足［J］．教育教学论坛，2020（19）：98－99.

③ 王彦．与五行对应的五种基本几何形状之猜想［J］．教育教学论坛，2020（31）：339－342.

性。通过五行的排列组合，得到数量惊人的组合。同时也指出了理论的不足之处：五形的几何形状描述不清晰，描述标准不统一；一些论断与现代统计知识相左；五形人的人格特征覆盖面不够，其准确性待确认；十二条经络与二十五人搭配时只用了十条；部位之间关系不和谐；基本维度数目之争，即阴阳两个维度与五行五个维度之间的不统一。

（三）《与五行对应的五种基本几何形状之猜想》

1. 内容简介

该文的主要内容是回顾中医典籍、神话传说、相术中关于五行与五形的对应说法，以人面形状为切入点，结合一些西方学者的观察总结，根据“阳和阴五行”体系推测了五行与五形的二维空间对应关系：

第一，阳炁对应一系列参数有所变化的椭圆形，当阳炁取最大值时对应正圆形（见图 11 -1 左边）。具体来说，在阳炁较弱的少阳木炁区间（东北到东南）对应一系列面积较小、两焦点之间距离相对较远的椭圆形；而在阳炁旺盛的太阳火炁区间（东南到西南）对应一系列面积较大、两焦点之间距离相对较近的椭圆形。当太阳火炁取最大值时（正南）则对应正圆形。

第二，阴炁对应一系列参数有所变化的等腰三角形，当阴炁取最大值时对应等边三角形（见图 11 -1 右边）。具体来说，在阴炁较弱的少阴金炁区间（西南到东北）对应一系列面积较小、两边夹角度数较大的等腰三角形；而在阴炁旺盛的太阴水炁区间（西北到东北）对应一系列面积较大、两边夹角度数较小的等腰三角形。当阴炁取最大值时（正北）则对应正三角形。

第三，和炁或土炁，由于推测其强度四时不变，应该对应一系列同样大小的正方形（见图 11 -1 中间）。

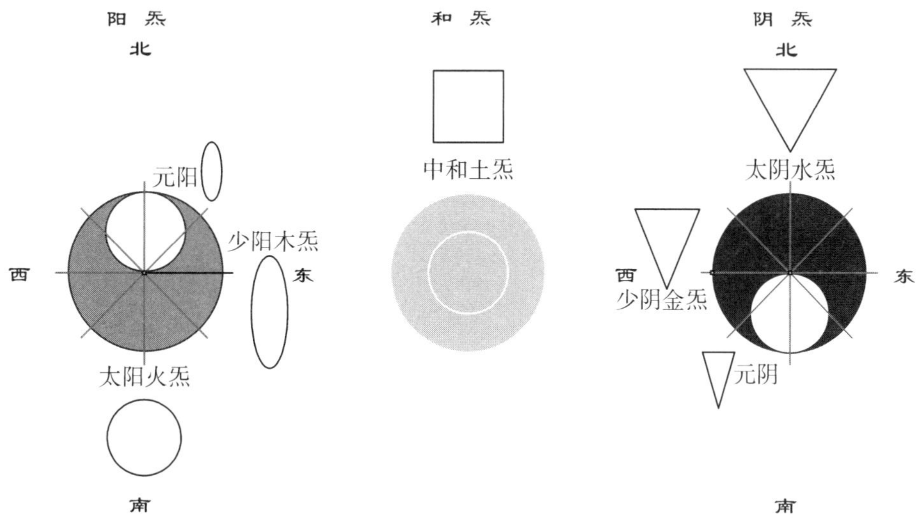

图 11－1 “阳和阴五行”体系下五行与五形的对应关系

同理，可以猜想元阳之炁（正北到东北）和元阴（正南到西南）之炁应分别对应一系列更小的椭圆和一系列更小的等腰三角形。而阳炁剩下的区间（西南到正北）、阴炁剩下的区间（东北到正南），其对应的几何形状，应该与炁之强度相同的区间对应的几何形状相同（为避免冗杂，在图 11－1 中未显示）。

在三维空间中，对应关系应当如下：阳炁对应一系列椭圆体，其中少阳木炁对应一系列体积较小、两焦点之间距离相对较远的椭圆体，太阳火炁对应一系列体积较大、两焦点之间距离相对较近的椭圆体，当阳炁取最大值时对应正圆形。阴炁对应一系列三角形构成的多面体，具体是什么形状目前尚不清楚，需要从数据中总结。至于中和土炁，由于猜想其在二维空间对应正方形，故在三维空间应该对应正方体，或正六面体。

2. 内容补充

《与五行对应的五种基本几何形状之猜想》原本带有一张图，限于篇幅，未能将图附上，该图（见图 11－1）已经附于上文之中。

另外，《与五行对应的五种基本几何形状之猜想》收录了大量的文献，但依然有些相关文献没有收录。一是《孔圣枕中记》，其中阐述了阴阳五行、八卦与人体构造之间的关系，下文将摘录部分内容予以分析；二是《五行精纪》，其中也论及了人的五行长相，因其内容并无新意，故下文不予摘录与分析。

《孔圣枕中记》云：

人生禀出得之变，具二气之象、八卦之位，而有此真。心藏火，肝藏木，肺藏金，肾藏水，脾藏土。天数五，故两手指俱五数；地数五，故两足趾最五数。中指象夏，夏日长，故中指亦长；小指象冬，冬日短，故小指短；食指象春，无名指象秋，春秋二分，昼夜平均；彼二指相配，大指象四季，以贯四时，故大指兼摄四指。发象火，火火上，故发上出。眉象木，木曲直，故眉横列直生。髭象水，水洞下，故髭下垂春角乾。腹象巽，足象震，耳象坎，目象离，手象艮，口象兑，心中七窍象北斗七星，身八万四千无名小星。大肠象四渎，小肠象九江，肚脾象大海，头顶象山林，幽门象海底。额象南岳，领象北岳，左观象东岳，右观象西岳，鼻准象中岳。左眼象日，右眼象月，皮肉象土，骨肌象古，脉络象地。中漕溪前为阳，后为阴；左为阳，右为阴；外为阳，内为阴；上为阳，下为阴；气为阳，血为阴。大较如此细推无穷，古曰：天北之性，人万贵；万物之生，人最灵也。

这里将八卦与人体部位进行对应，较为勉强。但其中所言五行与手指、脚趾长短的对应关系，有一定的参考价值。

二、 新的进展

《与五行对应的五种基本几何形状之猜想》提出了阳和阴三炁对应三种基本几何形状的猜想，本节在此研究的基础上，用这些基本的几何形状来搭建出基本几何人（即阳和阴人）。基本几何人相当于基本因素，是构建千差万别的人体形态的自变量，现实中的各种各样的人体形态都由这些基本几何人通过一定法则构建而成，是因变量。

（一）总体形态推导

“阳和阴五行”学说里，存在阳和阴三炁，也就是说只有三种基本因素，这三种因素对应三种基本几何形状。由这三种基本几何形状与不同部位交互作用构成的人形便是基本几何人。

因有阳、和、阴之基本三炁，故有阳形人、和形人、阴形人之基本几何人，即阳和阴人（为了体现“阳和阴五行”体系为探索研究的指导思想，后文多用“阳和阴人”）。

阳和阴人的整体形态推测如下：

阳炁对应椭圆形、椭圆体，故阳形人为椭圆形面孔，全身由椭圆形、椭圆体所构造。阳炁取极值，其人为圆形面孔，全身由圆形、圆球体所构造。

和炁对应正方形、正方体，故和形人为正方形面孔，全身由正方形、正方体所构造。

阴炁对应等腰三角形、四面体，故阴形人为（倒）等腰三角形面孔，全身由三角形、四面体所构造。

因为阴阳二炁可以有两种分法，故有两种结果。按照五分法，阳炁分为元阳、少阳、太阳、衰阳、厥阳五个区间；阴炁分为元阴、少阴、太阴、衰阴、厥阴五个区间。因阳炁、阴炁的强度不同而有不同的参数（例如，身体各部位的大小对应炁的强度大小）。按照干支分法，阳炁分为十天干共十个区间，阴炁分为十二地支共十二个区间。阳形人即天干人，阴形人即地支人。因为天干与地支可组合为六十干支组合，所以，天干人与地支人组合成六十干支人或干支人。不同的天干、地支的强度不同，所以对应不同的参数。因和炁非阴非阳，干支人实际上没有包括和炁，故阳和阴人这种说法最佳。

（二）局部形态

以上只是勾勒出阳和阴人整体形态，比较空泛，需要落实到具体细节，将局部形态描述出来。

已知人体各个部位有着自己相应的几何结构，这些几何结构可以与“阳和阴五行”体系挂钩，故可以通过基本几何结构与部位的交互作用，予以演绎构建。目前主要演绎了以下几个部位：

1. 头（脸）形（正视）

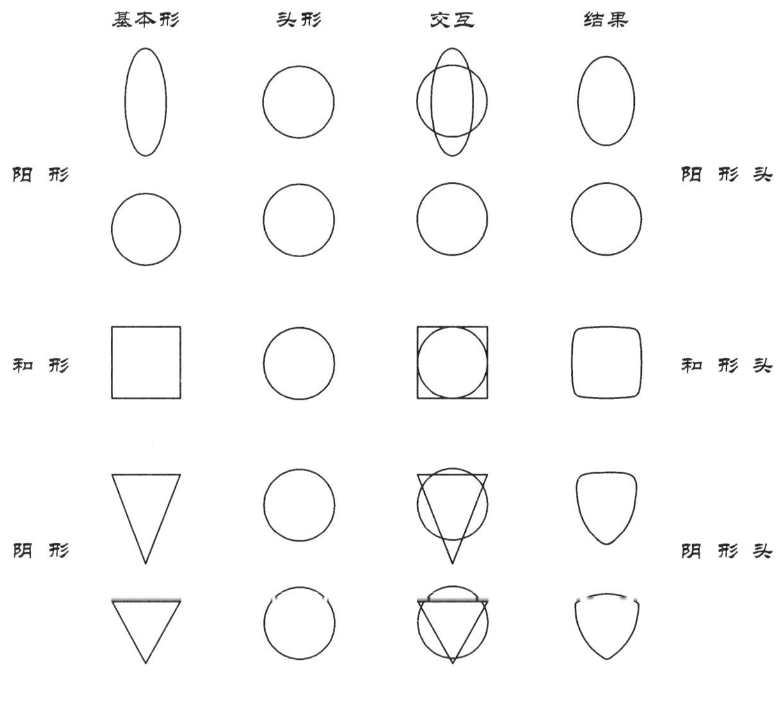

图 11－2 “阳和阴”头（脸）

图 11－2 中，第一列是基本形，包括阳形（第一行、第二行）、和形（第三行）、阴形（第四行、第五行）。第二列是部位形，此处即头形。第三列是交互，即第一列与第二列的交互。所谓交互，就是二者相互作用，可以理解为加权平均。第四列是结果，即交互的结果。

第一列中，第一行示意少阳、衰阳之形，当参数更小时则为元阳、厥阳之形；第二行示意太阳之形（取太阳极值示意整个太阳区间）。第四行示意少

阴、衰阴之形，当参数更小时则为元阴、厥阴之形；第五行示意太阴之形（取太阴极值示意整个太阴区间）。

头（脸）部是一个重要的部位，目前只是在二维尺度上对正面进行了大致演绎，三维尺度上的情况并不清楚，相关的具体参数也并不清楚，有待进一步的研究来予以完善，其余部位同理。

2. 耳朵

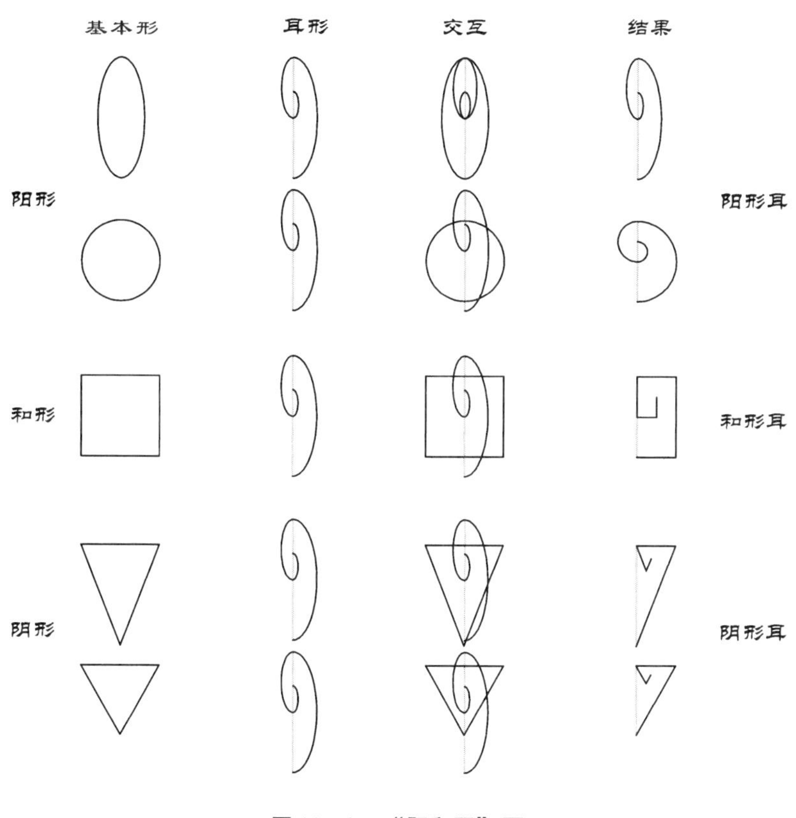

图 11－3　“阳和阴”耳

耳朵部位比较复杂，目前只演绎了部分细节，还有部分细节没有加以演绎，在后续研究中将加以完善。

3.（右侧）眉毛

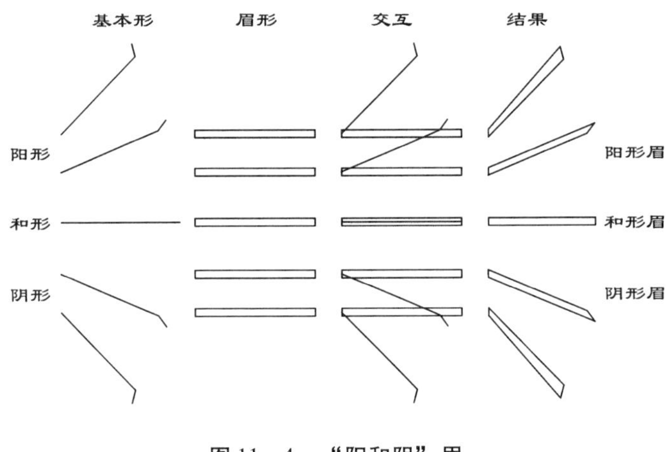

图 11－4　“阳和阴”眉

此处演绎出来的（右侧）眉形不够全面，未能覆盖所有形状的眉毛，有待进一步的研究，通过更多的观察来加以完善。

4.（右侧）眼睛

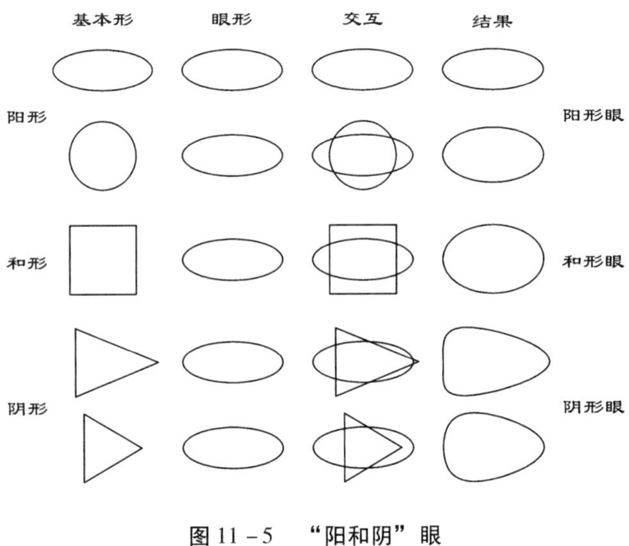

图 11－5　“阳和阴”眼

此处演绎出来的（右侧）眼形，尤其是阴形眼，其左下部难以推演出符合实际情况的实际形态，需要在后续的研究中加以完善。

5. 嘴巴

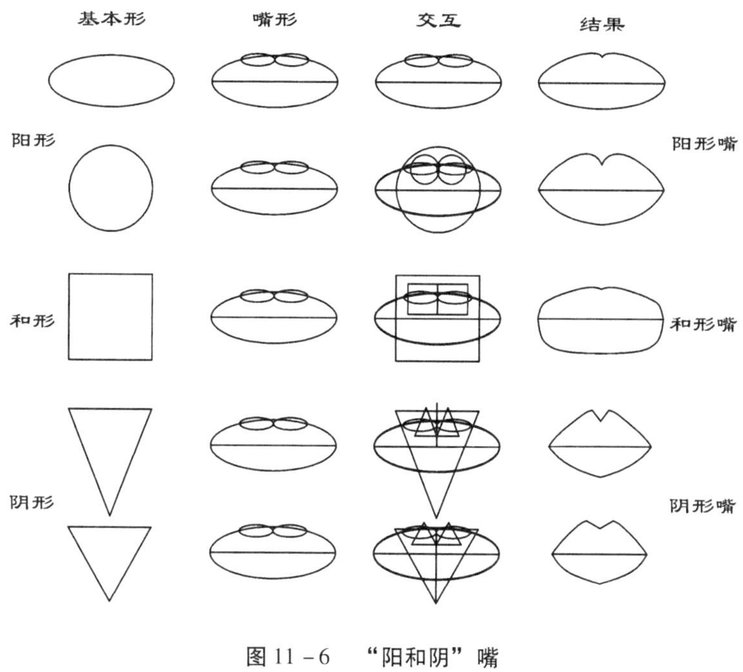

图 11－6 "阳和阴"嘴

嘴巴的形状有些复杂，要想找出其基本因素并不容易。这里的嘴形设定可能有一点问题，也需要在后续的研究中完善。

6. 头面部全貌（缺鼻子）

由前面五点，可以汇总得到头面部全貌（见图 11－7）。因鼻子较为复杂，目前尚未有令人满意的推演结果，故此处空缺。

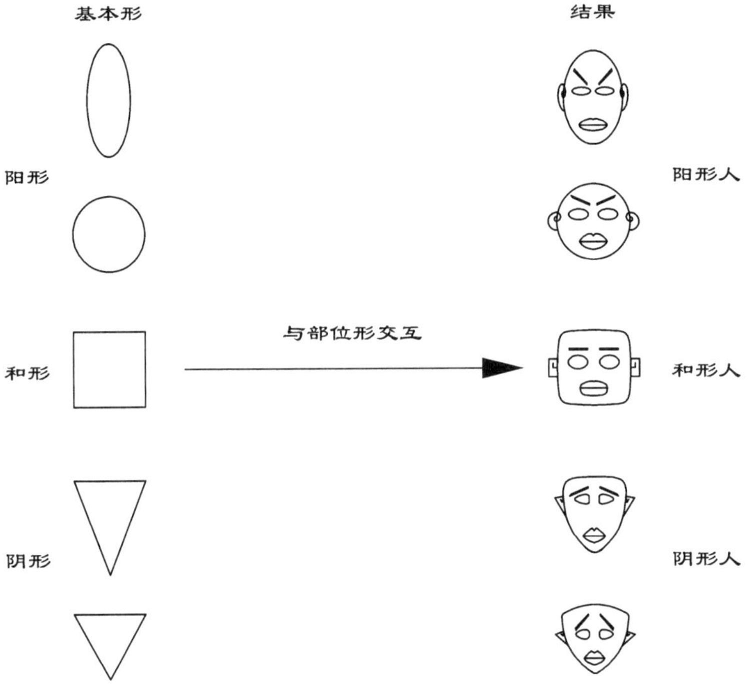

图 11－7　“阳和阴”头面部全貌

（三）理论之阳和阴人与现实之各种个体人之间的关系

阳和阴人在理论上是存在的，但在现实中并不存在。理论之阳和阴人与现实之各种个体人之间存在一定的关系，可以用数学工具表达出来。基于观察，笔者认为，这些数学工具可能主要是排列组合、矩阵运算。这方面的研究尚存在诸多瑕疵与细节问题，有待后续研究的完善。

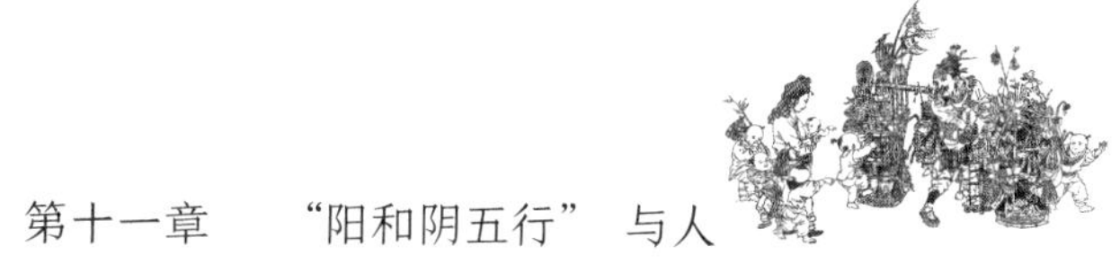

第二节 “阳和阴五行” 与人格

作为人格心理学研究者，笔者对中国典籍中关于人格方面的论述最为关心。在中国古代典籍中，常可见“阴阳五行”与人格之间存在联系的论述。然而，由于“阴阳五行”理论本身存在的问题，它不可能作为一种合适的指导理论。笔者经过长时间的探索，基于理论与数据分析，确认了“阳和阴五行”体系的科学性，并将其视为研究人格的最佳指导理论。

本节首先回顾中国古代典籍中的相关论述，然后利用“阳和阴五行”体系来进行人格研究。

一、 中国古代典籍的观点

（一）《黄帝内经》之《阴阳二十五人》篇

《黄帝内经》之《阴阳二十五人》篇指出了五形与人格之间的关系：

木形之人，比于上角，似于苍帝。其为人……有才，劳心，少力，多忧，劳于事。能春夏，不能秋冬，感而病生。足厥阴，佗佗然。大角之人……遗遗然。左角（一曰少角）之人……随随然。钛角（一曰右角）之人……推推然。判角之人……栝栝然。

火形之人，比于上徵，似于赤帝。其为人……行安地，疾心，行摇，肩背肉满。有气，轻财；少信，多虑，见事明，好颜，急心，不寿暴死。能春夏，不能秋冬，秋冬感而病生。手少阴，核核然。质徵之人……肌肌然。少徵之人……慆慆然。右徵之人……鲛鲛然。质判之人……支支颐颐然。

土形之人，比于上宫，似于上古黄帝。其为人……多肉，上下相称，行安地，举足浮，安心，好利人，不喜权势，善附人也。能秋冬，不能春夏，春夏感而病生。足太阴，敦敦然。大宫之人……婉婉然。加宫之人……坎坎然。少宫之人……枢枢然。左宫之人……兀兀然。

金形之人，比于上商，似于白帝。其为人……身清廉，急心，静悍，善为吏。能秋冬，不能春夏，春夏感而病生。手太阴，敦敦然。钛商之人……廉廉然。右商之人……脱脱然。左（一说大）商之人……监监然。少（一说小）商之人……严严然。

水形之人，比于上羽，似于黑帝。其为人……发行摇身，下尻长，背延延然。不敬畏，善欺绐人，戮死。能秋冬，不能春夏，春夏感而病生。足少阴，延延然。大羽之人……颊颊然。少羽之人……纡纡然。众之为人……洁洁然。桎之为人……安安然。是故五形之人二十五变者，众之所以相欺者是也。

根据上述内容，可以整理出“阴阳二十五人”与经络、人格的关系（见表11-1）。

表11-1　“阴阳二十五人”与经络、人格的关系

	类型	对应经络	人格描述
角木	上角之人	足厥阴	佗佗然（雍然自得之态）
	大角之人	左足少阳之上	遗遗然（谦下、柔退之态）
	左角之人	右足少阳之下	随随然（从顺安重之态）
	钛角之人	右足少阳之上	推推然（上进、前进之态）
	判角之人	左足少阳之下	栝栝然（正直之态）
徵火	上徵之人	手少阴	核核然（真实）
	质徵之人	左手太阳之上	肌肌然（肤浅貌，见识短浅）
	少徵之人	右手太阳之下	慆慆然（多疑，不信任）
	右徵之人	右手太阳之上	鲛鲛然（性格踊跃，乐观积极）
	质判之人	左手太阳之下	支支颐颐然（怡然自得）

（续上表）

	类　型	对应经络	人格描述
商金	上商之人	手太阴	敦敦然（坚实）
	钛商之人	左手阳明之上	廉廉然（廉洁如金之洁不污，有棱角）
	右商之人	左手阳明之下	脱脱然（潇洒不羁如金坚白）
	左商之人	右手阳明之上	监监然（如金可鉴而明察，明察是非）
	少商之人	右手阳明之下	严严然（如金之整肃也，严肃庄重）
羽水	上羽之人	足少阴	延延然（儒润貌）
	大羽之人	右足太阳之上	颊颊然（盈满，得意貌）
	少羽之人	左足太阳之下	纡纡然（曲折貌，性情不直爽）
	众之为人	右足太阳之下	洁洁然（安静，娴静）
	桎之为人	左足太阳之上	安安然（自然安定，泰然自若）
宫土	上宫之人	足太阴	敦敦然（敦重）
	大宫之人	左足阳明之上	婉婉然（委顺貌，平和柔顺）
	加宫之人	左足阳明之下	坎坎然（深固持重貌）
	少宫之人	右足阳明之上	枢枢然（圆转貌）
	左宫之人	右足阳明之下	兀兀然（用心貌，专心致志）

前面章节已经叙述了《阴阳二十五人》在描述人体形态时存在的问题，以及在经络选择上存在的问题。此处则主要分析描述人格分类与用词的问题。

《阴阳二十五人》试图通过五行的五五组合演绎出“阴阳二十五人”，这种思维是演绎思维，值得重视。但是，如果要演绎，逻辑合理的做法应该是：先列举出五行对应的人格内容，再根据某种法则来推演“阴阳二十五人”，而且这种法则必须统一与一致。但是，《阴阳二十五人》并不满足以上三点，存在以下诸多问题：

第一，五行对应的人格内容不明确，且来源不一致。《阴阳二十五人》通篇没有列举出五行对应的人格内容。缺乏明确的五行对应的人格内容，就不可能进行严格的推演。当然，五行对应的人格内容可以从这二十五种组合中反推。但是，经过反推，可以发现《阴阳二十五人》里的五行思想源头并不一致。首先，可以从《阴阳二十五人》中看到“洪范五行”中“水曰润下，火曰炎上，木曰曲直”的明显痕迹，而“金曰从革，土爰稼穑”的痕迹不明显。至于《阴阳二十五人》中的金之庄重、土之敦厚等说法并非来自“洪范五行”。因为相术中有类似的说法，所以这些说法可能来源于此，或与其同源。

第二，推演方式不合理。符合逻辑的推演方法应该是五行通过排列组合进行的。但是，《阴阳二十五人》却利用二十五音来推演，这就多此一举，况且五音与五行的对应从理论上看也不妥当（见后文）。相对而言，相术里的推演方法更为合理，即直接对五行进行排列组合。

第三，排列组合法则不清晰，权重不一致。《阴阳二十五人》的排列组合法则并不清晰，需要细致分析才能得出大致的规律（见表 11 –2）。通过观察，可以看到《阴阳二十五人》在排列组合过程中，出现了权重不一的问题。由表 11 –2 可看出，在木、火各自的五种分类中，其本身的权重和其他行的权重似乎是相等的。如，木中的遗遗然（谦下、柔退之态）为木水，推推然（上进、前进之态）为木火，随随然（从顺安重之态）为木土；但是在金中，其五种分类的形容词都体现着金之“廉洁”之义。这就意味着在金与其他行组合时，金本身的权重要比其他四行的权重大得多。因此，《阴阳二十五人》中五行在排列组合时权重不一致。

表 11 –2 “阴阳二十五人”可能对应的五行组合

	人格描述	主五行	次五行
木	佗佗然（雍然自得之态）	木	木
	遗遗然（谦下、柔退之态）	木	水
	随随然（从顺安重之态）	木	土
	推推然（上进、前进之态）	木	火
	栝栝然（正直之态）	木	金

（续上表）

	人格描述	主五行	次五行
火	核核然（真实）	火	木
	肌肌然（肤浅貌，见识短浅）	火	金
	慆慆然（多疑，不信任）	火	水
	鲛鲛然（性格踊跃，乐观积极）	火	火
	支支颐颐然（怡然自得）	火	土
土	敦敦然（敦重）	土	土
	婉婉然（委顺貌，平和柔顺）	土	金
	坎坎然（深固持重貌）	土	木
	枢枢然（圆转貌）	土	火
	兀兀然（用心貌，专心致志）	土	水
金	敦敦然（坚实）	金	土
	廉廉然（廉洁如金之洁不污，有棱角）	金	金
	脱脱然（潇洒不羁如金坚白）	金	木
	监监然（如金可鉴而明察，明察是非）	金	火
	严严然（如金之整肃也，严肃庄重）	金	水
水	延延然（儒润貌）	水	土
	颊颊然（盈满，得意貌）	水	金
	纡纡然（曲折貌，性情不直爽）	水	木
	洁洁然（安静，娴静）	水	火
	安安然（自然安定，泰然自若）	水	水

第四，五行对应的人格内容褒贬不一致。在第一点反推时，得到的五行对应的属性都是褒义词，但实际上火出现了两个贬义词（肌肌然、慆慆然）。这样就出现了逻辑问题。如果火能出现两个贬义词，则意味着与之组合的两行（通过一一对比分析，应该分别是金、水）本身自带贬义属性。而一旦如此，则这两行在自己与自己组合时（即金金、水水）必然对应贬义的人格内容，而这些内容不能在《阴阳二十五人》中找到。因此，五行对应的人格内容褒贬明显不一致。

（二）《黄帝内经》之《通天》篇

《通天》篇提出了“五态人”，对“五态人”的人格有所描述：

太阴之人，贪而不仁，下齐湛湛，好内而恶出，心和而不发，不务于时，动而后之，此太阴之人也。

少阴之人，小贪而贼心，见人有亡，常若有得，好伤好害，见人有荣，乃反愠怒，心疾而无恩，此少阴之人也。

太阳之人，居处于于，好言大事，无能而虚说，志发乎四野，举措不顾是非，为事如常自用，事虽败而常无悔，此太阳之人也。

少阳之人，諟谛好自责，有小小官，则高自宜，好为外交，而不内附，此少阳之人也。

阴阳和平之人，居处安静，无为惧惧，无为欣欣，婉然从物，或与不争，与时变化，尊则谦谦，谭而不治，是谓至治。

又云：

太阴之人，多阴而无阳……少阴之人，多阴少阳……太阳之人，多阳而少阴……少阳之人，多阳少阴……阴阳和平之人，其阴阳之气和……

《通天》篇主要通过设定阴阳的多少来推出“五态人”。这里面关于阴阳的问题在前面章节已有论述，此处仅论述人格方面的问题。

第一，《通天》篇认为阴阳和平之人才是最好的，其人格特征为褒义，而其他四态人的人格特征皆为贬义。这从逻辑角度而言，存在较大问题。由其他四态可反推出阴阳皆有贬义属性，那么阴阳平等时这种贬义属性为何又通通不见了呢？

第二，“五态人”作为理论上的存在，其中四态都存在人格缺陷，这显然难以吻合实际情况。

（三）其他典籍中的五行与人格

除了中医典籍之外，中国古代典籍中涉及五行与人格的还有相术与神话传说。

在相术中，五行与人格之间的关系，与《阴阳二十五人》多有类似，其最主要的特点是对五行进行了排列组合，并给出相应的人格描述。相术中的逻辑问题是相对较小的，一般都给出了五行对应的人格特征，以及不同的五行组合对应的人格特征。由于“阴阳五行”体系本身的巨大缺陷，这些说法的参考价值极为有限。

在神话传说中，五行与人格的关系比较粗陋，此处略过不提。

二、“阳和阴五行”与人格研究

“阳和阴五行”与人格研究，有两个好的切入点。

第一个切入点是前面叙述的阳和阴人，利用一个人的人体形态来确定其人格。具体说来，阳和阴三种形的比例体现其权重，哪一种形的比例最高，该人的人格应当为该形对应的炁的属性。这方面的研究还在进展之中。

第二个切入点是五音、五色。由于古代人认为人格可以用五行来分类，与五音和五色存在特定对应关系，那么可以从理论上分析五行与五音、五色之间的对应关系是否成立，从而在理论上分析人格是否存在五个维度的可能性。下面将首先回顾典籍中五音的相关内容，再从理论上分析二者的对应关系。

（一）典籍中的五音

1.《放马滩秦简》

《放马滩秦简》之《五音》篇云：

宫一，徵三，栩（通“羽”）五，商七，角九。

这里出现了五音与数字的搭配，但是并没有出现五音与五行的搭配。

尽管此处没有出现五音与五行的对应关系，但是根据以下资料，可以填补上与五行对应的数字。

晋代葛洪《抱朴子·仙药篇》云：

按《玉策记》及《开明经》，皆以五音六属，知人年命之所在。子午属庚，卯酉属己，寅申属戊，丑未属辛，辰戌属丙，巳亥属丁。一言得之者，宫与土也。三言得之者，徵与火也。五言得之者，羽与水也。七言得之者，商与金也。九言得之者，角与木也。

唐代李淳风《乙巳占·论五言六属》亦云：

五言者，一言宫，三言徵，五言羽，七言商，九言角。

由《抱朴子·仙药篇》《乙巳占·论五言六属》中"一""三""五""七""九"与五音的对应关系，可以推测，《放马滩秦简》中的五音与五行（以及数字）的对应关系应该是：

宫土（一），徵火（三），羽水（五），商金（七），角木（九）。

此外，《放马滩秦简》之《时刻配数、五音、五行》记载着五音与五行、数字的搭配，具体如下：

平旦九徵土，日出□□水，蚤食七栩火，莫食六角火，东中五□土，日中五宫土，西中九徵□，□市八商金，□□七栩水，夕□六□水，日入五□□，昏时九徵□。

孙占宇根据后世文献对此进行了校改，具体如下：

平旦九徵火，日出八商金，蚤食七栩水，莫食六角木，东中五宫土，日中五宫土，西中九徵火，□市八商金，□□七栩水，夕□六角木，日入五宫土，昏时九徵火。

从上可以看出五音与五行（以及数字）的对应关系是：

宫土（五），商金（八），角木（六），徵火（九），羽水（七）。

这里的五音顺序为宫、商、角、徵、羽。

2.《管子·幼官》

《管子·幼官》中的五行与五音之间的关系有些特别：

中央：……五和时节，君服黄色，味甘味，听宫声，治和气，用五数……

东方：……八举时节，君服青色，味酸味，听角声，治燥气，用八数……

南方：……七举时节，君服赤色，味苦味，听羽声，治阳气，用七数……

西方：……九和时节，君服白色，味辛味，听商声，治湿气，用九数……

北方：……六行时节，君服黑色，味咸味，听徵声，治阴气，用六数……

从上可以看出五音与五行（以及数字）的对应关系是：

宫土（五），角木（八），羽火（七），商金（九），徵水（六）。

3.《史记·律书》

《史记·律书》云：

律数：九九八十一以为宫。三分去一五十四以为徵。三分益一七十二以为商。三分去一四十八以为羽。三分益一六十四以为角。

《史记·律书》还提出了五音配五数的方法为：

商八，羽七，角六，宫五，徵九。

参考《放马滩秦简》之《时刻配数、五音、五行》中的内容，可以得到《史记·律书》中五音与五行（以及数字）的关系应当与前者相同，只是五行、五音顺序不同：

商金（八），羽水（七），角木（六），宫土（五），徵火（九）。

4.《淮南子·天文训》

《淮南子·天文训》中提出了五行配五音的方法：

东方，木也，……其音角，其日甲乙。南方，火也，……其音徵，其日丙丁。中央，土也，……其音宫，其日戊已。西方，金也，……其音商，其日庚辛。北方，水也，……其音羽，其日壬癸。

从上可以看出五音与五行的对应关系是：

角木，徵火，宫土，商金，羽水。

这里的排序遵循五行之木、火、土、金、水之顺序。

5.《白虎通·礼乐》

礼乐者，何谓也？礼之为言履也，可履践而行乐者。乐也，君子乐得其道，小人乐得其欲……声音者何，谓声者，鸣也，闻其声即知其所生；音者，饮也，言其刚柔清浊，和而相饮也。《尚书》曰："予欲闻六律、五声、八音者。"五声者，何谓也？宫、商、角、徵、羽，土谓宫，金谓商，木谓角，火谓徵，水谓羽。月令曰：盛德在木，其音角，又曰：盛德在火，其音徵，盛德在金，其音商，盛德在水，其音羽。所以名之为角者，跃也，阳气动跃；徵者，止也，阳气止；商者，张也，阴气闻张，阳气始降也；羽者，纡也，阴气在上，阳气在下；宫者，容也，含也，含容四时者也。

从上可以看出五声（五音）与五行的对应关系是：

宫土，商金，角木、徵火，羽水。

较为早期的典籍，以及时间跨度较大的《黄帝内经》，基本上都认为五行与五音的对应法则是宫土，徵火，羽水，商金，角木，只有《管子·幼官》的说法不同，为宫土，角木，羽火，商金，徵水。

（二） 五行与五色

五行与五色的对应关系一直没有什么异议，一般都认为：木青、火赤、土黄、金白、水黑。

额外需要提及的是，相术典籍在承认这样的对应关系的基础上有所增添，将同一种颜色又细分出生之色与死之色。例如，黄色，区分出有光泽的黄（生之黄色）与枯槁之黄（死之黄色）。由于"炁分生死之说"合理，因此这种说法有重要参考价值，有待进一步研究。

（三） 分析

尽管五音与五行的对应关系普遍认为是宫土，徵火，羽水，商金，角木，

但这也毕竟是一种理论假设，也就是说这种对应关系未必是合理妥当的。

2018 年马淬兰、贾春华的《基于行为学实验的五音配属五色研究》，通过实验研究五音与五色的对应关系，结果得到：宫黑，徵黄，羽红，商白，角黄；利用五色与五行的对应关系，则可得：宫水，徵土，羽火，商金，角土。这个结果虽然不完美（徵与角都对应黄），但实际上已经以实证方式动摇了“宫土，徵火，羽水，商金，角木”这样的传统观念。

下面以炁论为基础，根据“阳和阴五行”学说来分析五行与五音、五色的对应关系。

1. 五行与五音的对应关系

一方面，“阳和阴五行”学说下，五行为五炁，少阳木炁与太阳木炁同属阳炁，且有数量上的递进关系；少阴金炁与太阴金炁同属阴炁，且有数量上的递进关系。另一方面，高昂之音与阳炁搭配、低沉之音与阴炁搭配才比较合理。宫、商、角、徵、羽分别对应现代唱名法的“1”（do）、“2”（re）、“3”（mi）、“5”（sol）、“6”（la）。故少阳、太阳应该分别对应次高昂之徵、最高昂之羽，少阴、太阴应该分别对应次低沉之商、最低沉之宫。而中和之土炁，非阴非阳，平和不偏，因此应该对应不高不低之角。

也就是说，秉承炁论，根据“阳和阴五行”体系可以得到五音与五行的妥当对应关系如下：

宫水（炁），商金（炁），角土（炁），徵木（炁），羽火（炁）。

这样的对应关系，与传统的“宫土，徵火，羽水，商金，角木”之说仅有“商金”一处相同，而与《管子·幼官》的“宫土，角木，羽火，商金，徵水”之说却有“羽火，商金”两处相同。

2. 五行与五色的对应关系

从理论上来看，阳炁应该对应暖色，阴炁应该对应冷色。因此，容易得到：少阳木炁对应青色、太阳火炁对应红色、中和之土炁对应黄色、少阴金炁对应白色、太阴水炁对应黑色。

综上，可以认为，将人格与五行严格对应似乎有一定道理，但也有一些困难；而将人格与“三气”对应则看起来在理论上兼容性更强。

3. 干支研究人格的注意事项

前文在研究热带气旋时提及干支的量化。按照这种量化的方式，干支前一半与后一半强度相等，例如：甲与癸，戊与己，子与亥，巳与午。

这里需要强调的是，它们的强度相等，并不意味着其属性完全一样。在气象研究中，可能不需要区分得那么细（尽管这种区分也很可能在气象中存在，如生炁、死炁之分），但是在人格研究中必须清醒认识到：强度相同未必属性相同。

用类比的方式来说明：将甲、子比作小孩，柔弱无力，但茁壮成长；比作刚点燃的蜡烛，火头很小，但还能烧很久；比作黎明的太阳，阳光微弱，但一天才开始。将戊、己、巳、午比作青壮年，炽烈灿烂，但已经光阴过半；比作烧掉一半只剩一半的蜡烛；比作中午的太阳，强烈但已经过半。将癸、亥比作老人，衰弱无力，余日不多；比作快烧完的蜡烛；比作傍晚的太阳，日暮西山，阳光微弱。

4. 未来研究

由于“阳和阴五行”学说中，五行之炁只是“阳和阴”三炁的一部分，还有元阳、元阴、衰阳、衰阴、厥阳、厥阴等炁，它们对应的音、色并不清楚，需要进一步研究与分析。

人格与人体形态可能与“阳和阴”三炁有着特定的联系。人体形态具有丰富多样的几何特征，如何利用一些基本的几何形状来推导出无穷无尽的人类形态，是一个重要且困难的挑战。人格的基本维度一直没有确定，但人格与人体形态存在紧密联系。如果人体形态可由几种基本几何形状推导出来，则意味着人格的基本维度也可能被发现。

后记

本书回顾了中华传统文化里的那些可能包含科学价值的内容，对其中的科学价值进行了挖掘。数据分析表明，反映阳阴的天干、地支与自然世界存在显著相关，这意味着我们的传统文化是具有科学价值的，这彰显了中国的文化自信!

2011 年 7 月笔者博士毕业之时，处于人生的一个重要路口，必须对研究课题、居住地作出一个选择。通过认真分析与考量，笔者决定改变研究方向，钻研中华传统文化。不过，此时居住地尚未想好，故而依然滞留在北京。2014 年 3 月，笔者决定离开北京，来到了九江学院，一个抬头便可看到庐山的高等院校。选择九江的原因有很多。首先，陶渊明的“田园文化”为现代人提供了一个心灵栖息的空间。做传统文化的研究，要能沉下心，坐得住，陶渊明所勾勒出的超然田园画风对笔者确实有着极大的吸引力。其次，周敦颐的“濂溪书院文化”“阴阳五行文化”对后来人的感召。周敦颐的《太极图说》里提及了阴阳五行，这是中华传统文化的精华。笔者从事传统文化研究，其中重要的部分就是阴阳五行，因此来到庐山，便有一种传承学术薪火之激动。再次，朱熹在庐山脚下创建“白鹿洞书院”，潜心研究，繁荣学术，也激励着我默默研究，勇登高峰。此外，陆修静、吕洞宾、李白等人在庐山的事迹与传说，也激发了笔者很大的好奇心，想要一窥庐山真颜。

如今，笔者与庐山日日夜夜为伴已经近8年。庐山见证了笔者的成长，陪伴了笔者的高兴与苦闷，也见证了这本书从无到有的整个过程。对笔者而言，庐山俨然已经是笔者的一个知心朋友。上班路上或是工作间隙，我总是抬头远眺庐山，即便是短暂的远眺，也能获得轻松的心情。晴、雨、风、雾，庐山有着相应不同的风景，让人百看不腻。此乃庐山山下之景观。如若登上山顶，则风光更加美好。好景不敢独享，笔者特此诚邀天下友朋，于庐山之巅，共赏大好风光：

北望九江之雄伟轮廓，南观鄱阳之恢宏壮阔；
远眺长江之巨龙腾挪，近赏脚下之云起云落；
细品云雾之肆意洒脱，笑看人生之苦困阔绰。

中华传统文化的科学价值探索征程才刚刚开始。在理论上，通过对诸多学说的整理和分析，笔者已经做出了初步的择优汰劣，但仍然还有一些理论问题尚未得到解决；在实践上，目前只得到了干支与自然现象相关的结论，尚未有真正意义上的数学公式，离精准的预测还有一些距离。在未来的日子里，笔者将继续努力在理论和实践方面耕耘，更加努力挖掘与宣传我国传统文化中的科学价值，让中华传统文化走向世界，走向未来，为中华民族的文化复兴做出自己应有的贡献！

著　者

2021年8月